STÉPHEN LIÉGEARD

D'UN TOURISTE

AU PAYS DE LUCHON

PARIS

79, BOULEVARD SAINT-GERMAIN, 79

1874

VINGT JOURNÉES

D'UN TOURISTE

AU PAYS DE LUCHON

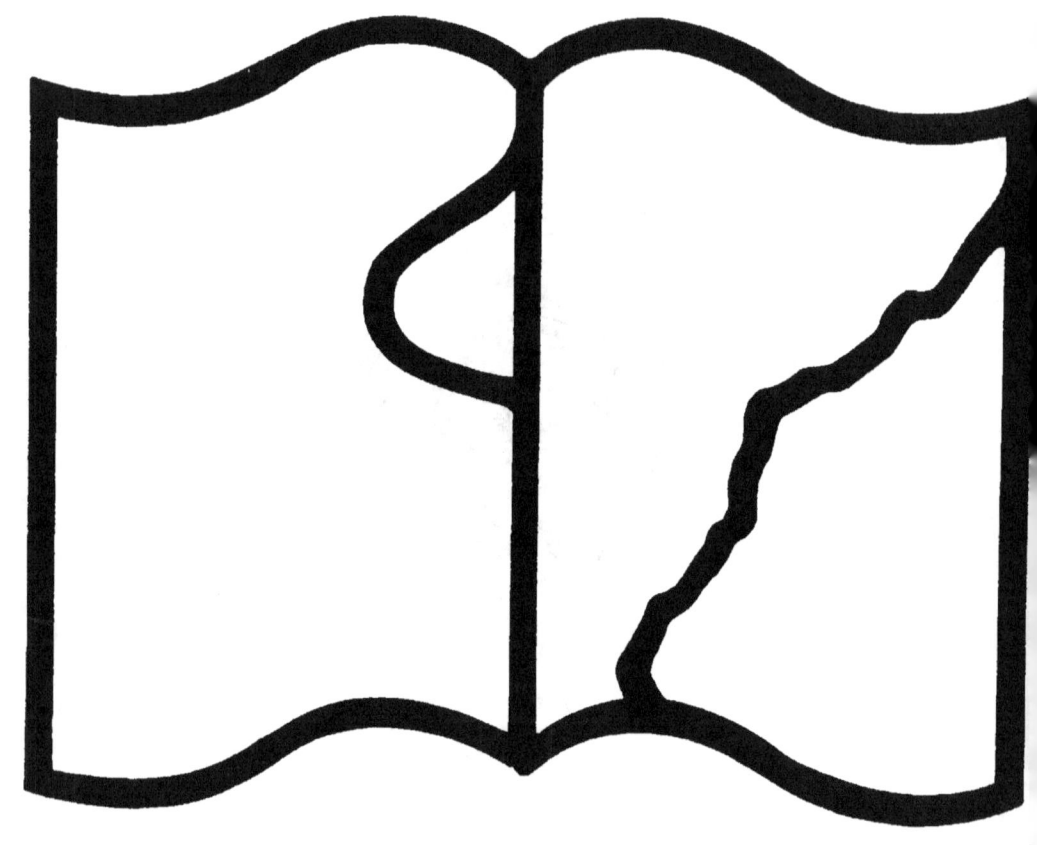

Texte détérioré — reliure défectueuse

NF Z 43-120-11

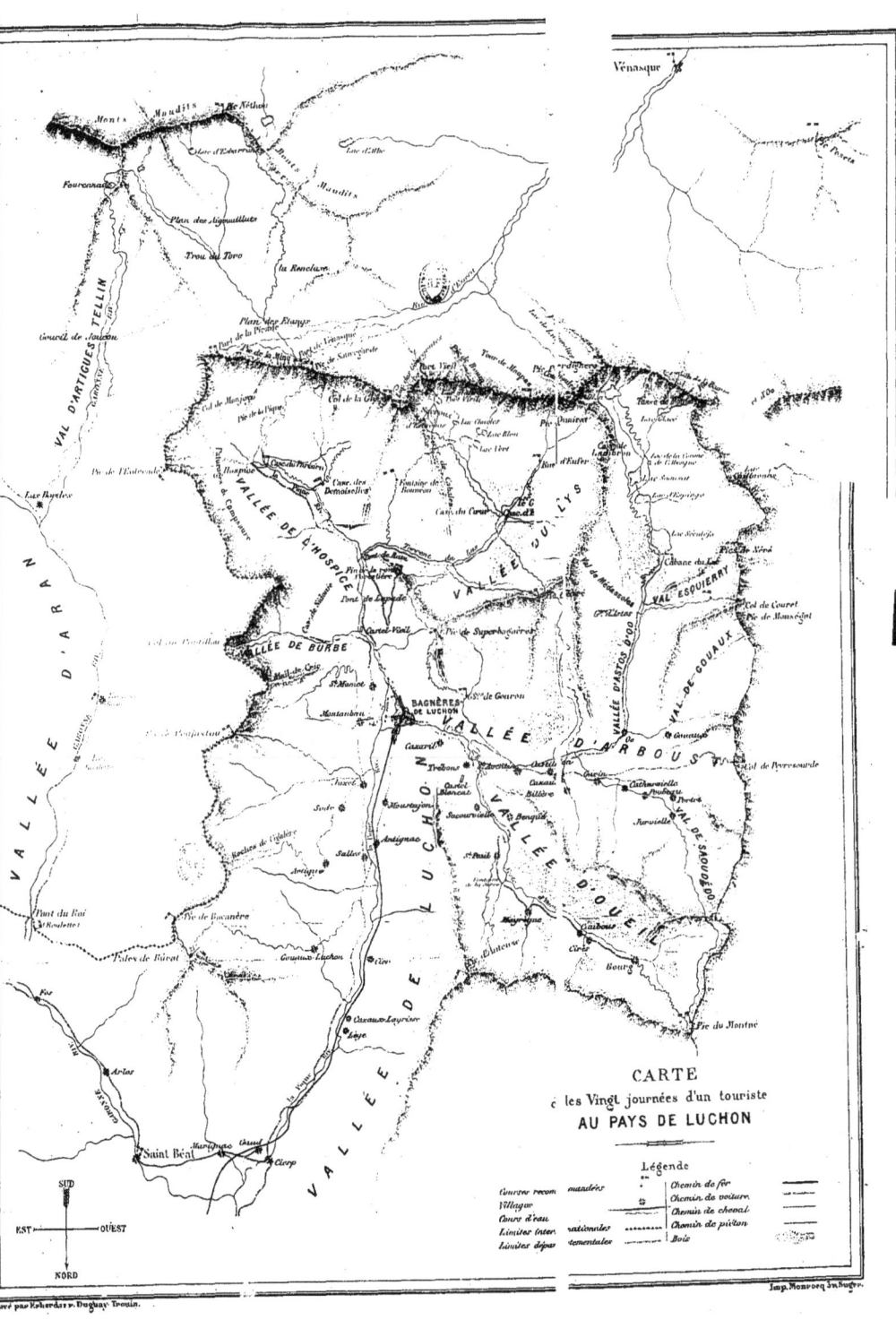

STÉPHEN LIEGEARD

VINGT JOURNÉES
D'UN TOURISTE
AU PAYS DE LUCHON

PARIS
LIBRAIRIE HACHETTE ET Cie
79, BOULEVARD SAINT-GERMAIN, 79
—
1874
Tous droits réservés.

Sous le titre d'une Visite aux Monts Maudits, je publiais, il y a deux ans, le récit de mon ascension à la Maladetta. « La page en attendant le volume », disais-je alors : « Le livre, après la brochure », dirai-je aujourd'hui.

Indépendamment de l'exactitude des renseignements qui est de devoir strict en un recueil destiné aux Touristes, j'ai essayé de fixer sur ces pages un reflet du high-life des dernières saisons. Le chemin de fer et les maisons de jeux, enfants du progrès, me semblent devoir modifier le caractère aristocratique de Luchon. Le train de plaisir charrie la foule, ennemie des élégances : la roulette a pour accompagnement obligé le chœur des hétaïres. Il se peut faire que bientôt la petite dame chasse la grande ; il n'est point impossible que la poésie d'Oueil ou du Lys disparaisse, à bref délai, sous la victuaille du pique-nique de banlieue. Voilà pourquoi j'ai cru opportun de saisir au passage quelques scènes destinées à rappeler un jour l'image d'une société évanouie.

... Un mot encore. Sept ans de courses à travers les crêtes et les ravins du pays m'ont prouvé les défectuosités de la plupart des plans annexés aux récits d'excursions. Noircies de hachures serrées, criblées de textes superflus, ces figures topographiques n'en restent pas moins incomplètes, en dépit de la stérile abondance de leurs détails. La carte ci-jointe, bien que d'une lecture très-facile, paraîtra peut-être plus substantielle. Du pic à la vallée, du chemin de piéton au cours d'eau, elle n'omet rien d'important. Le périmètre des forêts a été relevé avec soin sur la carte de l'État-major ; le système orographique est représenté par la direction générale des chaînes principales ; les courses recommandées sont pavoisées de petits drapeaux tricolores. Aidé, en cela, du précieux concours de mon ami, M. de Gorsse, inspecteur des forêts de Luchon, qui m'a fourni les principaux éléments du travail, je me suis attaché à reproduire, autant que possible, la projection horizontale du plan en relief de M. Lézat. De la sorte, l'étranger qui aura visité la salle des Thermes se retrouvera de suite en pays de connaissance.

S. L.

Paris, ce 5 juillet 1874.

VINGT JOURNÉES

D'UN TOURISTE

AU PAYS DE LUCHON

Août 1872.

J'ai quitté, ce matin, Bigorre. Moyennant la somme ronde de quatre-vingts francs, une calèche attelée de chevaux vigoureux m'amène à Luchon, par la montagne. C'est assurément l'une des plus belles courses des Pyrénées. La vallée de Campan avec ses maisonnettes à flanc de montagne ombragées de bouquets d'arbres et rafraîchies d'eaux vives, les méandres fleuris de l'Adour, le col d'Aspin et son magique panorama, la petite ville d'Arreau, le col de Peyresourde m'ont, tout le jour, promené de surprises en ravissements. La variété des horizons y est un enchantement perpétuel. Je roule, depuis longtemps déjà, sur les pentes poudreuses de l'Arboust. Le soleil commence à abandonner les crêtes secondaires pour n'éclairer plus que les hauts sommets. J'arrive à l'un des derniers coudes de la route, et, de la croix de la Saunère, Bagnères-de-Luchon m'apparaît se dérobant à demi, telle qu'une coquette sous un voile de vapeurs bleuâtres. Quelle charmante vision! les yeux fatigués de poudre et de lumière se reposent avec délice sur les prairies. Les longues bandes de peupliers qui se coupent à angles droits semblent enserrer dans leurs bras verts de mystérieuses oasis, pleines de promesses. La ville est là, trahie seulement par ses toits d'ardoise et son clocher pointu. Au pied des hautes montagnes qui forment arrière-plan et que dominent le Poujastou et Couradilles, je reconnais Montauban et sa cascade, je retrouve Saint-Mamet et son église. Mais les chevaux, que sollicite le foin odorant du râtelier, ne me laissent pas longtemps à la contemplation. Ils bondissent, comme la Pique dont l'eau bouillonne au-dessous de nous, franchissent au galop le pont de Mousquères, dévorent, d'un élan, l'allée des Soupirs. Voici les premières maisons de Luchon. Cinq minutes plus tard, je roule dans l'allée d'Étigny, aspirant à pleins poumons les vagues senteurs de ses tilleuls. C'est la sixième année que j'y reviens : ce ne sera pas la dernière. Je ne sais quel invisible aimant se cache aux veines des rocs voisins, qui attire l'étranger, et, le tenant une fois, ne lui permet plus de s'éloigner. Le jour fuit, les ombres descendent. Déjà les cafés s'allument et brillent de mille feux. C'est l'heure du souper. Par les fenêtres entr'ouvertes j'aperçois des tables richement servies, des couverts joyeusement fêtés. Seuls quelques groupes de guides font cercle au milieu de l'allée, devisant des projets du lendemain. Plusieurs me reconnaissent : je reçois et je rends un salut cordial. Enfin les chevaux s'arrêtent devant la grille d'une élégante villa. Mme Fabre, sa propriétaire, accourt me serrer la main, en amie d'ancienne date. L'appartement accoutumé m'attend. Qu'il soit le bienvenu avec son divan moelleux et l'éclatante blancheur de son lit ! L'admiration à jet continu m'a presque autant éprouvé que mes douze heures de route. Je soupe, je me couche, et je dors consciencieusement jusqu'au matin. Même j'aurais fait mesure meilleure au sommeil, si la voix glapissante du crieur de journaux ne m'eût éveillé.

« Voici *le Figaro, la Presse, la Patrie, l'Ordre, la Liberté, le Pays !* » Je tenais bon, cédant aux molles séductions de l'assoupissement. Mais le gosier d'airain m'en veut décidément :

« Demandez *le Siècle, la République Française !* » poursuit-il. Que je demande la république ? ah ! c'est trop fort. Pour le coup, je m'éveille, donnant au grand diable d'enfer l'aveugle politique de Gambetta-le-Borgne qui me vient relancer jusqu'en ces solitudes.

Je quitte l'oreiller pour la fenêtre. Il me tarde de contempler « l'aspect de ces montagnes ; » encore un peu, et j'attaquerais le grand air du *Chalet*. Mais je respecte le repos de mes voisins.

Le ciel est pur, l'air balsamique. Je descends

sur l'allée d'Étigny vers l'instant que, toute blindée de cache-nez ou emmitouflée de capulets rouges et blancs, la tribu sérieuse des baigneurs va et vient autour de l'établissement. Je me glisse entre les chaises à porteurs et j'entre chez mon ami Sarthe.

Sarthe est l'un des trois libraires de Luchon. Il partage avec ses confrères, Dulon et Lafont, l'honneur de vendre la pensée humaine cartonnée en in-18 ou brochée en in-8°. Il possède en outre une collection de huit mille volumes à louer, sans compter un cabinet de lecture fourni de journaux français et de gazettes étrangères. De plus, il est musicien, éditeur par surcroît, quelque peu même auteur. Enfin il fut brave soldat et reste excellent patriote. En voilà bien assez, j'imagine, pour que je lui serre cordialement la main qu'il me tend.

Après les premiers compliments échangés, la conversation s'engage :

« Or ça, mon cher Sarthe, avez-vous à m'offrir quelque bonne relation du pays de Luchon?

— Pour vous ?

— Non, pour une jeune et gente dame à qui ces vallées sont à peu près inconnues.

— Un guide, alors? certes! il n'en manque point en librairie, et j'en ai de fort estimés.

— Parole de marchand! Veuillez préciser.

— Voici d'abord l'Itinéraire Joanne, dernière édition.

— Excellent livre, dont le succès consacré me réjouit d'autant plus, qu'il couronne le labeur d'un compatriote. Mais notre cliente le possède déjà dans sa bibliothèque de voyage. Je désirerais d'ailleurs un peu moins de Pyrénées en général, un peu plus de Luchon en particulier. Autre chose!

— Cette dame a-t-elle aussi les Grandes Ascensions des Pyrénées de sir Russell Killough?

— Je ne le pense pas : j'avoue même que le contraire me surprendrait. Certes ces notes rapides, incisives, prises sur le vif, sont fort précieuses, — plus cependant pour un pied d'isard que pour des bottines de femme. Le noble comte qui a décrit ses *seize mille lieues à travers* l'*Asie et l'Océanie* n'est pas le cicérone de tout le monde. Les coureurs de montagnes l'admirent : le *vulgum pecus* des touristes goûte peu sa sécheresse, encore moins certaines rudesses de descriptions par trop dépouillées d'artifice.

— Comment l'entendez-vous?

— Comment? passez-moi le coupable ; bien. J'ouvre au hasard, et je lis à la page 56 : *Pic Céciré (2,400 mètres); en 2ʰ,30' à Superbagnères. Il n'y a plus qu'à suivre à l'O.-S.-O., d'abord sur des pelouses, puis sur des rochers de plus en plus difficiles, la longue crête qui joint ces deux montagnes. 4ʰ,30' cîme et vaste panorama depuis Andorre jusqu'aux basses Pyrénées.* Voilà toutes les indications sur l'une des plus belles courses de la contrée!

— C'est concis.

— A désespérer Perse. Et, un peu plus loin, à la page 61, dans l'ascension de la Tusse de Maupas : *Traversez cette crête par une brèche un peu difficile ; remarquez à droite d'affreux précipices, et faites route au sud, vous accro-*

chant avec les mains. Que pensez-vous de l'avis?

— C'est à donner le vertige...

— A Encelade lui-même, mon cher Sarthe. Donc, autre chose!

— Eh bien alors, je vous offre Boubée.

— Le bon M. Nérée? à merveille! des descriptions, des légendes, de l'histoire, de la science, un peu de tout. Et puis, voilà au moins un homme qui ne compromettra pas les jours de son prochain à travers de périlleuses aventures. Tirez-moi donc, je vous prie, de ce rayon, le volume des BAINS ET COURSES DE LUCHON. Merci. Je tombe justement sur l'une des promenades classiques, celle du lac d'Oo. Voyons ce que l'auteur en dit : *Choisissez pour cette course une chaussure forte et imperméable; car vous aurez à traverser des flaques d'eau et des roches dures et pointues entassées au pied de la cascade. Nul besoin de lunette, de fusil, de crampons ni de bâton ferré;* — vraiment non! — *Mais je conseille fort aux dames et aux messieurs qui redoutent à juste titre une vive et humide fraîcheur, de se pourvoir d'un châle ou d'un manteau.* » De bonne foi, on n'est pas plus attentionné.

— Vous raillez.

— Ai-je tort, et, comme Sganarelle, n'avons-nous pas changé un peu tout cela? Depuis que la mort a brisé cette plume trempée dans de l'eau de rose, certaines excursions, la Maladetta par exemple, se font plus couramment ; d'autres ont été créées de toutes pièces, inventées pour ainsi dire : témoin *la rue d'Enfer*. De là, dans l'ouvrage que je tiens, une sorte de caducité précoce dont le style n'étançonne point les défaillances. Tandis que Ramon restera éternellement jeune, tout, dans l'honnête Nérée Boubée, depuis ses descriptions jusqu'à ses formules, exhale je ne sais quel parfum vieillot. Écoutez ceci encore : *On monte le village de Montauban jusqu'au moulin, et l'on est bientôt devant la cascade à laquelle on livre sans regret toute sa surprise.* J'avoue que je garde une partie de la mienne pour une phrase aussi hardie. Et de cela, qu'en pensez-vous?... *C'est l'allée des Soupirs. Le soir elle est très-obscure... n'y venez pas, ma jeune amie, vous qui craignez encore les dents du loup, les griffes du renard ou la morsure d'un doux entretien.* Ce conseil ferait sourire notre Parisienne. Les jeunes femmes ne sont plus si timides, en l'an de grâce 1872, Thiers Ier régnant. Loin de redouter le loup qu'elles voient sans frayeur, elles le recherchent volontiers : elles le croqueraient même à blanches dents, pourvu que la sauce fût convenablement épicée. Autre chose de plus relevé, je vous prie, autre chose !

— Si vous preniez les Pyrénées, par le docteur Lambron et M. Lézat ?

— Fort bon ouvrage de bibliothèque. De la science, des recherches à foison ! J'admire sans réserve la carte et les plans... un peu moins le texte. *Le zèle en a formé le projet, la vérité en a dicté les détails,* dit l'épigraphe ; mais la vérité étant femme, ne vous semble-t-elle pas avoir abusé de son sexe pour bavarder sans mesure ? Songez donc : deux volumes compacts, plus de mille pages d'impression serrée, dont six cents de préliminaires, de notions générales, de médecine!... pour un appétit moyen, c'est bien substantiel. Je vous demande un léger entremets : vous m'offrez une pièce de bœuf tout entière.

— Je ne vois plus trop alors que LUCHON-GUIDE par J. Daunic, charmante petite brochure de poche, narration simple, élégante, précise...

— Agréable à la maison et commode en voyage. Bon courage, monsieur Josse! vous appartenez à l'honorable corporation des orfévres...

— Pourtant...

— Soit. Je reconnais avec vous que le sentiment paternel de l'éditeur ne vous emporte pas trop loin. Le guide de votre ami Daunic est fait pour le sac du montagnard. J'ai eu plusieurs fois occasion, l'autre année, de vérifier son exactitude. Tout nouvel arrivant à Luchon doit s'empresser de l'acheter. Je prêche d'exemple, car j'ai dans ma valise ses deux éditions. Toutefois ce n'est pas encore là ce que je voudrais.

— Enfin, que voulez-vous?

— Je rêve un joli volume de 350 à 400 pages, ni trop gros, ni trop petit, édité par Hachette et imprimé par Claye. Ce volume contiendrait, en une vingtaine de journées — temps moyen d'une saison — les principales excursions que peut entreprendre au pays de Luchon un touriste jouissant d'une belle santé et d'une paire de semelles respectables, n'ayant pas trop le souci de son traitement, désireux de donner une large part de ses loisirs à la montagne, sans toutefois rompre en visière avec la société. Je suppose mon touriste bon marcheur, point ennemi de ses aises, ne repoussant par conséquent ni le panier d'osier, ni le cheval de selle, quand sa bourse et les chemins le permettent. Dans ce livre idéal, les courses seraient graduées de façon à mêler le grave au doux, à faire par exemple succéder les forêts aux prairies, les lacs aux glaciers, la vue d'une vallée riante au spectacle des âpres solitudes. Bien qu'à l'occasion des détails précis fussent donnés sur toutes choses, depuis le choix et le tarif du guide jusqu'au nom de la fleurette cueillie vers le sommet d'un pic, je voudrais voir bannies de cet essai les sèches nomenclatures qui rebutent ou les longues descriptions qui fatiguent : si bien qu'en un jour de pluie, par exemple, le lecteur, homme ou femme, eût l'idée de prendre le recueil, et l'ayant mis sous le couteau d'ivoire, pût aller jusqu'à la dernière page sans risquer une migraine. L'anecdote n'en serait point exclue, saupoudrée au besoin d'une pincée de sel gaulois. La couleur locale y chatoierait de toutes ses teintes. Je ne trouverais même pas d'inconvénient à ce que la personnalité de l'auteur s'en dégageât, sous cette seule condition qu'elle ne fût pas trop ennuyeuse. Bref, narratif et descriptif tout à la fois, tenant *du guide* par l'exactitude, de l'*impression de voyage* par la variété, excitant, non décourageant, tel serait le phénix que ma pensée caresse.

— Malheureusement, cet oiseau précieux a encore l'écritoire pour cage. Si vous y tenez pourtant, que ne l'en faites-vous sortir?

— Que j'écrive le volume?

— Pourquoi non? un guide assermenté, avec

plaque et diplôme, ne connaît pas mieux que vous les courses de nos environs.

— Je les ai, il est vrai, assez de fois renouvelées pour qu'elles me soient familières. Mais je n'ai pas gardé de notes. Mes souvenirs pourraient faiblir et la précision manquer à mon récit.

— Les loisirs ne vous manquent pas du moins, puisque vous arrivez seulement. Recommencez les excursions.

— Au fait, c'est une idée... et je m'y rallie. Merci, mon cher Sarthe ! notre jeune mondaine aura son recueil. Quant à vous, je compte qu'au printemps prochain vous m'aiderez à tenir le nouveau-né sur les fonts de la publicité.

— Marché conclu.

— Au revoir donc ! je vais acheter mon bâton ferré. »

PREMIÈRE JOURNÉE.

Le tour de la Pique : la villa Bertin, la Légende du chalet des Fleurs, la Laiterie et Mlle Mark, le Musée pyrénéen, Sapène et le Casino des chasseurs, Arnative. — On demande un Casino ! — Désintéressement d'un médecin. — Le tour de la vallée : Jardin du curé, cascades de Montauban et de Juzet. — La musique devant les Colonnes : hétaïres et grandes dames. — Une soirée ordinaire à Luchon.

Neuf heures sonnent. Je descends le perron embaumé de la maison Fabre, je contourne l'hôtel Bonnemaison, je rejoins la rue d'Espagne en me garant, non sans peine, du choc des paniers et des cavalcades qui, matin et soir, se croisent à cet étroit carrefour, et j'entre dans l'allée des bains, en face de l'établissement.

C'est là que se tiennent les marchands du temple. Une double haie de bazars, de boutiques en plein vent, d'échoppes de sapin borde les deux côtés du chemin. Voici, à l'angle de gauche, un fabricant de cannes qui ne fera plus commerce avec moi. Je le recommande spécialement à mes ennemis, si j'en ai, car il ne peut manquer de contribuer à leur rompre les os. On le reconnaîtra à d'immenses cornes de taureau, singulier ornement dont il a cru devoir agrémenter une enseigne portant cette inscription : « Je veux vendre bon marché, pour vendre beaucoup. » La devise est honnête, le négociant cornu beaucoup moins. En réalité, il vend cher et mauvais. Vendre cher est l'affaire de sa conscience et de ses clients : son salut dans l'autre monde, leur bourse dans celui-ci, peuvent seuls en souffrir. Mais livrer de la marchandise avariée quand il s'agit de bâtons de montagne, c'est plus que de l'élasticité d'honneur, c'est un bel et bon crime. Il faut avoir en effet gravi les hautes cimes des Alpes ou des Pyrénées pour savoir que la vie dépend parfois de la solidité d'un alpen-stok. Aux passages dangereux, dans le saut d'une crevasse béante, le poids du corps qui prend son élan repose tout entier sur l'appui de la pique ferrée. Vous comptez sur un coudrier flexible, solidement armé vers son extrémité : vous n'avez en main qu'une branche de sapin cassante, mal emmanchée dans un fer à paille. Sous l'effort, la pointe se détache ou s'émousse, le bâton se brise, et le moindre accident qui vous puisse advenir est d'être précipité à terre, au plus grand dommage de votre facies ou de son antithèse. Conclusion : fuir ce vendeur de méchant aubier et faire emplette ailleurs. Le mieux est de se fournir auprès des guides du pays.

De l'autre côté de l'allée j'aperçois le grand *bazar Vidis*, avec ses bronzes, ses laques, ses émaux cloisonnés, ses vieux ivoires, ses bijoux artistiques, ses grappes d'améthystes roses et violettes, ses éventails, ses porcelaines, ses chinoiseries, sans oublier un musée japonais fort curieux acheté d'un bloc et revendu en détail. Tout se trouve dans ce pandémonium exotique, depuis la flèche empoisonnée jusqu'au criss à dents de scie, de l'ustensile de ménage à l'armure de combat. Que de tentations! que d'assauts livrés au napoléon d'or, qui ne sont pas toujours victorieusement repoussés! Puis voici *la Photographie luchonnaise*, si riche en vues pyrénéennes. Grâce à elle, accoudé sur son stéréoscope, au coin d'un bon feu, le touriste, durant les soirs d'hiver, peut recommencer sans fatigue et sans périls ses excursions préférées. Voici encore les objets en marbre tourné, les bois d'isard, les lainages et les tricots du pays, les opticiens pour les myopes, les bonbons pour les enfants, les marchands d'orviétan pour les badauds, et pour l'amateur de seconde force, les tirs aux armes Flaubert présidés par des jeunes filles de Toulouse vêtues à l'Alsacienne. On ne s'attendait guère à voir l'Alsace en cette affaire. Il n'est pas jusqu'au veau à deux têtes qui ne tienne honorablement sa place dans cette *great exhibition*. Ainsi d'agaceries en séductions, je gagne l'extrémité de l'allée qu'égayent les dentelures d'un joli chalet. Son propriétaire ne craint pas de demander un loyer de quatre-vingts francs par jour aux protecteurs de petites dames qui veulent bien l'honorer de leur confiance. Caroline Hassé y tenait, l'an dernier, cour plénière avec la collaboration de l'un des rois de la finance. En face de ce cottage bondit le torrent par une sorte d'écluse bruyante appelée *Chute de la Pique*. La vue ne manque à cet endroit, ni de charme, ni de grandeur. Elle s'étend jusqu'à un mur de hautes montagnes qui, fermant la vallée, projette deux sommités rivales : la Mine, avec son faux port que les indigènes, d'un mot qui fait image, nomment *le Bec de corbeau*, et Sauvegarde, tout moucheté encore des neiges du dernier hiver.

Là s'embranche une allée parallèle à celle d'Étigny. Un rideau de peupliers la voile : la Pique la baigne de son flot laiteux. C'est le séjour aimé des rêveurs qui y remuent les idées, des lavandières qui y agitent leurs battoirs. Jadis la société s'y donnait volontiers rendez-vous. La mode ayant changé, on n'y rencontre plus, de loin en loin, qu'un poëte en quête d'une rime qui le fuit, ou quelques dames vêtues de noir, brodant et lisant sur un banc. C'est pourquoi plusieurs l'appellent *l'Allée des Veuves.* Deux ou trois élégants chalets y mirent dans les eaux du torrent leurs balcons découpés : de légers ponts de bois, brodés de lierre, y conduisent. Ce sont de vrais nids d'amants où les jeunes cœurs seraient fort à l'aise pour écrire, sur des feuilles de roses, la page de la vingtième année. Malheureusement l'hétaïre qui, pareille à l'ivraie, envahit tout, commence à s'en emparer. J'en avise une, blonde sirène aux prunelles d'aigue-marine, qui me semble très-occupée à dévorer, de ses petites dents aiguës, un jobard de la plus belle envergure. Vraiment ces bosquets, ces prés verts, ces ruisseaux s'écoulant en murmures ou s'épanouissant en iris, mériteraient mieux que le piètre honneur des amours vénales.

A l'extrémité de cette allée, je, retrouve non sans émotion, voilée sous les ramures de son parc et défendue par une simple haie vive, *la villa Bertin.* Elle eut l'heur d'abriter celui qui alors était l'idole de la France respectée et puissante, qui demeure aujourd'hui l'espoir de la patrie en deuil. Le jeune prince venait demander à l'air pur de la montagne cette force physique, attribut indispensable des grands pasteurs d'hommes. Chaque matin le trouvait en selle, ou le bâton ferré à la main, entreprenant quelque nouvelle course. Ses guides qui l'adoraient gardent pieusement son souvenir. L'un d'eux voulut, l'année d'après, lui rendre visite à Saint-Cloud. Les obus de la république aidant le Prussien dans son œuvre de destruction, n'avaient point encore éclaté sur le palais des rois. Le rude montagnard fut reçu comme un ami. Le prince voulut à son tour lui servir de guide dans les allées du parc, à travers le peuple des statues. Il ne le laissa partir que l'estomac dûment lesté et l'escarcelle bien garnie. La foudre hélas! devait bientôt atteindre cette jeune tête... et, coïncidence bizarre, en cette même année à jamais néfaste qui s'appelle 1870, le feu du ciel frappait les peupliers de la paisible villa. C'était la première fois, de mémoire de vieillard, que le tonnerre tombait à Luchon, les hautes cimes d'alentour soutirant l'étincelle du nuage et préservant la vallée. Mais alors les lois de la nature, comme celles de l'honneur et de la morale, étaient renversées. Qui pourrait cependant, s'il n'a sucé en guise de lait le pétrole de la Commune, qui pourrait passant au pied de ces arbres semi-séculaires, déchirés, calcinés par les carreaux divins, se défendre d'un rapprochement, d'un souvenir, d'un regret?.

En face de la villa Bertin s'ouvre une arche de pierre sous laquelle roule la Pique impatiente de joindre ses eaux à celles de la Garonne. Une jolie croix gothique fouillée par le ciseau d'un artiste de Toulouse occupe la tête du pont, comme pour rappeler qu'entre les orages du ciel et les torrents de la terre se dresse, inébranlable, le symbole de la rédemption. La route qui court de l'autre côté conduit, en dix minutes, au village de Montauban, à travers les retombées des saules pleureurs et les riants ombrages. De gracieuses chutes d'eau font mouvoir, à droite, une scierie, tandis qu'à gauche se dessine dans les plis d'une écharpe de feuillage et de fleurs, un chalet à triple étage, dentelles de bois au flanc, guipures de fer au toit. Un perron à double rampe conduit aux pelouses et aux parterres. Mille couleurs en émaillent les corbeilles : le géranium empourpre les vases de bronze : les jasmins de Virginie, les glycines de la Chine s'enroulent à l'envi le long des pavillons. Ni les bosquets peuplés d'oiseaux, ni les mystérieux cabinets de verdure, ni les champignons suisses à capuchons de paille, ni les berceaux propices aux douces confidences ne manquent à cette oasis. Le bonheur y habite-t-il ? Question indiscrète, à laquelle il m'a été répondu. Aussi ai-je bien envie de vous mettre de moitié dans la confidence, en vous contant cette légende véridique.

Il était une fois... cela commence à la façon d'un conte de fées : et en effet, c'est une fée, la fée des chastes amours dont la baguette a fait sortir de terre ces merveilles. Donc, il était une fois un jeune Luchonnais, pauvre d'argent, mais riche de jeunesse et de résolution. Il se mit en tête de courir après la fortune et jura de l'atteindre. Rude besogne en ce siècle de vapeur ! Ce n'était d'ailleurs pas pour lui seul qu'il désirait la richesse.

Chaque dimanche le ramenait *par hasard* au

sortir de l'église, sur le passage d'une bachelette de seize ans qui rougissait comme la fraise des bois en lui rendant son salut. Ajoutons qu'en partant pour Paris, cette Californie de l'espérance, notre hardi compagnon sentit un déchirement dans son cœur. Un nuage passa devant ses yeux, quand il dit au revoir à sa cousine ; car la belle jeune fille se trouvait être sa cousine. Il était probe, intelligent, laborieux. En dépit de ces qualités, Babylone lui fut propice. D'apprenti lithographe il devint patron, puis chef d'un grand établissement. Semblable au roi de Phrygie, il avait changé les pierres en or, et le Pactole commençait à suivre la pente de ses coffres. Un autre, ébloui par le reflet du métal jaune, se fût peut-être égaré dans les myrtes de Mabille ; mais le suave parfum du rhododendron lui tenait au cœur. Quand il se crut assez riche, il reprit simplement la route de sa chère vallée, et s'en vint heurter, certain soir de mai, à la maisonnette qu'habitait sa cousine. Quelques années passant sur le front de la fillette en avaient fait une femme. Sa beauté accrue rayonnait alors dans tout son épanouissement. Ce fut elle qui vint ouvrir, le sourire aux lèvres : elle avait comme un pressentiment que le bonheur venait de frapper à la porte.

« Vos parents, mademoiselle? lui demanda le voyageur d'un air presque solennel, qui d'abord la déconcerta.

— Mes parents, mon cousin? mais ils sont là.

— Je désire leur parler. »

Et, sans plus s'arrêter, il pénétra dans une arrière-chambre ouvrant sur le modeste jardin.

Le mari et la femme étaient assis au frais, devisant.

« Bonjour, mon oncle! bonjour, ma tante! commença le nouveau venu : c'est moi, votre neveu, qui voudrais bien vous parler d'une affaire d'importance.

— Parle, mon garçon, dit le père.

— Voici... J'aime ma cousine. »

Les yeux du bonhomme s'agrandirent, les parents étant toujours les derniers à s'apercevoir de ces choses-là.

Le neveu continua : « Pauvre, je n'aurais pas osé vous proposer une alliance. Je suis riche, aujourd'hui. Je dois à votre fille une bonne partie de cette richesse, car c'est son souvenir qui, plus d'une fois, me soutint aux heures d'épreuve. Voulez-vous me permettre de partager avec elle? »

Et il attendait avec anxiété.

L'étonnement, l'émotion ôtaient la parole aux deux braves gens.

« Mais, cher enfant, hasarda enfin l'oncle, tu sais que nous n'avons pas grand bien...

— Qu'importe, puisque j'en ai ?

— As-tu bien réfléchi ?

— Depuis dix ans.

— Soit! mais notre fille t'agréera-t-elle ? Elle s'obstine à refuser de bons partis, et... »

A ce moment, la porte s'ouvrit doucement. Transfigurée par l'amour, la belle Luchonnaise s'avança vers son cousin, et mettant sa main dans la sienne :

« Père, dit-elle, il a bien tardé : quand il revient enfin, ce n'est point l'heure de le repousser. » Et elle ajouta plus bas : « Je l'attendais. »

Tous ceux qui ont entendu les lèvres de la femme aimée murmurer à leur oreille le tendre aveu, comprendront la joie du pauvre garçon. Dès le lendemain, il voulut prendre possession de sa conquête. Il l'enleva à quatre chevaux... et ses parents avec. Il tenait à ce que les noces se célébrassent sur le théâtre même de sa fortune : n'était-ce point à Paris, la grande ville, qu'il allait devoir son plus beau jour? Attendant tout de la femme, il voulut que la fiancée n'eût rien qui ne vînt de lui. Il la prit nue, parée de ses seuls attraits, comme cette Vénus Anadyomène dont elle empruntait toutes les splendeurs. Sa tendresse d'amant prodigue se réservait de la vêtir en reine. Robes, châles, bijoux, rien ne fut trop beau pour son idole. Il remplit sa corbeille de mariée de toutes les recherches, il la para de toutes les élégances. Elle, d'ailleurs, le laissait faire, sachant bien qu'elle lui rendrait en longues félicités l'intérêt et le capital de ses dons.

On n'écrit pas l'histoire du bonheur. Le leur durait depuis longtemps déjà, quand un jour Mme S... dit à son mari :

« Si nous allions passer quelques semaines au pays? »

Le pays était Luchon. On partit. L'air embaumé de la terre natale sembla encore aviver la pure flamme de cette tendresse sans rivale. Mais la maison était petite, le jardin sembla étroit. Certes, les vastes et ombreuses allées ne manquent point alentour; mais on se heurte au monde des baigneurs qui vous y coudoie, et les vrais heureux vivent de solitude.

« Si nous bâtissions un chalet? j'en donnerais le terrain, » s'avisa de proposer la jeune femme.

Le marché fut conclu et scellé par un baiser. Huit jours après, une escouade d'ouvriers défrichait le champ, humble dot de la fiancée.

Jusqu'ici, par des sentiers fleuris, la bonne fée avait mené nos amants. Voici le méchant génie qui va intervenir, toujours comme dans les contes de Perrault.

Un soir, Mme S... se sentant un frisson, demanda une tasse de violettes. La soubrette à moitié endormie jeta les fleurs et l'eau chaude dans une bouilloire où des allumettes chimiques se trouvaient on ne sait comment égarées. La pauvre malade goûta à l'affreux breuvage. Déjà elle en avait pris plusieurs gorgées quand on s'aperçut de l'erreur. Le mal était fait, fatal, irréparable. Empoisonnée par une infusion de phosphore, Mme S... languit quelque temps. Ni les oracles d'Épidaure, ni les prières à Notre-Dame de Bon-Secours ne la purent sauver. Elle s'éteignit doucement dans les bras de son mari, plus navrée de la douleur de celui-ci que de sa propre infortune...

Cette douleur fut en effet ce qu'on la peut supposer. On crut que la vie allait quitter le pauvre solitaire. Puis, ce fut sa raison qui resta menacée. Avec des cris déchirants il appelait l'éternelle absente, et, ne l'entendant pas répondre, il suppliait le ciel d'abréger son martyre en le réunissant à elle. Ses amis ne le perdaient pas de vue, dans la crainte que le désespoir ne le conseillât. Un matin, pourtant, ils le trouvèrent plus calme, presque souriant; et comme, tout joyeux, ils s'étonnaient de ce changement, S... leur confia que, cette nuit même, la chère morte lui était apparue en songe. Elle l'avait d'abord tendrement grondé de son affliction désespérée, puis, séchant ses larmes sous des baisers, elle lui avait ordonné de vivre, afin de réaliser *leur* projet. Elle voulait que le chalet fût élevé. Architecture des bâtiments, dessin du parterre, décoration des chambres, sinuosité des allées, essences des bosquets, herbe des pelouses et fleurs des corbeilles, elle lui avait tout décrit, tout expliqué, tout fait entrevoir comme en un lumineux mirage. Voilà ce qu'il lui fallait exécuter : voilà pourquoi il lui était défendu de mourir. Et, sans plus tarder, une armée de charpentiers, de maçons, de décorateurs, de jardiniers paysagistes fut mise en campagne. D'architecte il n'était pas besoin, puisque, pareil au plan de certaines vieilles cathédrales du Rhin, le devis des travaux était né d'une vision. Seulement, ici, un ange inspirateur se trouvait avoir pris la place de messire Belzébuth.

Ainsi le chalet fut scrupuleusement et à grands frais construit. C'est celui-là même que j'admire en ce moment, à cent pas du pont de Montauban. Ajoutons, au risque de le dépoétiser un peu, que M. S... vit toujours : il habite Paris. Sa villa demeure le plus souvent close, car il n'a jamais consenti à la louer. La présence d'un étranger dans ce sanctuaire du souvenir lui semblerait une profanation. Quelquefois, loin des bruits du monde, il revient s'enfermer dans ces jardins dignes de ceux d'Armide. Y évoque-t-il l'image de celle qui n'est plus? La blanche vision lui apparaît-elle encore dans la molle transparence des nuits d'été? Ce sont là des mystères dont il ne faut pas chercher à écarter le voile.

Mieux vaut s'acheminer doucement du côté du déjeuner par l'allée de *Piqué*, la dernière et la plus belle du quadrilatère que nous parcourons. Aussi bien, pour s'acquitter de cette prosaïque et pourtant indispensable fonction, point ne serait nécessaire de chercher au loin. Voici, à droite, la *Laiterie*. Les agneaux et les babys n'en ont pas seuls le monopole. Entrez sans crainte par la barrière toujours ouverte : vous êtes sûr de trouver là déjeuner sain et bon accueil. Dans une prairie charmante, le long de modestes mais blanches maisonnettes, quelques tables de marbre sont dressées sous de grands arbres. Une paysanne accorte vous y sert des œufs frais, une côtelette aux pommes, d'excellent café avec lait crémeux, le tout à des prix modérés : or la modération, dans ce sens, est une vertu d'autant plus précieuse à Luchon, qu'elle y est moins pratiquée. Cet établissement n'est guère connu que des bonnes et des enfants qui vont y goûter l'après-midi. Je dois d'en avoir fait connaissance à certain magistrat de mes amis, qui y déjeune volontiers à la double satisfaction de son palais et de sa bourse. C'est là que j'entrevis, l'an dernier, la fille du grand chef de l'*Internationale*, la belle Mlle Mark. Elle s'était réfugiée dans cet asile avec sa mère et l'une de ses sœurs, à la suite de la Commune. Leur incognito fut trahi. La police, toujours maladroite (elle ne serait pas la police sans cela), voulut expulser ces femmes d'une frontière perdue où assurément elles ne se livraient à aucun acte de propagande. Disons, à la décharge du commissaire, qu'il y avait ordre supérieur de la République cent fois moins tolérante que l'Empire. En revanche, pendant ce temps, M. Gambetta échangeait les orangers de l'Espagne contre les baliveaux du boulevard des Italiens et un gouvernement, débonnaire à contre-sens, laissait le pavé de Paris, que dis-je? l'accès du conseil suprême, à d'affreux bandits très-dignes de coloniser Nouméa. Mais la République est elle-même une femme qui ne se pique pas de logique, encore moins de galanterie. Il me souviendra toujours de l'air de dédain superbe dont la fière jeune fille accueillit l'ordre de départ. On eût dit une reine offensée par des laquais.

« Où allez-vous, mademoiselle? lui demanda un conseiller de la cour de Toulouse qui assistait pour son plaisir à l'interrogatoire.

— En Angleterre, répondit-elle.

— Quelles sont vos ressources?

— Faibles dans le présent.

— Et vos espérances?

— Immenses ! »

Après quoi, elle partit. Souvent depuis, quand j'assiste, du rivage, à tous les faux coups de barre donnés par ceux qui se mêlent de toucher au gouvernail, le mot de la belle révoltée me revient en mémoire avec son intonation stridente : *Espérance immense !* Dieu veuille qu'elle ne se réalise pas ! Jusqu'ici, il n'y a d'immense que la sottise du parti conservateur.

Des villas clair-semées bordent d'un côté cette magnifique allée de Piqué, tandis que les marges d'une prairie très-embocagée la limitent de l'autre. L'ombre épaisse des platanes y descend, à toute heure, sur la tête du promeneur. Je passe devant l'*ancien Casino*. On s'y rendait assez volontiers, il y a quelque vingt ans. Aujourd'hui, malgré les séductions intermittentes de pauvres chanteuses de carrefour, ces salles dégradées, fanées, mal en point, ne possèdent plus guère les propriétés de l'aimant. Deux ou trois fois à peine dans le cours de la saison un artiste de passage a le privilége d'y attirer les baigneurs. Le rendez-vous, si agréable qu'on le promette, rompt trop avec les habitudes nouvelles de la *gentry,* et les charmes de l'espèce de grange où il faut s'entasser ne compensent point les ennuis du déplacement.

La première fois que je vins à Luchon — je parle de longtemps — on visitait, au premier étage de cet établissement, un *Musée pyrénéen* fort curieux par les richesses naturelles dont il regorgeait. L'infatigable chercheur Nérée Boubée avait groupé, dans une série de salles contiguës, les échantillons les plus variés de la faune et de la flore du pays. Les minéraux, les roches, les marbres des carrières, les plantes des vallées, les quadrupèdes bourrés de foin s'y mêlaient dans un désordre savant. L'antiquaire lui-même pouvait passer une bonne après-midi à relever les inscriptions des bas-reliefs et des autels votifs multipliés jadis en ces lieux par le culte reconnaissant des Romains. Il ne tardait pas à se convaincre de l'estime grande en laquelle étaient tenus le dieu Lixon et ses nymphes, dès l'époque des empereurs, particulièrement sous Septime-Sévère. Il lui était même loisible, pour peu qu'il en eût la fantaisie, de lire dans le texte grec ouvert à la page convenable, l'éloge que fait le géographe Strabon des magnifiques *thermes onésiens* (τὰ τῶν Ὀνησίων Θερμά κάλλιστα) : c'était alors le nom que portaient les eaux de Luchon.

« Je pourrais, cher lecteur, selon certains usages,
M'improviser ton guide et, par delà les âges,
Te conduire en litière aux bains Onésiens;
Évoquer devant toi ces fiers patriciens
Qui narguaient le vaincu de leur pourpre ironique;
Surprendre, épaule nue, agrafant sa tunique,

Quelque Flavia blonde à qui le dieu Lixon
Vient offrir son amphore en galant échanson;
Te prouver que déjà, sous Septime-Sévère,
La santé se vendait cinq centimes le verre,
Passer des Goths aux Franks, du Gaulois au Romain,
Et t'expliquer Luchon, un Strabon à la main.... »

Ainsi disais-je, aux premiers vers d'une épître couronnée par l'Académie de Clémence Isaure, et je ne faisais alors que traduire sommairement, dans la langue des dieux, les précieuses indications recueillies par l'auteur du Musée pyrénéen. Depuis, Boubée est mort. On a laissé disperser sa collection aux quatre vents de l'enchère, et cette dernière *attraction*, pour parler comme les Américains, manque désormais à l'établissement déchu. Nous verrons tout à l'heure comment on s'occupe d'y suppléer.

Du moins, à quelques centaines de mètres plus loin nous allons retrouver le *Casino des chasseurs*. Les plus brillantes stations thermales l'envieraient à Luchon. Tirs au pistolet, à la carabine, aux pigeons; salle d'escrime, gymnase, billards ordinaires, billards anglais, toupies hollandaises, salles de jeu, restaurant, café... tout s'y trouve. Que de bonnes heures je lui ai dues —

quand le vent et la pluie font rage au dehors — gravement appliqué à passer des dégagements à un prévôt de salle ou à grouper dix balles dans la circonférence d'une pièce de cent sous! C'est là que tient ses assises la jeunesse dorée pour qui les courses de montagne sont lettre close : c'est là que trône, du haut de son comptoir, le grand Sapène. Sa taille élancée, son air décidé trahissent l'ancien militaire. Il préside, depuis vingt ans, aux jeux et aux ris de la maison. Ses cheveux d'ébène se frangent bien de quelques fils d'argent : mais le demi-siècle qu'il porte allègrement lui est comme une seconde jeunesse. Tous les métiers, il les a faits; à tous les exercices, il est de première force. Si la main commence à lui trembler, par quoi sa balle de pistolet va parfois moins droit au but que la mienne, il prend sa revanche à la carabine dont il fut l'un des quatre lauréats au dernier grand concours de Paris, vers la fin de l'Empire. Je ne parle ni du fleuret qu'il manie fort joliment, ni de la bille d'ivoire que, par des angles savants, il pousse à un carambolage certain, ni de la trompe de chasse dont il sonne à rendre jaloux le paladin Roland. Son souffle briserait le cuivre avant d'ébranler sa poitrine. Mais des talents divers dont la nature l'a doué, celui qu'il possède au premier chef est de savoir mettre en rapport joueurs et tireurs, de préjuger les aptitudes, de combiner les forces, d'établir deux camps aux chances à peu près égales, de régler les paris et de juger les coups. Et puis, quand tout est en train, quand la machine est lancée, assis alors devant une énorme choppe qui rappelle la botte du maréchal de Bassompierre, il se repose, souriant, dans sa force et dans sa majesté. Par ses soins les dames ont un salon de tir réservé. Or, ce sont de rudes partenaires que les femmes, quand elles se mêlent de tenir une arme. Il me souvient d'avoir admiré, l'an dernier, l'une des filles d'un haut dignitaire de l'Empire, la charmante vicomtesse Valentine P......., brisant, à vingt-cinq pas, des figurines de plâtre grosses comme le doigt, avec un entrain et une sûreté d'œil remarquables. Elle avait, au préalable, baptisé ses victimes. Chacune d'elles — trop honorée vraiment de tomber sous une telle main — portait le nom d'un des hommes de Septembre. Les boursouflées étaient Jules Simon, les borgnes, Gambetta; les paons à large queue éployée figuraient Trochu; les gros œufs ronds marquaient la circonférence d'Ernest

Picard; les corps de singes, les têtes de chouettes, s'appelaient tout naturellement Crémieux et Glais-Bizoin; personne ne s'y pouvait tromper. Puis le jeu commençait, et chaque fois qu'une poupée volait en éclats, c'étaient des petits cris de joie de la part de la jeune femme, en même temps que des applaudissements frénétiques dans le cercle bien pensant de ses admirateurs.

Tous ces souvenirs me reviennent en mémoire alors que je presse le bouton de la porte. Je m'attends à voir le maître quitter son siége et s'avancer vers moi avec l'expression souriante, bien que légèrement solennelle, qu'il met à saluer les vrais habitués de l'escrime et du tir. Mais la maison est déserte. Les pistolets se taisent, accrochés à leur clou; les carabines pendent tristement le long des murs : le noir de fumée s'écaille sur les cibles, les pains à cacheter se racornissent le long des plaques; quelques poules fuyardes picorent dans les plates-bandes que Sapène entretenait de fleurs pour y cueillir des bouquets à Chloris; enfin le siége directorial demeure vide. Je soupçonne qu'un malheur a passé par là, et je ne me trompe pas. Car tandis que je contemple mes vieux cartons dans leurs cadres d'ébène, voici venir à moi le premier garçon, triste, amaigri, tout semblable à un confident de tragédie allant commencer le récit du cinquième acte. Son histoire n'est guère plus gaie. La guerre de 1870 donnant pour objectif aux tireurs les poitrines prussiennes fit déserter les cibles de Luchon. La saison fut manquée. La suivante ne valut guère mieux, malgré les bienfaits étonnants de l'*essai loyal*. Les dettes s'ajoutèrent aux dettes, et, cette année, à l'heure où il y avait peut-être espoir de se relever, Sapène fut forcé par ses créanciers de quitter la place. Comme ce Robert de Normandie, moins *diable* que mal chanceux, il leur abandonna tout, ses armes, son argenterie... ses billards, sa bibliothèque, et sortant d'une maison dont, depuis vingt ans, il était le haut et puissant seigneur, il prit le chemin de l'exil, sa trompe de chasse en sautoir. Celui qui fut le grand Sapène donne, en ce moment, pour vivre, des leçons de cor dans un des faubourgs de Toulouse. Je sais bien que Denis le jeune, tombé du trône, enseignait l'alphabet aux enfants de Corinthe ! Ce que je ne sais vraiment pas, c'est ce que les arabes de Sapène ont pu gagner à dépouiller ainsi le pauvre homme. Le casino est en vente, mais nul acheteur ne se présente : un préposé l'exploite, qui s'y entend comme un radical à la propreté. Le personnel a été réduit, les armes sont en mauvais état, les pistolets ratent, les carabines font long feu, les cartons manquent et les habitués encore plus que les cartons. Car le *genius loci* est absent! Qu'on le rappelle bien vite, ou c'en est fait de l'établissement. Par acquit de conscience j'écrase quelques pains à cacheter avec mon arme favorite ; je doute néanmoins que le casino des chasseurs ait souvent ma visite.

L'allée d'Étigny à laquelle j'arrive en quelques secondes me rend ma belle humeur. Je me déride à revoir les Aragonais en costume de Figaro, la balle au dos, m'offrant dans un sourire leurs pastilles d'aromates, leurs ceintures de soie ou leurs longues navajas. Comme toujours les enseignes volantes se balancent entre les arbres; plus que jamais les magasins étalent leurs séductions sous les ramures des tilleuls antiques. Partout restaurants et cafés invitent joyeusement à s'asseoir. C'est l'heure des déjeuners. Dedans, dehors, les tables regorgent de friands à vestons blancs et à chapeaux marins, en train de déguster le cèpe à la bordelaise ou de savourer la chair saumonée de la petite truite des lacs. A quel maître-queux donner la préférence? l'embarras du choix seul existe. L'hôtel d'Angleterre, le Parc, Saccaron, Esquié, les Bains, le Louvre, Bonnemaison se disputent la gloire de vous indigérer. On mange convenablement dans ces diverses officines, surtout à l'*Hôtel des Bains* qui passe pour posséder le cordon bleu de Luchon. Mais, à mon humble avis, la palme reste à Arnative. Comme Sapène, Arnative est un type. Il a son relief, qualité rare en notre ère de monnaie fruste. C'est un singulier mélange de jovialité gasconne et d'urbanité parisienne. Quiconque l'a vu une fois ne l'oubliera jamais. Il complète par sa présence le charme de ces vallées ; je ne comprendrais pas Luchon sans Arnative. On reproche bien depuis quelque temps à ses confortables salons d'abriter, de ci de là, certaines beautés à vertu non moins chatoyante que la chevelure : Hortense Schneider, plus connue ici sous le nom de son grand-duché de Gérolstein, y prend régulièrement ses repas, et Caroline Hassé, la vivante statue, ne dédaigne pas de descendre de son piédestal pour aller y savourer un bischof. A quoi Arnative répond qu'il n'est pas M. de Montyon, lequel eût été sans doute fort empêché pour ordonner un dîner champêtre ou fleurir un souper régence aussi galamment que lui. Longtemps il dirigea l'hôtel du Parc qu'il avait su rendre sans rival. Il ne tenait l'immeuble qu'à location, et le propriétaire lui mettant le bail sur la gorge voulut le pressurer de si déraisonnable façon que, ce printemps même, par une inspiration hardie, l'heureux lutteur s'en débarrassa. Arnative a plus d'un tour dans sa gibecière. Tandis qu'on le jugeait un homme mort, il louait secrètement et à long terme une vaste maison plus près de la promenade, en meilleure situation par conséquent. Un essaim d'ouvriers sortis on ne sait d'où, de ses fourneaux peut-être, apparut un matin, renversant tout pour tout relever. En quelques semaines, le palais d'Aladin prenait la place du vieux bâtiment... et, miracle non moins grand, la foule l'y suivait. Tandis que son successeur se morfond à attendre devant la grille déserte un client qui ne vient plus, lui, dans son vaste divan aux cariatides de marbre, aux lampadaires étincelants, ne peut suffire aux assauts de l'assiégeant. Vrai Tortoni croisé de Bignon, il offre aux friands les merveilles culinaires de son chef Lassus, aux dames la neige parfumée de ses sorbets, aux joueurs les émotions d'un baccarat qui se taille du soir à l'aurore, à tous enfin le sourire avenant de ses blondes filles. Voilà qui permettra d'attendre qu'un casino s'élève de terre.

Le casino! j'ai prononcé le mot : parlons un peu de la chose. Comment se fait-il que dans ce pays de Luchon, le plus visité assurément de France, toutes les municipalités qui depuis vingt ans se succèdent, n'aient point encore songé à constituer un centre de réunion, vœu légitime des baigneurs? Par cette raison que l'intérêt privé des possesseurs de terrains, plus ou moins membres du conseil de la cité, s'est perpétuellement heurté contre l'intérêt public. La véritable place du casino se trouve en face de l'établissement thermal : qu'on le veuille ou qu'on ne le veuille pas, elle est là et non ailleurs. Mais là, par malheur, verdissent et fleurissent acacias, tulipiers, catalpas, tous arbres qu'on ne peut guère songer à abattre, car ils sont le parasol embaumé du promeneur. Là aussi se ride sous le zéphir un charmant lac, bien qu'artificiel, qu'on ne pourrait tarir sans risquer la disgrâce des belles à toilettes tapageuses, toujours prêtes à se mirer dans cette émeraude liquide. Partant de ces données, les uns disent : « le casino doit s'élever entre les allées d'Étigny et de la Pique, sur ces terrains vagues qui restent cotés à des prix encore acceptables. C'est en cet endroit que s'installent les saltimbanques, les ménageries de passage : pourquoi les baigneurs n'y trouveraient-ils pas aussi bien leur place? » Sur ce raisonnement, assez irrévérencieux d'ailleurs pour l'étranger, le citoyen de K... alors préfet de la Haute-Garonne, n'ayant pas un rouge liard dans son escarcelle, acheta bravement pour 70,000 francs desdits terrains. Il faut absolument que ces hommes de Septembre agiotent et tripotent, qu'il s'agisse de pommes de terre gâtées, de souliers de carton ou de places à bâtir. Mais les soldats du camp adverse répondent : « Vous pouvez construire là un établissement : si beau soit-il, on ne s'y rendra pas. L'usage est d'entendre la musique aux quinconces ; on restera aux quinconces.

— Nous transporterons la musique, » reprennent les premiers.

« Soit! ripostent les seconds : mais transporterez-vous aussi, du même coup, et les malades qui vont aux buvettes à l'heure de l'orchestre, et les rhumatisants qui ont accoutumé de faire le lézard au soleil de la colonnade, et les petites dames qui se plaisent à accomplir le tour du lac en mémoire de celui du bois de Boulogne, et ces groupes tenaces de causeurs moins faciles à déraciner que les arbres autour desquels ils s'abritent? On ne détourne pas aisément certains courants : or, c'est près des thermes qu'est le courant, près d'eux qu'on veut être logé, nourri, amusé. Vous prétendez remonter le flot : le flot vous emportera. » Et ceux qui raisonnent ainsi n'ont pas tort. Un plébiscite décrété parmi les baigneurs donnerait à leur projet l'unanimité. L'objection du lac et de ses ombrages n'est pas sérieuse. Non que je veuille conseiller de combler l'un et de raser les autres. En dépit des railleurs dont la malice se plaît à opposer à une goutte d'eau les réservoirs des montagnes voisines, je loue sans réserve M. Tron d'avoir fait creuser cette jolie cuvette. Elle est le charme de tous ceux dont les jambes se refusent à les porter vers les bassins de Séculéjo, d'Espingo, du Portillon ou du Port-Viel. Que ce miroir transparent continue donc à s'arrondir au pied de sa jolie cascade! Que les catalpas ne cessent point, la brise aidant, de secouer leurs panaches odorants sur le front des promeneurs... et que la ville achète soit Bonnemaison, soit l'hôtel Richelieu pour y fonder un salon de conversation digne de Luchon. Ainsi tout sera résolu et un chacun satisfait, hormis cependant M. de K... qui en demeurera pour ses frais d'agio, insuffisante expiation de sa complicité au crime du 4 Septembre !

En attendant, il est à craindre que la *gentry* ne soit condamnée pour longtemps encore à s'abriter sous les colonnes, les jours de pluie, et réduite, le soir, à se tenir calfeutrée chez elle, si mieux elle n'aime, sous prétexte de musique, aller cueillir au dehors corizas, névralgies et rhumatismes. Une de leurs victimes irritées a surnommé ces ombrages *les mancenilliers*. A en croire de méchantes langues, les médecins de l'endroit perpétueraient l'état de choses afin de grossir le chiffre de leurs recettes : invention cruelle, bien qu'assez vraisemblable de la part de certains. Tous les desservants du dieu Lixon ne professent pas ici le désintéressement de mon excellent ami le docteur Barrié.

J'ai bien envie, à ce sujet, de conter une anecdote assez plaisante. L'un d'eux, fort couru d'ailleurs, chez qui l'on fait antichambre comme chez le vice-président du Conseil, avait, au bout de trois heures d'attente, donné une audience de cinq minutes à un client. Après quelques paroles échangées, il s'était contenté d'indiquer la source où le malade pouvait boire. Plusieurs jours se passent. Le client, que nous nommerons X..., n'ayant point à se louer de la cure, se décide brusquement à partir; mais, auparavant, il envoie au docteur, que nous appellerons Z..., une pièce de vingt francs roulée dans quelques mots de remerciements. La visite lui semblait ainsi bien payée. Ce ne fut pourtant point l'avis de notre Hippocrate, car, passant devant la voiture où X... se trouvait déjà installé :

« J'ai reçu votre billet et ce qu'il contenait, lui dit-il; seulement, je crois à une erreur de votre part. Vous envoyez sans doute cette étrenne à mon domestique, mais vous avez oublié mes honoraires.

— Nullement, docteur, répond X... sans se déconcerter; vous avez mal compris, ou plutôt je me suis mal expliqué. Dans mon offrande, il y avait quinze francs pour le domestique et cinq francs pour vous. »

Je laisse à imaginer l'hilarité des auditeurs de ce petit dialogue. Quant au disciple d'Esculape, on dit que pleinement satisfait de la monnaie de cette bonne pièce, il prit la fuite et court encore.

Faisons comme lui, en hâtant le pas du côté du déjeuner, car cette promenade matinale m'a mis en appétit.

Le tribut à la faim payé, il s'agit d'inaugurer bien vite la série de mes excursions, car je n'ai que vingt jours à moi, et long est mon programme. Je veux d'ailleurs paraître un instant à la musique. Dans ces conditions, une seule course m'est loisible, la plus rapide, mais non la moins charmante : *le tour de la vallée.*

Le guide Redonnet m'amène la perle de son écurie, je saute en selle et me voilà sur le grand chemin. J'effleure de mon fouet enrubanné la colonne élevée au préfet West par la reconnaissance de ses administrés ; — il y avait alors des administrés reconnaissants, — je m'engage dans la rue d'Espagne, puis tournant brusquement à gauche, je parcours au galop de chasse la longue avenue qui mène à Saint-Mamet. Ce hameau, comme les villages d'opéra-comique, gagne à être vu de loin. Il égaie, à distance, le paysage par ses riantes maisons et son clocher pointu : ce ne sont plus, dès qu'on y pénètre, que chaumières de pauvre apparence, sales étables, troupeaux de porcs crottés et marmots en haillons. Heureusement ne sommes-nous pas forcés cette fois de le traverser. Passant près de l'église décorée de quelques fresques de Romain Caze, je laisse à droite le gros du village, et je m'engage, au milieu des prés, sur une belle route blanche qui rejoint Montauban un peu au-dessus du chalet dont nous venons de conter l'amoureuse histoire. C'est la promenade favorite des enfants. Aussi je croise en route nombre de ces joyeux marmots chevauchant des ânes ; les propriétaires des montures aux longues oreilles trottent à leur côté, les excitant de la voix et du geste, tandis que, de ci de là, une gouvernante juchée sur un aliboron rebelle, s'efforce à rattraper la cavalcade, au risque de montrer ses vénérables jarretières, comme la dame Pluche, de Musset. Voici l'église de Montauban, récemment édifiée. Moins heureuse que sa sœur de Saint-Mamet, elle attend encore sa flèche, mais elle ne perdra rien pour attendre. Un luxe de bon goût a présidé à l'érection de sa triple nef. Le style fleuri de ses nervures à peintures byzantines, ses colonnes monolithes de marbre blanc, sa crypte romane méritent bien un coup d'œil du touriste, sans compter qu'une courte prière dite en passant, ne peut qu'être profitable. Je gagne le village adossé à la montagne, et, tout droit à travers la petite place qu'ombragent les rameaux d'un arbre séculaire, je monte au jardin du curé, refusant les bons offices d'une bande de gamins tout ébahis de ma connaissance des lieux. Je n'échappe pas en revanche à une rangée double de vieilles casquettes qui s'abaissent sur mon passage, moins pour me faire honneur que pour recevoir mon obole.

Le jardin du curé de Montauban est une curiosité cotée. Le tarif très-modique (50 centimes) est destiné à une œuvre pie, la construction du clocher. La gouvernante le prélève, et chacun l'acquitte volontiers. Jetant la bride de mon cheval à un jeune gars qui depuis cinq minutes me tient fidèle compagnie, je monte lentement le sentier à lacets qui serpente aux flancs de la montagne. Une vague odeur d'églantiers et d'œillets le parfume. Des marguerites, des pois de senteur, des lilas, des roses trémières lui forment une parure aux teintes variées. Parmi les ramures des sapins, Luchon apparaît, tandis que le pic Sacroux pyramide à l'horizon. D'humbles cascatelles, pâle réduction des chutes de Tivoli, complètent l'agrément de cette promenade. L'art, du reste, n'y est point étranger : une main humaine prend soin de la mise en scène. Du plus loin, en effet, que la gardienne aperçoit un touriste, elle court à ses cascades comme un machiniste à ses poulies, et au moyen de vannes habilement disposées, proportionne l'importance du flot à la qualité présumée du visiteur. Mon ruban, paraît-il, me crée des droits aux grandes eaux, car je vois soudain l'un des courants tombant dans un bassin triangulaire former un peu plus bas une jolie chute d'une vingtaine de mètres qui se détache d'un roc noir tout habillé de lierre, s'arrondit en arc, se déploie en écharpe, pour s'évanouir en une pluie de perles dont le soleil fait des opales. L'iris qui se joue à travers la poussière humide donne à ce fond de vallon l'aspect d'un réduit mystérieux et charmant. Toujours grimpant, j'arrive à une porte que gardent plusieurs vieilles femmes, vraies sorcières de Macbeth qui, volontiers, vous saluent roi pour peu que vous ayez le gousset fourni. Elles vivent de la cascade dont le tribut produit ces rapides factices. Bon gré, mal gré, elles vous accompagnent, vous adjurant, vous suppliant, s'emparant de votre pardessus ou de votre canne, vous soutenant de la main sur un talus rapidement franchi, vous donnant d'autant plus d'explications que vous leur en demandez moins. Vous croyez vous débarrasser par quelque libéralité ; mais alors vous ne pouvez plus échapper au concert de leurs bénédictions.

La cataracte de Montauban bondit par une déchirure de la montagne. Elle est vraiment belle dans sa masse laiteuse, s'élançant d'une gorge sombre tapissée de pariétaires et de fontinales, avec des retombées de rameaux verts qui lui superposent leur cascade de feuillage. Mais ce qui vaut mieux encore, c'est la cassure même de la roche par où elle s'échappe. On dirait, à sa teinte rougeâtre, que l'éclat de foudre dont elle fut déchirée, l'a, du même coup, teinte de sang. C'est un sombre couloir, un reflet de la rue d'Enfer. Décidément, le bon Dieu fait encore mieux les choses que son serviteur de Montauban, et cette chute sauvage a plus de prix que toutes les cascatelles dues aux ingénieux barrages du curé aidé de sa servante.

A ce moment, les nuages lentement amoncelés commencent à dégager leur électricité : les éclairs brillent, le tonnerre gronde, la pluie tombe. Je m'abrite de mon mieux au creux d'une roche, laissant passer la bourrasque, tandis qu'à l'horizon de grands pans de ciel bleu se déploient comme le drapeau de l'espérance. En effet, un coup de vent ne tarde pas à emporter toutes ces menaces. Je puis regagner le pied de la colline où m'attend ma ponette de Tarbes. Je reviens sur mes pas, et, tournant à droite, je reprends au-dessous de l'église la route du Tour de la vallée.

Cette route agréablement ombragée suit la base des monts, et, docile à leurs caprices, décrit toutes leurs courbes. Rien de plus agreste, rien de plus riant que ce long serpent blanc qui court parmi les arbres à travers les prairies émaillées, les rutilants maïs et les grands damiers de blé sarrasin sur lesquels il semble avoir neigé des fleurs. Une mosaïque aux nuances harmonieuses charmerait moins la vue. Aussi suis-je tout surpris de me trouver déjà dans Juzet. Ce joli village cache dans des vergers rouges de pommes ses maisonnettes blanchies à la chaux, égayées par des balcons de bois qui leur donnent un faux air de chalets suisses. Le ruisseau qui le traverse, joint à l'écho d'un bruit lointain, trahit le voisinage d'une chute. Il la faut voir au passage. Je remonte donc à travers les chaumières, et je mets pied à terre près d'un petit moulin. Il paraît qu'ici les vieilles femmes naissent des cascades comme les moustiques de l'humidité. Une sibylle édentée m'ouvre une clôture de planches, et je me trouve sans transition dans une gorge noire aux roches déchiquetées, moins étroite pourtant, moins élevée et moins imposante que celle de Montauban. La cascade, elle non plus, ne vaut pas sa voisine. Derrière un beau roc qu'ont détaché les hivers, sur un plan incliné, elle glisse paisiblement pour se partager ensuite en divers filets. Son volume est modeste, mais non point son éclat qui possède la blancheur éblouissante du névé des sommets. Elle gagne d'ailleurs à être contemplée de moins près. Son véritable point de vue est la route de Luchon. Sur sa droite, la dominant tout entière, se dresse une grande roche noire, luisante de poussière d'eau, qui semble pleurer à travers les buissons. Cela est gracieux et sauvage à la fois. Un peintre y peut venir, sûr de ne point remporter sa toile vierge d'ébauche. La rétribution de la vieille fée est d'ailleurs à la générosité du visiteur. Je lui donne une pièce blanche : elle me remercie comme s'il s'agissait d'une jaune. Il me faut traverser Juzet à nouveau, et je ne m'en plains pas, car ce hameau me plaît décidément avec ses jardinets enguirlandés de haies vives et ses maisons dont des touffes de roses cachent les murs.

Je reprends mon chemin encadré de fraîches prairies. J'invite seulement les cavaliers aventureux à se défier de ces marécages qui dissimulent sous l'herbe de dangereuses fondrières. Un de mes amis faillit un jour y périr à la poursuite de je ne sais quel feu follet. Le village de Salles, qu'on traverse et qui ne vaut pas qu'on s'y arrête, m'amène au point de jonction des deux routes : je quitte celle de la vallée pour mettre le cap sur Luchon où mon cheval me ramène en une demi-heure.

Il n'est que temps de faire un brin de toilette pour la musique. L'orchestre que, deux fois le jour, le maëstro Luigini enlève à la pointe de son archet, est la grande distraction du baigneur insoucieux de courses. Si depuis le lever du soleil jusqu'à la nuit close les allées d'Étigny sont sillonnées de paniers, retentissantes de cavalcades, parées de fraîches toilettes, émaillées de gracieux visages, c'est surtout à la musique de quatre heures que se livrent les *steeple-chases* d'élégance. Alors la coquetterie des filles d'Ève, toutes voiles dehors, se donne carrière autour des flots transparents du petit lac. Là se produisent, ainsi qu'en un kaléidoscope sans cesse agité, les inventions tapageuses ou les toilettes de bon goût, les mantilles espagnoles et les chapeaux-bergère, la robe à traîne ou la jupe écourtée, selon le caractère des physionomies et les dimensions du pied. Là aussi, relevées en masses profondes ou artistement épandues en flots roulant sur les épaules, de toutes formes, de toutes longueurs, de toutes couleurs, s'entre-croisent les chevelures. Une tribu entière de Peaux-Rouges trouverait à scalper dans cette foire aux chignons, sans compter que cet or et cet ébène soyeux ne tenant pas plus qu'il ne faut à la nuque de leurs propriétaires, l'opération ne serait souvent ni bien longue, ni bien douloureuse. C'est ce tableau ondoyant et divers qui m'avait inspiré jadis cette tirade, dans mon épître sur Luchon [1] :

« Il vous faudra, ce soir, le long des colonnades,
Parader en mantille, au bruit des sérénades.

1. *Les Plaisirs de Luchon* (verger d'Isaure, p. 157).

Ces teints un peu battus que la bise a rougis
Aspirent vainement aux ombres du logis :
Nul repos tant qu'il reste à vaincre une rivale !
Que le pinceau discret soulignant leur ovale
Rende la flamme aux yeux ! Que ces tons de grenat
S'éteignent sous la houppe en un doux incarnat
Plutôt que s'éloigner sans lutte de l'arène !
Il s'agit d'un champ-clos d'où sortira la reine.
Aux armes, frais minois ! courage, attraits majeurs !
Basquines à grelots, sombreros tapageurs,
Flots de soie étagés, savantes armatures
Qui faites sur la gaze ondoyer les ceintures,
Mystères des burnous que soulève le vent,
La palme attend, la lice est ouverte : en avant !...»

Or, nous sommes aux deux tiers de la journée. L'ombre des hautes montagnes commence à descendre sur les thermes; j'entends, de ma fenêtre, l'évocation des instrumentistes déjà installés sous leur kiosque. Obéissons bien vite à cet appel, et voyons ce que la France et l'étranger nous offrent cette année, pour pratiquer l'essai loyal des modes de Mme Fernand ou tenir haut la bannière de Worth.

Bon début ! j'aperçois de longues princesses et de piquantes marquises, de jolis pastels Watteau, de plantureuses beautés à la Rubens.

Autour du sémillant baron de Nervo qui met sa coquetterie à se donner soixante-quinze ans, quand il n'en a vraiment que trente, la brune Andalouse coudoie la pâle fille du Nord, tandis que la Parisienne, piquante et vive, heurte en passant la chaise d'une Grecque nonchalante. Bordeaux a envoyé la fleur de son panier. La Cannebière me semble également posséder de dignes représentantes. L'embarras n'est point de citer, mais plutôt de choisir avec mesure dans le champ des citations. Je me risque pourtant, et que l'initiale me soit propice! Voici la baronne Alphonse de R........., la comtesse de S........, Mlle V..., une séduisante Havanaise, puis la blonde Mme Louise de G....., fraîche corolle de ces vallées, et Mlle Olga de L..., l'artiste inspirée à qui Weber ou Mozart tiennent lieu de mari,—de quoi je la félicite. Voilà plus loin la marquise de G.......dont la réputation d'élégance et de beauté n'est plus à faire en Europe; près d'elle, son inséparable amie, cheveux lâchés au vent; et puis la gracieuse Mme L. qui, dans sa polonaise de faye blanche et bleue, sous son frêle chapeau de paille d'Italie tout enguirlandé de fleurs des prés, ressemble à une création de Wätteau descendue de son cadre; enfin la belle duchesse de L.-B....... au profil de camée antique, à la chevelure aile de corbeau, à l'œil profond tour à tour plein de langueur ou de flammes. Je m'arrête, car je n'ai ni le pinceau de Véronèse, ni la plume de Mme Sand. Peut-être même la photographie instantanée échouerait-elle à saisir dans un rayon de soleil cette multiplicité de races, de types, de costumes, ondoyante comme la vague, chatoyante comme l'iris, où toutes les nationalités, tous les rangs, toutes les opinions, toutes les beautés — et quelques laideurs aussi — se rencontrent, se croisent, se confondent en une mosaïque aussi étrange que variée.

Après le monde, le demi-monde. Les Madeleines ne manquent point dans le paysage, aussi blondes que peu repentantes. Il n'y a pas longtemps d'ailleurs qu'elles ont appris le chemin de ces montagnes. L'une d'elles s'y fourvoyant sans doute un jour, y aura conduit le troupeau. Depuis, elles ont trouvé, paraît-il, pâture à leur appétit, car chaque été les ramène en nombre croissant, *quærentes quem devorent*. Citons pour mémoire Constance, l'écuyère, Emma V..., l'hétaïre, à moins que nous ne préférions saluer au passage la musique d'Offenbach, incarnée dans les formes opulentes de la grande duchesse de Gérolstein, retour de son duché.

Rarement d'ailleurs les sources du dieu Lixon furent l'objet d'un tel pèlerinage. J'achète la dix-huitième liste des étrangers et j'y trouve, à la mi-août, un total de *cinq mille* visiteurs! L'homme d'État en disponibilité y avoisine le haut dignitaire du moment, de même qu'à dix pas de moi, M. de Saint-Paul envoie un salut courtois au brave et illustre général Vinoy, ou que, ce soir, le député en retrait d'électeurs soupera avec le membre de l'Assemblée nationale en vacances — sauf à lui faire payer un peu plus tard la carte électorale. Malheur donc à qui d'avance n'a point arrêté son gîte! Il court risque de coucher à la belle étoile, et cette hôtellerie manque de charmes eu égard à la fraîcheur des nuits. Une telle vogue s'explique. Le patriotisme défend les eaux du Rhin à la gorge de nos malades comme son *petit vin blanc* au palais de nos gourmets. Les thermes français en bénéficieront, et, entre toutes, les stations pyrénéennes, d'autant mieux en faveur qu'elles sont moins proches du casque à paratonnerre germain. Provisoirement, l'azur du ciel est profond, la neige des pics étincelante, le sourire de la femme enivrant..., quoi de plus? On a mis de côté les soucis; on aspire l'air pur des monts, on savoure le sorbet d'Arnative, on boit au kiosque la santé à cinq centimes le verre; enfin, selon le précepte d'Horace, le doux épicurien, chacun jouit en paix de l'heure présente.

Certain compagnon des bons jours, retrouvé entre l'ouverture de *la Muette* et une valse de Strauss, m'emmène chez Saccaron. La cuisine y est bonne, le vin chaleureux, l'eau à la glace : nous dînons très-confortablement dans une cour ombragée de lauriers-roses, à la face des grandes montagnes qui nous contemplent. Une amitié renouée au potage, une bouteille de Perrier *Carte-blanche* qu'on décoiffe à l'entremets, n'est-ce pas de quoi vous mettre en joie? Aussi bien n'engendrons-nous point la mélancolie. Venus de la musique, nous retournons à la musique. Seulement, dans l'intervalle, la nuit a fait tomber son grand voile noir. Sous un pavillon illuminé, une vingtaine d'exécutants soufflent et râclent avec conscience. C'est un prétexte pour s'asseoir alentour sur des chaises de paille, à tout autre dessein d'ailleurs que celui d'écouter. On forme des groupes, on arrange des *a-parte*; il y a des isolements dans cette foule, des îles au milieu de cet océan. On cause de la toilette du jour et de la course du lendemain, de l'accident de M. X..., de la robe de Mme Z..., de tout enfin, hormis de Versailles. Une convention tacite bannit la politique de ce cercle où ni M. Thiers, ni M. Gambetta ne font leurs frais. Entre-temps passent et repassent les marchandes d'oublies portant au bras leurs longues boîtes de fer-blanc rouges, éclairées d'une petite lampe à réflecteur. L'une d'elles, jolie fillette il y a deux ans, est grande demi-dame aujourd'hui. Paris a été propice à sa fortune, sinon à sa vertu. Désormais elle marche dans le poult de soie, couche dans le point d'Angleterre : Worth lui a taillé sa dernière robe et Binder vendu son dernier coupé. Mais à quoi bon une *gloire* qui n'aurait pas de témoins ? Elle a voulu revoir le théâtre de ses premiers essais. Aussi étalait-elle, l'autre semaine, ses longues traînes sur les chaises des quinconces, se payant à son tour l'émotion de tirer et de gagner :

« ... Ces minces cornets soufflés d'air que, la nuit,
L'aigre crécelle annonce à grand renfort de bruit. »

N'est-ce pas le cas de s'écrier : « voilà le plaisir, mesdames, voilà le plaisir ! »

Tous les dix ou quinze jours, on annonce une grande fête musicale au profit des croque-notes. Ce festival consiste pour le spectateur à payer sa chaise cinquante centimes au lieu de deux sous, le programme restant d'ailleurs exactement le même. N'oublions pas le ballon de papier peint qu'un pauvre diable fait élever chaque soir, après collecte. C'est la joie des babys, mais non la tranquillité des parents qui ne peuvent réussir à emmener les petits rebelles tant que l'éponge imbibée d'alcool n'a point monté dans les airs et pris place parmi les étoiles. Il y a bien encore le feu d'artifice dont, deux ou trois fois par saison, M. le maire actuel régale les baigneurs ; mais il ne convient pas d'épuiser tous les plaisirs en une séance. Réservons à son heure la description de cette volupté pyrotechnique. Nous dirons avec quel art le docteur A., pasteur des peuples, sait jeter de la poudre aux yeux de ses hôtes.

En somme :

« Passer, s'asseoir, rêver sous les mêmes allées,
C'est l'innocent plaisir de ces nuits étoilées.
On ne voit pas ici, comme sur le vieux Rhin,
Autour de la roulette accourir le florin ;
La raison du joueur n'y bat point la campagne.
Plus pure, Dieu merci ! que ses sœurs d'Allemagne,

La Nymphe de Bagnère ignore l'art fatal
De dessécher le cœur par la soif du métal;
Sa fierté rougirait à ces calculs immondes :
Le râteau du croupier gît noyé dans ses ondes.
Mais si de son palais, temple de la santé,
Sont bannis les frissons d'un tripot patenté,
Si Comus est proscrit, si même Terpsichore
Au rhythme de l'archet ne bondit pas encore,
La Naïade, en échange, offre à ses favoris
Et la mousse embaumée et les vallons fleuris.
Qui d'entre eux ne lui doit de ces heures bénies
Où le cœur attendri se fond en harmonies?
Qui n'a sur ses vapeurs, sans un maravédis,
Bâti de ces châteaux que l'on place à Cadix?
Par elle, au pâle éclat d'un ciel semé d'étoiles,
Plus d'un tendre secret a soulevé ses voiles :
Ses bois ont retenu le parfum des serments
Que, la main dans la main, se jurent les amants,
Et mainte vierge émue, en quittant la Garonne,
Mêle un brin d'oranger aux lis de sa couronne.
Plus d'une âme hésitante au détour du chemin,
Courbée, humble roseau, sous l'aquilon humain,
Par elle a recouvré le courage de vivre.
Pleine d'enchantements, sa nature est un livre
Dont Dieu tourne la page à qui veut amasser,
Car de l'hysope au cèdre on y voit tout passer.
Heureux qui vient chercher, en cette autre Épidaure,
L'espérance infidèle au coffret de Pandore!
Retrempé, tête et bras, dans ces âcres senteurs
Que la montagne exhale et qui fait les lutteurs,

Fier comme l'aigle altier qui contemple la foudre,
Ferme comme le roc où l'eau se brise en poudre,
Au combat de la vie, et meilleur et plus fort,
Il pourra sans pâlir apporter son effort. »

Le piston a lancé sa dernière note. La foule redescend les allées d'Étigny, car dix heures ont sonné, et, à Luchon, tout le monde est vertueusement couché pour la demie; sauf, bien entendu, les joueurs et les amoureux.

Je m'asseois sous les arbres, à une des tables d'Arnative; j'y savoure un granite au limon, puis je regagne mon gîte, fort satisfait de cette première journée. Je ne pouvais plus agréablement renouer connaissance avec mon vieux camarade, le pays de Luchon.

DEUXIÈME JOURNÉE.

Le Chalet et la Fontaine d'Amour. — L'Établissement thermal. — Le Plan en relief. — Villa Diana. — Notre-Dame des Rochers. — Cascade des Demoiselles. — Cascade du Parisien. — L'Hospice. — Le Salon de Mme Fabre. — Curieuse histoire de cent deux singes.

Quelques nuages courent dans le ciel. Le jour n'est point aux longues excursions. De ma fenêtre j'aperçois, sur les flancs de Superbagnères, le drapeau qui flotte à la hampe du *Chalet d'amour.* Pourquoi ne tenterais-je pas l'aventure d'un déjeuner à ces modestes hauteurs? C'est là qu'habite la renommée des crêpes au sucre : Crêpes au sucre *for ever!* Vite une canne, une lunette, et puis en route!

Passant devant les thermes, je m'engage dans les lacets rapides qui déchirent ce versant de leurs angles aigus. Des faucheurs sont échelonnés sur les pentes. J'admire leur dextérité à faire tomber d'un coup de faux, sur la brusque déclivité, un fourrage embaumé et fleuri qui prodigue ses regains. Les poumons se dilatent à cette saine odeur de foin coupé qui met l'âme en liesse. Très-rapidement on s'élève au-dessus des bains, avec l'aspect de la promenade si perpendiculaire au-dessous de soi, qu'une pierre lancée d'en haut y pourrait tomber. Aussi est-il bon de s'arrêter par moments, tant pour s'essouffler moins, que pour mieux jouir du joli paysage qu'on domine. Bientôt le bois vous protége de son ombre contre les flèches d'or du dieu Soleil. Il s'agit seulement ici de ne point se tromper de route. Je me souviens d'avoir erré un matin dans ces parages, en douce compagnie, à la poursuite d'un déjeuner de Tantale qui s'obstinait à fuir. Tout en devisant, nous avions perdu le sentier. Soudain nous nous trouvâmes en plein bois, absolument égarés, tandis qu'autour de nous les couleuvres qui abondent en cette forêt sautaient, longues d'une aune, comme pour nous fêter. Las enfin de lutter contre les mirages de ce repos décevant, nous revînmes au logis n'ayant pas tout perdu, puisque nous rapportions de notre tentative vaine un magnifique appétit qu'Arnative se chargea de satisfaire.

Aujourd'hui la chance est meilleure. Thésée

possédait le peloton d'Ariane, Petit-Poucet avait ses cailloux : ici, les points de repère sont quelques coups de pinceau appliqués à certains arbres des carrefours. J'ai l'œil tendu vers ce vermillon sauveur, moyennant quoi, après une demi-heure d'agréable promenade par un sentier tout peuplé d'oiseaux, j'atteins le chalet. Coquettement posé au centre d'une petite plate-forme qui presque à pic plonge sur les quinconces, ce cottage possède comme sentinelles avancées deux pavillons en bois rustique, à larges baies, où des tables attendent les fourchettes matinales. Seulement, à qui veut s'y asseoir il est prudent de s'inscrire dès la veille. N'ayant pas eu cette précaution, je trouve la place occupée. D'un côté une famille espagnole; de l'autre, un Français âgé, avec sa femme et sa fille. Celle-ci, brune aux cheveux d'ébène, au teint pâle et mat, promène sur la campagne un œil noyé de mélancolie. Sa main touche à peine aux mets qu'on lui présente. Il y a une douleur dans cette âme. Le costume de deuil qui s'harmonise avec son air de désespérance, me laisse à penser que la dernière guerre pourrait bien avoir coûté un fiancé à la pauvre enfant. Et puis — la vie n'est-elle point pétrie de ces contrastes ? — sur le devant de la terrasse, en pleine lumière, comme pour mieux braver le grand jour et les convenances, j'avise un groupe composé d'une demi-mondaine et de deux jolis jeunes gens qui sablent bruyamment un flacon d'Aï.

Toutes les places étant prises au dehors, on me propose le salon de l'établissement. C'est de ce nom pompeux qu'est décorée une pièce exiguë, au papier perdu de moisissure, dont deux gravures de la Restauration font le plus bel ornement. L'une est *la Déclaration*, l'autre, *la Chambre nuptiale*. Il fallait bien justifier le nom du chalet. Dans la première, un jeune beau s'agenouille devant sa belle, au risque de faire craquer un pantalon extra-collant et de manquer ainsi aux lois les plus élémentaires de la décence... cependant que, dans le lointain, fillettes et garçons paraissent se livrer sous l'ormeau aux douceurs d'une ronde innocente. L'autre sujet est d'une description moins facile. A la suite du tendre aveu, le soupirant s'est changé en époux. Les choses semblent en assez bon train pour lui. Déjà il a pris possession du lit conjugal ; à demi ses yeux sont fermés, selon la mode pateline du chat qui attend la souris. Par la porte qui vient de s'entr'ouvrir, la mère et quelques jeunes dames de la noce amènent la vierge souriante et rougissante ; elles la poussent du côté de l'alcôve, semblant lui dire : « Bon courage ! on n'en meurt pas ! » Certes voilà des gravures bien propres à faire rêver les jeunes filles. Pour moi, qu'elles ont largement égayé sans me conquérir, je repousse avec énergie l'offre du *Salon*; il serait par trop ridicule de prendre un repas champêtre entre quatre murs de pierre. Je me fais dresser un couvert sous le feuillage, un peu à l'écart, et l'accorte soubrette qui me sert, tout en mettant la nappe, m'exhorte à la patience. Cette vertu a, en effet, l'occasion de s'exercer ici, car la côtelette et les pommes de terre traditionnelles mettent une grande heure à apparaître. Rien ne les suit d'ailleurs. Des truites nageaient encore au matin dans le réservoir de roche qu'alimente un filet d'eau vive ; mais les premiers venus les ont fait frire. Quant aux crêpes, elles sentent la fumée à laisser croire qu'elles ont cohabité avec les jambons. Après ce déjeuner frugal, je jouis tout à loisir de la vue qui vaut mieux que le repas ; car, du haut de cet observatoire naturel, une excellente lunette à pied mobile permet d'embrasser tous les détails de Luchon et de sa vallée, depuis les montagnes de la Pique jusqu'à Cier.

A dix minutes du chalet, par un sentier ombreux, on se rend à la *Fontaine d'amour*. Le pur cristal de cette source perdue dans l'épaisseur des bois, s'échappe de la montagne au milieu d'un délicieux fouillis de fontinales, de mousses, de fougères, et tombe dans une vasque assez profonde d'où l'eau fuit sous le sentier pour couler ensuite, de pente en pente, jusqu'à la promenade. La saveur en est fraîche et agréable. Ce sont d'autres fermiers qui exploitent la nymphe. La prêtresse qui préside à son culte garde, sous son abri de planches, un assortiment varié de liqueurs destinées à tempérer la crudité de la déesse; inutile d'ajouter que le *parfait amour* n'y est point oublié. Ses blanches mains vous fabriquent au besoin des crêpes avec ou sans fumée, selon les goûts. Un balcon de bois rustique est jeté au devant; on n'a qu'à s'y accouder pour égarer sa rêverie dans les adorables perspectives du vallon. Quant à prétendre que les amants visitent souvent cette fontaine, je ne l'oserais. Le soldat et la bonne d'enfants qui y abondent mettraient en fuite les Edgards tentés d'y donner rendez-vous à leurs Lucies. Luchon, d'ailleurs, a cessé d'être le pays des pures flammes, depuis que la mode y a établi son empire et la courtisane ouvert ses comptoirs. On y vend et on y achète le plaisir, comme on achète et comme on vend des porcelaines chez Vidis ; mais on n'y soupire plus guère, et les ruisseaux du pays ne gardent rien de commun désormais avec le fleuve du *Tendre*.

En vingt minutes je redescends ces pentes qui dans leurs flancs recèlent un trésor mille fois plus précieux que la pépite d'or ou la gangue de diamant, je veux dire la santé. De ces profondeurs, en effet, jaillissent, bouillantes et bouillonnantes, les sources saturées de soufre qui alimentent les thermes. Entrons dans l'établissement, puisqu'aussi bien nous voici près de l'une de ses portes.

Ma première visite, chaque fois que je reviens à Luchon, est pour la salle du plan. Ce plan est une merveille que l'étranger ne doit se lasser ni d'admirer, ni de consulter. M. l'ingénieur Lézat, son auteur, à force de talent, de patience et d'ascensions, est parvenu à figurer en relief toute la chaîne des Pyrénées centrales. Avec une scrupuleuse fidélité, il a reproduit, sous leurs aspects divers, les monts, les glaciers, les pics, les torrents, les lacs, les forêts, les routes et les vallées. De petites flammes rouges indiquent les crêtes que l'on ne peut atteindre qu'à pied; des fanions jaunes désignent les sommités accessibles aux chevaux; des drapeaux tricolores flottent sur les points où arrivent les voitures; enfin de longues épingles d'acier à têtes de cire servent à délimiter les frontières de la France et de l'Espagne. Pendant huit années M. Lézat eut la persévérance de gravir successivement et à diverses reprises chacun des pics dont se hérisse la chaîne. Le brave guide Michot, dont j'aurai occasion de reparler, l'accompagnait dans ces escalades souvent périlleuses, portant sur son dos, poids énorme, le relief dégrossi du massif qu'on allait étudier. Et puis là haut, sur place, au milieu du vol des aigles ou des sifflements de la tempête, l'intrépide ingénieur pétrissait le mastic, lui faisant prendre sous l'ébauchoir les formes exactes des soulèvements qu'il avait devant les yeux. L'équivalent de ce travail ne se trouve nulle part, pas même à Zurich. Aucune carte, d'ailleurs, si parfaite fût-elle, ne saurait y suppléer. Le premier soin du touriste, à son arrivée, doit donc être de visiter le chef-d'œuvre, s'il ne l'a vu, et de l'étudier à nouveau s'il le connaît. Jamais application meilleure ne saurait être faite du vers célèbre :

Inducti discant et ament meminisse periti.

D'autres curiosités d'un ordre inférieur se trouvent aussi dans la même salle. Ce sont d'abord des plans des Hautes-Pyrénées et du canal de Suez; puis des échantillons minéralogiques, des coquilles, des reptiles, un squelette d'animal antédiluvien, quelques mammifères. L'ours, hôte familier de ces parages, y est représenté. La perdrix blanche s'y trouve également sous ses quatre transformations. Ce charmant oiseau affecte un plumage de couleur et de densité différentes selon les saisons. Entièrement blanche durant l'hiver, cette variété du *tétras* devient grise l'été, à l'exception du dessous des ailes qui conserve la teinte des neiges. Le printemps et l'automne nous la montrent mi-partie blanche et grise, pendant que ses pattes velues en janvier se dégarnissent en juillet. Quelle bonne mère que la nature, et combien supérieure à nos tailleurs, sans compter que ses notes sont moins élevées ! Je ne parle d'ailleurs ni d'un chapelet de religieuse découvert en haut de Sauvegarde, ni du fameux registre de la Maladetta, car nous ferons un peu plus tard meilleure connaissance avec ces reliques. Tout cela ne coûte à voir qu'une modeste pièce de deux francs donnant droit à un abonnement de saison. Un explicateur muni d'une verge à la Brid'oison est là pour fournir, avec beaucoup de complaisance, les détails techniques. Mais si vous avez la fortune de connaître M. Lézat ou, l'ayant rencontré sur ses domaines, de lui être présenté, oh alors, c'est bien autre chose! vous pouvez vous régaler des plus curieuses anecdotes. Celui même qui en fut le héros vous fait les honneurs du récit avec l'autorité d'un coureur de montagnes émérite et la verve endiablée d'un enfant du Midi.

Mon dessein n'est point de déduire ici les transformations de ces thermes depuis l'ère romaine, encore moins de promener mon désœuvrement de cabinets en piscines, de douches en buvettes, d'inhalation en pulvérisation :

« Calmez-vous ! Dieu me garde, à propos d'eaux à boire,
De vous mener sans soif aux sources de l'Histoire,
Ou, votre esprit ruant, de l'atteler rétif
Au char capricieux du genre descriptif. »

C'est l'affaire de l'archéologue ou du médecin, et soyez sûr qu'ils s'en chargeront si par un malheur vous tombez en leur puissance. L'ouvrage du docteur Lambron est inépuisable sur ce sujet : j'y renvoie le malade et le curieux. Traversons donc la grande salle des fresques, et, sans remonter au légionnaire de Pompée qui le premier eut l'idée de se plonger dans une crevasse fumante, rappelons qu'il y a une vingtaine d'années seulement, rien de ce qui constitue ce bel établissement n'existait. Bien jeune alors, j'ai vu des échoppes à l'endroit où se dressent aujourd'hui les colonnes du marbre de Saint-Béat. L'herbe brûlée n'avait point encore disparu sous des touffes de plantes exotiques; la place du lac était tenue par une mare d'eau croupissante; une cigogne y charmait ses loisirs avec de petits serpents qu'elle avalait comme des huîtres, devançant ainsi les conseils de Gambetta à ses électeurs sur la déglutition du crapaud quotidien. C'est à mon ancien collègue de la Chambre, M. Tron, que revient la gloire de cette transformation. Il a vallonné le terrain, prodigué aux allées un sable doux au pied, semé les gazons des plus belles roses qui se puissent voir, creusé le lac, élevé l'onde en gerbes, précipité les ruisseaux en cascades, enflammé le gaz dans les lanternes de cristal, fait sortir de terre des pavillons pour les buveurs et des kiosques pour les musiciens. Combien de Pharaons n'ont pas tenté davantage pour immortaliser leur nom! C'est peut-être pour cela que le 4 Septembre a payé les bienfaits de l'administrateur par la plus noire des ingratitudes.

Que si d'ailleurs vous ne craignez point l'apoplexie foudroyante, il vous est loisible de parcourir les galeries souterraines où circulent cinquante sources d'eau chaude servant à alimenter les trois piscines, les six grandes douches et les cent vingt et une baignoires de marbre. Vous en ressortirez à l'état d'écrevisse cuite, cramoisi, soufflant, suant, haletant, assez semblable à ces petits lazzarone qui, près de Baïa, font au pas de course le tour des étuves de Néron et vous rapportent, en moins de trois minutes, cuit au dur, l'œuf frais que vous leur avez mis dans la main.

Pour moi qui naguère ai circulé dans les entrailles brûlantes de la montagne, je me dispense d'une nouvelle épreuve. Le thermomètre marque trente degrés devant les colonnes : cela me suffit. Je préfère aller demander l'ombre et la fraîcheur à quelque vallée prochaine. Après une courte hésitation, j'arrête mon choix sur l'une des plus charmantes promenades, bien que des plus faciles, qu'offrent les environs. Je pars vers une heure de l'après-midi. Mon objectif est *la cascade des Demoiselles,* avec retour par *la chute du Parisien* et *l'Hospice.*

Cette excursion, qui peut se faire à cheval ou à pied, gagne à ce second mode de locomotion. Je le prends aujourd'hui, me sentant en humeur de buissonner sous taillis. Donc, par les allées qui contournent le lac, je rejoins la rue d'Espagne au point où elle s'embranche avec la route de Saint-Mamet. A cet endroit s'élève le *buen retiro* qu'habite d'ordinaire le duc de Parme, quand il vient retremper sa verte vieillesse dans les effluves balsamiques de ces solitudes. Sur la droite, un autre chalet, — *la villa Diana* — séduit par l'élégance de ses proportions et le confort de ses dépendances. Il y aurait là aussi matière à anecdote, si le temps qui me presse me permettait la digression. Contentons-nous d'avertir l'amateur au gousset sonore que, du haut de ces balcons aériens, il jouira d'un enchantement perpétuel à raison de cent francs par jour. Il aura d'ailleurs le privilége de verser cette obole entre les mains d'une propriétaire comme on en voit peu. Vingt-cinq ans, riche à millions, belle à damner, veuve par surcroît, la fée du lieu tient surtout à ce dernier titre. Son nom harmonieux comme un écho du Tage, elle ne le veut échanger contre aucun autre. Les plus riches partis ont pourtant brigué son alliance : on va jusqu'à parler de princes ! pourquoi non ? n'a-t-elle pas une beauté royale, et une âme, dit-on, égale à sa beauté? Près du chalet, sa baguette, mal inspirée cette fois, a fait sortir du sol un castel à tourelles de pierre qui gagnerait à être moins collé au roc : on y travaille encore. C'est dans ce joujou féodal qu'elle passera les mois brûlants de l'été, et vraiment je ne plains pas le mortel aimé des dieux qui saura la décider à lui en livrer la clé.

Le chemin qui côtoie des champs et des prairies ne tarde pas à s'élever par une pente assez rapide. Il laisse sur la gauche, à moitié caché par la verdure, un groupe de maisons à toits satinés d'ardoise qu'agrémentent quelques clochetons. C'était naguère encore une usine. Fondée, l'autre siècle, elle servit tour à tour à traiter le cobalt de la vallée de Gistain, puis un minerai de plomb argentifère assez commun aux environs. Mais les bailleurs de fonds y mirent plus d'argent qu'ils n'en retirèrent : aussi fut-elle abandonnée. M. l'abbé Rouquette, un hardi pionnier de la foi et de l'humanité, eut alors l'idée de la faire servir à ses vues de charité. Il a relevé les maisons en ruines, construit de nouveaux bâtiments, utilisé la force motrice du torrent... Bref, il a créé de toutes pièces un orphelinat sous l'invocation poétique de *Notre-Dame des Rochers*. Rien de plus curieux qu'une Thébaïde si sauvage et pourtant si proche des bruits du siècle. Sur ces bords de la Pique dont l'onde en mugissant bleuit et blanchit tour à tour son lit encaissé, se dérobent des retraites mystérieuses et profondes où nul fâcheux ne vient troubler la méditation du penseur. Les amateurs de pêche ne dédaignent point les truites qui s'y cachent. Demandez plutôt à Nicolini : le brillant ténor, pêcheur endurci non moins que grand chanteur, en fait, chaque saison, ses galeries. Ne lui parlez alors ni de Verdi ni de Rossini : il vous répondrait ligne et asticots. Vous avez chance aussi d'y rencontrer des botanistes à la recherche d'une mousse lumineuse dont la nuit trahit les phosphorescences. De la pointe d'un roc, piédestal agreste qui domine cette exubérante végétation, se dresse la Vierge avec l'enfant divin entre ses bras. L'établissement a d'ailleurs grandement besoin de tels auspices, car il n'est encore qu'à l'état de création. Qu'y fabriquera-t-on ? On me répond : des meubles, du chocolat, du vermout... Certes voilà des produits de nature bien diverse, mais plus patriotique, à coup sûr, que le *bleu de Prusse* d'avant 89. Les gens du pays, sceptiques par tempérament, ne croient pas beaucoup au succès de l'entreprise. Espérons qu'ils se trompent, et bonne chance à l'abbé Rouquette!

Un peu plus haut, en face du poste des douaniers, fière et superbe, repose sur son mamelon de granit la tour de Castel-Vieil. Où qu'on aille, d'où qu'on vienne, on la voit. Ainsi le voulait sa destination première. Ce quadrilatère, que le temps a noirci, faisait en effet partie d'un système de signaux adopté par les Sarrasins. A défaut de la télégraphie aérienne encore à naître, on avait inventé une sorte de télégraphie ignée. Les monts et les vallées étaient alors parsemés de tours semblables : M. Lambron n'en a pas relevé moins d'une vingtaine dans le voisinage. Grâce à des feux allumés sur leurs plates-formes, les guerriers pouvaient se communiquer des indications précieuses pour l'attaque ou pour la défense.

Telle était déjà la coutume des peuplades celtiques et scandinaves qui bâtissaient des forts sur les collines solitaires d'où la mer apparaît au loin. De grandes flammes brillant tout à coup aux flancs de ces forteresses trahissaient l'approche du pirate et déjouaient ses surprises. Les côtes d'Écosse offrent des traces nombreuses de telles enceintes. Un flot d'encre a coulé depuis soixante ans sur leur *vitrification*. Les plus remarquables se trouvent près d'Inverness, dans la bruyère même où les sorcières prédirent à Macbeth ses royales destinées. Aux curieux de ces questions je recommande le très-intéressant mémoire de M. Jules Marion, membre résidant de la société des antiquaires de France, sur les monuments celtiques et scandinaves [1].

Que si l'on veut monter à Castel-Vieil — dix minutes y suffisent et on ne les regrettera pas — il faut s'engager dans l'étroit sentier qui s'ouvre sur la gauche. Une maisonnette riante, au bord d'une pelouse, s'offre à l'issue, et, clouée sur un arbre, se lit en lettres noires l'inscription suivante : « Buvette de Castel-Vieil, tenue par Aragonais, soldat d'Afrique, chevalier de la Légion

---

[1]. Paris, 1872.

d'honneur. » Si vous avez quelques loisirs à dépenser, le brave Aragonais vous contera des histoires de Bédouins à vous faire dresser les cheveux sur la tête, après quoi il vous accompagnera poliment en haut du mamelon. De là, grimpez par l'escalier de bois. Du sommet de la tour, vous aurez une jolie perspective de Luchon, avec la vue du val de Burbe, le surplomb hardi du Mail de Cric, Couradilles voilé de forêts, et le Sacroux à l'arrière-plan.

A quelques centaines de pas plus loin, je franchis le pont de *Lapadé* et j'atteins bientôt celui de *Ravi*, point d'intersection des routes du Lys et de l'Hospice. Je laisse la première pour continuer par la seconde — un demi-kilomètre environ — jusqu'aux *Granges de la Bach*, puis quittant alors la direction de l'Hospice, j'infléchis à droite en descendant vers les bords de la Pique. Ce chemin est joli, non moins le vallon de *Jouéou* à travers lequel il serpente. Les arbres et les prairies l'égayent à l'envi. L'eau murmure doucement dans un large lit de cailloux aux trois quarts desséché, pendant que le souvenir des chevaliers du Temple y plane sur les débris d'une chapelle ruinée. J'ai devant moi la montagne de la Pique qui se reliant à la Mine par une muraille escarpée, ferme le vallon de son fer de lance luisant comme une ardoise. Des ponts de bois et de pierre permettent au voyageur de changer de rive : les voitures elles-mêmes y circulent, quoique difficilement, mais sont forcées enfin de s'arrêter à une sorte de steppe pierreuse et désolée que sillonnent de minces filets d'eau, tributaires du torrent. Je remonte ce brûlant Sahara où le coup de soleil ne fait point quartier au visage, et bientôt, inclinant à gauche, je franchis sur un assemblage de planches branlantes le ruisseau qui s'échappe de la gorge voisine. Là le spectacle change, comme au signal d'un machiniste invisible.

Dans un temple de verdure, délicieux réduit, s'offre tout à coup une image de la grotte de Gèdre, chère à mon souvenir. De hautes roches tapissées de mousses et de lichens, où rougit la baie odorante du fraisier, m'enveloppent de toutes parts. Sous d'épaisses retombées de rameaux plus verts que l'émeraude, le long d'une couche d'herbes et de fleurs, les nymphes semblent pleurer leurs larmes de cristal humide. La lumière doucement tamisée en rayons bleuâtres tremble à travers le feuillage, les iris se jouent dans la poussière des eaux. Livré aux caresses de la brise l'églantier secoue les parfums de ses guirlandes sur les mésanges qui volettent aux branches du merisier sauvage, tandis que le geai bavard égrène de son bec les grains de corail du sorbier. Tout au fond de l'antre, un rapide roule ses ondes d'argent à travers des débris de pierre et de troncs brisés jusqu'au couloir de roches où il s'engouffre en écumant. A l'œuvre on reconnaît le grand artiste dont la main agença le décor. Admirons-le dans cette improvisation multiple, car on ne saurait imaginer rien de plus frais dans un jour d'été, rien de plus propre à la rêverie pour un poëte, rien de plus mystérieusement discret pour deux cœurs qui n'ayant rien à s'apprendre ont encore tout à se dire. Pourquoi seulement celles qui jadis lui donnèrent leur nom y manquent-elles en ce moment, ou plutôt que ne rencontrai-je leurs sœurs cadettes? car, à tout prendre, les vierges de 1825 seraient un peu bien mûres aujourd'hui.

Tandis que je formule cette interrogation mêlée de regrets, voici venir, à travers sables, une société dont la mélancolie ne semble pas être l'apanage. Sans se détourner de sa ligne en faveur de la merveille que je viens d'admirer, elle franchit le torrent à quelques centaines de mètres plus bas et entre bruyamment dans la forêt. Je reconnais, dans ces nouveaux venus, une famille espagnole qui d'ordinaire s'écarte peu de la perspective des thermes, ses colonnes d'Alcide. Pour rompre ainsi, même dans une humble mesure, avec ses habitudes de *far niente*, il n'a pas fallu moins que l'attrait d'un goûter sur l'herbe fleurie, au bord des eaux murmurantes. Ainsi s'accomplit mon évocation de tout à l'heure, car on ne saurait, en fait de *demoiselles* (style 1830), rêver apparition plus séduisante que celle de ces filles de la voluptueuse Grenade. Deux d'entre elles n'ont guère dépassé la quinzième année, et déjà sous les fermes contours d'une opulente nature se trahissent les énergies et les langueurs de leur chaude patrie. Leurs joues ont le velouté de la pêche, leurs yeux l'éclat du ciel des Espagnes. A demi-couchées sur un roc moussu qui trempe son pied au torrent, elles ont ouvert le panier que portait un guide. Des pâtisseries sèches, des grappes de Vénasque, des figues de Toulouse accompagnées de quelques flacons de porto à long col me semblent devoir faire les frais principaux du *lunch*. Je laisse discrètement à leurs ébats ces joyeux Ibériens, pour remonter au sud-est à travers la forêt de *Sajust*. Des arbres centenaires étendent sur le front du promeneur un voile de feuillage impénétrable. Le torrent qui bouillonne dans les profondeurs du ravin y entretient une éternelle fraîcheur. Aucun bruit d'ailleurs n'en trouble le silence, hormis celui du marteau de l'ouvrier occupé à détacher le schiste dans une ardoisière voisine. Rien de moins pénible que cette ascension à pente insensible, assez peu pratiquée, je ne sais trop pourquoi. *La cascade du Parisien* la coupe agréablement. On y peut faire halte en contemplant les bonds successifs produits par les gaves réunis de la Pique et du port de Vénasque. A la voir symétriquement promener d'étages en étages son panache blanc d'écume, on dirait une de ces chutes artificielles que nos jardiniers paysagistes excellent à précipiter au fond d'un parc. C'est là son éloge pour quelques-uns, et sa critique pour moi. Je lui reproche d'être trop correcte. Plus d'imprévu lui siérait mieux, plus de ce *beau désordre* que Boileau conseillait parfois, sans le pratiquer jamais. Peut-être la nature, fertile en surprises, a-t-elle voulu nous étonner ici par l'application de la loi des contrastes.

Dix minutes en effet amènent, hors du bois, en un désert où le beau devient laid, où la végétation touffue se change soudain en une âpre désolation. Quelle tristesse que celle de ce cirque dominé par de hautes crêtes dont la Pique est la reine! Sur ce terre-plein semé de maigres pelouses s'élève un assez vaste bâtiment, plus semblable à une grange qu'à une hôtellerie. C'est l'*Hospice*. Joanne vous dira que cette maison est située à 1,360 mètres d'altitude, au point d'intersection des trois sentiers du port de la Glère, du port de Vénasque et du port de la Picade. M. Lambron se défiant de vos lumières, ajoutera qu'il ne s'agit point ici d'un lieu destiné à recevoir et à soigner des malades ou des infirmes, hospice étant pris dans l'acception du mot *hospes*... et moi je m'écrierai, en en sortant : « Singulier hospice! » Si l'hospitalité y est montagnarde, à coup sûr elle n'est point écossaise. La moindre chope de bière, la plus modeste jatte de lait s'y paie au triple de sa valeur : le verre d'eau y est tarifé. N'y voulez-vous rien prendre, vous êtes à peu près libre, mais vos chevaux, si vous en avez, n'ont point cette faculté d'abstention. Pressés ou non, dispos ou fatigués, ils doivent y manger une avoine réparatrice... et salée. Je passe d'ailleurs sous silence une foule d'autres impôts dont cette masure demeure le prétexte : bêtes et gens y sont taillables et corvéables à merci. Et quand je parle ainsi, ce n'est point au fermier de la bicoque que je fais le procès. Celui-là, un brave garçon, un Redonnet, — nous verrons plus tard que la famille Redonnet a été largement bénie par le Seigneur, — celui-là, dis-je, solde à la ville de Luchon un loyer de dix ou douze mille francs, je crois : il n'est que juste qu'il s'indemnise. Mon reproche passe par-dessus sa tête pour aller effleurer l'épiderme de la municipalité luchonnaise. Fort intelligente parfois, celle-ci n'est-elle pas quelque peu fiscale ? Elle me semble oublier ce principe de saine thérapeuthique, qu'il ne faut pas tuer les gens qui vous font vivre, alors surtout qu'ils viennent sous prétexte de guérison. Or si, financièrement, elle ne les égorge pas, elle les écorche avec prestesse, comme Apollon fit du satyre Marsyas. Si du moins elle mettait bout à bout ces pièces d'argent sorties de poches résignées, pour en dresser les brillantes colonnes de ce fameux casino toujours à venir, et qui ne vient jamais! Mais non : qu'il soit question de l'hospice de

Vénasque ou de l'auberge du lac d'Oo, qu'il s'agisse de la taxe des guides ou du tarif des chevaux également tombés en une regrettable désuétude, le touriste reste condamné au rôle de victime. Est-ce parti pris? est-ce influence du voisinage, et voudrait-on, à l'exemple des Espagnols de Bosost, pratiquer sur les bourses pléthoriques le système de saignée du docteur Sangrado? Laissons à la catholique Espagne cette manière d'entendre le commerce, et ne tuons pas, à Luchon, la poule aux œufs d'or en la forçant de trop pondre. Soit renvoyé, pour examen, à mon excellent ami et ancien collègue du Corps législatif, M. Tron, quand des temps moins troublés auront remis en sa main les sceaux de lord-maire de la cité. Il fait lui-même trop courtoisement aux étrangers les honneurs de sa somptueuse villa, pour permettre que ceux-ci se courbent à tout propos sous les fourches caudines de prétentions à la Samnite.

Pendant cette petite digression, dont bon nombre de baigneurs me sauront gré, j'ai repris assez de force pour faire, d'un pied léger, les dix kilomètres qui doivent me ramener à la ville. Au surplus, l'itinéraire que je vais suivre a tout ce qu'il faut pour charmer : le silence mystérieux des bois, l'ombre des hauts sommets, le murmure lointain du torrent, les sauvages beautés de la nature sans les périls qui d'ordinaire les accompagnent. Comme l'allée d'un grand parc, il descend en pente douce à travers de magnifiques forêts de hêtres et de sapins surplombant parfois très-pittoresquement la vallée. On l'appelle *la promenade de l'Hospice*. Il n'en est pas de plus en vogue durant la saison. Perpétuellement sillonnée de paniers et de cavalcades, on peut dire de cette route à flanc de montagne et de la vallée du Lys qui s'y rattache, que ce sont par excellence les galeries de l'étranger. Je ne sache pas de jeune fille passant trois jours dans Étigny, qui ne l'ait suivie une fois au moins, à cheval ou en voiture. La belle vicomtesse Valentine P....... s'y fait conduire chaque après-midi. Pour moi qui suis en humeur de marche, je la descends à pied. J'y gagne de l'appétit et vingt-cinq francs en sus, car les cochers ne craignent pas de demander ce prix *rémunérateur* en échange de deux ou trois heures de course, aller et retour. J'y gagne encore de me procurer une veine de franche gaieté au spectacle d'un bon jeune homme qui sert d'écuyer cavalcadour à une troupe d'amazones. L'apprenti cavalier a trop présumé de ses talents hippiques. Peut-être aussi les perfides se sont-elles entendues avec le loueur Estrujo pour lui faire donner une monture rétive. En tout cas, le pauvre diable, tristement ballotté sur son cheval qui prend peur, ne trouve d'autre expédient, après une courte lutte, que de s'accrocher aux racines d'un arbre en saillie et d'y rester supendu, un peu comme Absalon, tandis que la bête lui glisse entre les jambes. Vous voyez d'ici la scène et vous entendez les éclats de rire ! Il faudra quelque temps au bon jeune homme pour recouvrer son prestige auprès de ses folles compagnes. Sans autre incident, je rejoins en une heure le pont de Ravi, et, à peu près dans le même temps, la maison Fabre.

Plusieurs fois déjà ce nom s'est trouvé sous ma plume. C'est l'occasion d'y ajouter une glose. Mme Fabre est une femme excellente, de beaucoup d'esprit, dont le mari occupa jadis une situation élevée dans l'administration des finances. Demeurée veuve, elle revint habiter Luchon, son pays, agrandit la maison paternelle, et, tout en y gardant une large installation pour elle et les siens, disposa plusieurs appartements meublés qu'elle loue, depuis nombre d'années, aux baigneurs de son choix. Ceux-ci y étant venus, y reviennent presque tous : tous d'ailleurs demeurent ses amis. C'est plaisir, dans la belle saison, de voir vivre et palpiter cette blanche villa aux contrevents verts. Vous diriez d'une ruche aux abeilles étincelantes. On la recherche tout d'abord pour son admirable situation en plein Étigny, à proximité de l'orchestre, à deux pas des thermes : on y reste ensuite à cause du confort de l'ameublement, du charme de l'hospitalité. Mais ici, comme au paradis, beaucoup d'appelés et peu d'élus. Il faut s'y prendre plusieurs mois à l'avance, si l'on veut être de ces derniers. Le grand chancelier de la Légion d'honneur et Mme Vinoy y ont déjà retenu un appartement pour l'an qui vient. Aussi, du matin au soir, entre les altéas embaumés de son escalier de pierre, se croisent et se coudoient grands d'Espagne, députés, magistrats, diplomates, financiers, poëtes, même parfois des souverains honoraires, comme le vieux duc de Parme, et, ce qui vaut mieux, un essaim d'adorables jeunes femmes. Tout ce monde de locataires se retrouve le soir, pendant ou après la musique, dans le salon du rez-de-chaussée. Quelques autres invités viennent s'y joindre du dehors. Selon que les visiteurs sont rares ou nombreux, gais ou tristes, ternes ou en verve, on cause, on rit, on joue, on philosophe, on rime des bouquets à Chloris, on fatigue le carton, on égratigne le piano, on fait tourner des tables, on évoque les esprits, et quand ceux-là ne répondent pas à l'appel, on n'en manque point pour autant. La maîtresse de céans se chargerait au besoin d'en fournir, elle seule, la société. Elle est l'âme de ces réunions intimes dont sa fille — une beauté à tenter la palette de Rubens — est le charme et l'ornement.

Dans ce salon de Mme Fabre ont passé des notabilités, même des illustrations. M. Batbie y préludait par l'éclat de sa causerie à ses destinées d'orateur et de ministre; Ferdinand de Lesseps y apporta sous la semelle de ses bottines un peu de la poussière des Pharaons. La haute magistrature de Paris, l'armée, la littérature y ont eu tour à tour des représentants éminents. Il me tarde de revoir ce témoin des jours heureux, et je m'y rends après souper. La compagnie est peu nombreuse ce soir-là : un ciel parsemé d'étoiles fait tort aux abat-jour roses. J'ai pourtant le plaisir de serrer la main à l'un des habitués du lieu, un aimable forestier de Bayonne, dont la fréquentation des fauves n'a point détérioré le caractère. Inépuisable conteur, il sait des histoires à rendre jalouse Shéhérazade en personne. Il les présente avec esprit, il les sème de traits heureux, parfois un peu salés : au moment critique, il les sauve avec bonheur. Voici l'anecdote qu'il servait lorsque j'entrai. Elle est du genre moral : la mère en permettra d'autant mieux la lecture à sa fille, qu'elle l'initiera aux mystères de l'accentuation du Midi.

La scène se passe à Tarbes, il y a quelque trente ans. Un vieillard fort riche, et plus avare que riche, possédait un neveu, capitaine au long cours, son futur héritier. A long cours aussi devait être l'héritage, car la santé de l'oncle, comme sa ladrerie, était des mieux conditionnée. C'est pourquoi le neveu avisé avait jugé opportun, en attendant l'hoirie, de se créer à lui-même une fortune. Il ne négligeait point pourtant l'occasion de faire les doux yeux à la succession. De chacun de ses voyages il rapportait au bonhomme quelque cadeau d'importance. Un jour qu'il allait quitter l'Amérique pour mettre le cap sur la France, il reçut une lettre du père Grandet le priant de lui acheter 102 singes.

« Cent deux singes ! s'exclama le neveu, stupide d'étonnement : que diantre mon oncle veut-il faire d'un tel assortiment de quadrumanes? J'ai mal lu sans doute... » et il relut.

Mais il n'y avait pas à s'y tromper : le nombre 102 était écrit en beaux chiffres ronds, indiscutables.

Le capitaine se prit alors à réfléchir qu'il y avait probablement là quelque spéculation sous roche, que les singes étaient sans doute très-demandés sur la place de Tarbes, et que le bonhomme, toujours à l'affût d'une affaire, comptait liquider ce stock poilu avec prime. Il se procura donc la cargaison demandée, mit à la voile et partit.

A peine au Havre, il écrivit à son oncle qu'il lui rapportait ses singes. Il s'excusait seulement de n'avoir pas — et bien malgré lui — réalisé tout le désir avunculaire : la traversée avait été fatale à plus d'un de ces intéressants passagers : le mal de mer, le changement de régime en avaient tué vingt-trois; mais, Dieu merci, il restait encore soixante-dix-neuf sapajous, gras et gros, dont il priait son bon oncle de vouloir bien venir prendre livraison sitôt que possible.

Au reçu de cette missive, l'avare bondit. Son

étonnement fut plus grand que ne l'avait été celui du marin quelques mois avant.

« Soixante-dix-neuf singes ! miséricorde ! mon neveu est devenu fou, » s'écria-t-il.

Et il lui répondit dans ce sens, ajoutant qu'il avait demandé *un* ou *deux* singes, et non pas cent deux.

Mais, par le retour du courrier, il reçut un nouveau billet du coquin de neveu, avec sa propre lettre à lui portant souligné un magnifique 102.

Tout s'expliqua. L'erreur provenait d'un caprice de prononciation et, il faut bien le dire aussi, d'orthographe. A Tarbes, la diphtongue *ou* se prononce *o*. Or le bonhomme écrivant comme il prononçait, au lieu de 1 *ou* 2, avait minuté 1*o*2, ce qui pour tout profane signifiait bien *cent deux*.

Que restait-il à faire? à s'exécuter. L'oncle prit la chose du bon côté. Il partit pour le Havre, reçut livraison de ses soixante-dix-neuf pensionnaires, et, protégé par son étoile commerciale, trouva moyen de les revendre avec un joli bénéfice.

Le capitaine ne fut pas déshérité, bien au contraire.

Telle est l'histoire, très-véridique, paraît-il, que nous conte l'inspecteur des forêts. Aussi toute la nuit rêvai-je ouistitis et chimpanzés me faisant la nique. C'est tout au plus si je ne prends pas mon domestique pour l'un d'eux, quand il entre dans ma chambre le lendemain matin.

TROISIÈME JOURNÉE.

Fourcade. — La Vallée du Lys. — La Rue d'Enfer. — Les Pupazzi.

J'ai agréablement dépensé mes premières heures à contempler les jolies baigneuses qui vont boire *au Pré* avant de se plonger dans les cuves de marbre. Je crois même avoir risqué un regard en passant devant le cabinet entr'ouvert de la duchesse de Gérolstein; mais la porte jalouse qui à cet instant se fermait, m'en a laissé moins voir assurément ce matin que la diva n'en montre le soir aux habitués des Variétés. Je me rabats sur l'étalage de Fourcade, au coin de la colonnade. Fourcade est le grand naturaliste de Luchon. Tous les pics, toutes les vallées des environs, il les a explorés : nul papillon n'a pu se dérober à son aiguille, nulle fleur à son herbier, nulle roche à son marteau :

« Car le pillard entasse en sa boîte entr'ouverte
Fleur et tout ce qui vit au royaume des fleurs.
Gare à l'aile où chatoie un semblant de couleurs!
Du volage Apollon le liége a fait justice;
Malheur au scarabée! un pal est son supplice;
Le caillou même atteint par le marteau d'acier
Doit sa veine rompue à ce grand justicier.
Et quand il a, par bribe, émietté la nature,
Les trois règnes pendus au cuir de sa ceinture,
Notre Linné s'assied harassé, vers midi,
Plus heureux qu'un lézard au soleil arrondi. »

Aussi les distinctions sont-elles venues le chercher à l'envi. Les médailles de vermeil et de bronze lui forment un collier : il ne compte plus les mentions honorables. Mais, parmi ses titres, j'en remarque un qui me rend tout rêveur. Fourcade s'intitule en effet : *auteur de la Flore fourragère ministérielle;* ne vous semble-t-il pas bien irrespectueux d'offrir ainsi du fourrage aux ministres, fussent-ils de la République? Il cumule du reste le commerce avec la science. A ses cartons de lépidoptères et d'insectes, à ses collections de plantes desséchées, il ajoute le négoce des bijoux moyen âge, des terres cuites anciennes, des vieilles gravures, des médailles vert-de-grisées. Tout fier de sa découverte, il me montre un pot vénérable rempli de pièces d'argent à l'effigie de Philippe-Auguste et de Richard Cœur-de-Lion. Le pâtre qui les a trouvées dans un mur en ruines du village d'Antignac, vient de les lui vendre à bon compte. Il lui faudrait beaucoup d'aubaines semblables pour fixer la fortune sous son échoppe. En l'an de grâce 1872, la science ne suffit plus à nourrir son homme, et l'Institut qui a envoyé ses félicitations au naturaliste pour son bel herbier des *plantes médicinales indigènes,* eût été encore mieux inspiré les enveloppant dans quelques billets de la banque de France.

Mais trêve au *nescio quid meditans nugarum* du poëte de Lalagé! J'ai choisi la vallée du Lys pour but de mon excursion. Voici midi. Déjà j'entends les grelots de la voiture qui me vient prendre.

Rien n'est doux comme de faire cette promenade — la plus séduisante peut-être des Pyrénées — dans une bonne calèche découverte enlevée par quatre chevaux. Il en coûte 25 francs, 30 quelquefois, — sans compter le pourboire, — car en ce paradis des cochers, les tarifs n'existent que pour la forme ; mais le sybarite qui, mollement étendu sur des coussins de toile perse, va voir se dérouler devant lui tant de merveilles riantes ou sévères, ne regrettera pas cette contribution hippique. Dévorons donc au grand trot les cinq kilomètres que nous avons déjà parcourus, et que nous parcourrons bien souvent, jusqu'au pont de Ravi.

Laissant alors la route de l'Hospice à gauche, je franchis le pont dans un tourbillon de poussière, puis, faisant mettre les chevaux au pas, je me livre tout entier au plaisir de respirer, de vivre, de rêver. La Pique qui se dressait menaçante à l'horizon, disparaît brusquement. Près de moi, le torrent bondit. Que de chutes a déjà subies son onde avant d'en arriver là! Presque toutes, justement célèbres, ont reçu de Nérée Boubée la consécration du baptême. Le digne homme accorde d'ailleurs bonne mesure aux disciples d'Esculape. Chaque médecin de Luchon prend sa part dans la distribution : les grands, une cascade, les petits, un rapide. C'est d'abord *la Viguerie*, dont l'eau toute fraîche échappée des flancs du Sacroux scintille à travers les masses profondes des hêtres et des sapins de la forêt voisine. Puis voici *le trou de Bounéou* qui emprunte son nom à l'un des vallons prochains. Un bruit sourd le trahit de loin. Sa présence est marquée par une cabane où d'eux-mêmes les chevaux s'arrêtent pour souffler. Une pauvre femme exploite cette station. Elle vous offre un verre de lait d'une main, tandis que, de l'autre, elle vous montre cette inscription peinte à sa porte : « Cabane des deux jumeaux : passants, n'oubliez pas leur indigence. » Je refuse le lait, je ne vois pas les jumeaux, mais en échange de quelque menue monnaie, j'obtiens la liberté d'aller seul visiter *le trou*. Ce trou est un gouffre sur lequel sont jetés deux sapins soudés par un peu de terre. L'eau furieuse bondit au fond d'une cuve dont le temps et le flot ont usé les bords. Un arbre, témoin centenaire de cette belle horreur, se penche dessus comme pour l'admirer. Mais il convient d'examiner les choses de près. Aidé de mon bâton ferré, le talon sur les feuillets de la roche, je me glisse avec précaution le long de parois tellement lisses qu'un faux pas m'enverrait au torrent. Heureusement pour le curieux, les ans ont parsemé cette surface plane de cavités spongieuses où dort l'eau de la pluie. On peut s'y arc-bouter, moyennant un léger bain de pieds. De là seulement, perdu dans la végétation luxuriante d'alentour, on apprécie bien la *furia* du rapide se tordant comme un épileptique à travers les circuits de sa prison. Si pur en est le bouillonnement, qu'il n'y a presque point de flatterie à l'égaler aux aigues-marines de Vaucluse ou au cristal de Tivoli. Inutile de remonter en voiture ; car un peu plus outre, après avoir dépassé un couloir d'avalanches, on arrive à l'*Estrangouillé*, autre gouffre que tous les guides imprimés confondent fort à tort avec le trou de Bounéou. On y accède par un court sentier et le spectacle qui y attend dédommage amplement de ce léger détour. Tel est l'avis d'une fort jolie jeune fille que je prends d'abord pour la nymphe du lieu, mais qui, vérification faite, n'est qu'une aimable voyageuse faisant la route à pied, en compagnie de son père. Parmi les hêtres, les frênes, les tilleuls qui, de leurs racines puissantes, enserrent d'énormes blocs de granit ou d'eurite, la route continue laissant à gauche la *cascade Richard*. Ne vous y arrêtez que si vous avez des loisirs à prodiguer. Cette chute assez paisible que reçoit un bassin triangulaire à eau verte, tire son mérite principal d'un encadrement de rocs et de sorbiers. A droite s'ouvre le sentier de Superbagnères qui monte rapidement à travers des pelouses parsemées de granges. Le pic Quaïrat se découvre : les Crabioules commencent à se montrer à la gauche du Céciré. Un nuage rose glisse, comme une écharpe transparente, sur la tusse de Maupas. La voiture traverse, à grande allure, les cabanes du plan de Cazaux où les troupeaux seront heureux de trouver, l'hiver, le foin parfumé de ces prairies. Encore un coude à tourner, et puis le cirque du Lys va se dérouler dans toute sa majesté. Que les Alpes revendiquent l'azur transparent des lacs ou l'hermine de leurs incomparables glaciers : les Pyrénées, elles, ont leurs cirques presque aussi nombreux que les vallées, et cela seul suffirait à leur gloire. Qu'il est ravissant celui qui, pour la vingtième fois peut-être, apparaît à mes yeux ! Gavarnie est certes plus imposant; mais l'amphithéâtre du Lys charme davantage. On admire l'un, on aime l'autre. Pourquoi essayer de décrire ce que le crayon et la photographie ont tant de fois reproduit? Et cependant, comment ne pas saluer, ne fût-ce que d'un mot, cette assise de forêts blanchie de cascades sur laquelle s'appuient ces murs de roches à pentes herbeuses qu'entrecoupent des gradins de neige et que, de leurs arêtes vives et déchiquetées, couronnent les sombres Crabioules ? Comment ne point admirer, entre tous, le grand glacier de Boum, avec son pic noir qui en émerge, semblable au cadavre d'une baleine échouée sur les banquises du pôle ?

Disons, pour redescendre de ces hauteurs vers la terre, que trois auberges se disputent, au fond du Cirque, l'honneur d'abriter le touriste. Ma calèche s'arrête à la première. J'aime le drapeau tricolore qui la pavoise ; et d'ailleurs, peut-on décliner les séductions d'une enseigne qui vous convie *aux Délices du Lys*? Sans répondre tout à fait des délices promises, j'affirme pourtant que cette posada est supérieure à ses deux rivales. Un ancien guide des sommets, J.-B. Lafont, aidé de quelques soubrettes, vous y taille en côtelettes le mouton du voisinage. Il y ajoute de bonnes garbures aux choux, des salaisons, des vins, des liqueurs, le tout au meilleur compte. C'est ici que l'on couche lorsqu'on veut tenter l'aventure des glaciers supérieurs. En ce cas, par exemple, je ne garantis nullement *les délices des lits*. Il ne me surprendrait pas qu'ils fussent hantés. Quoi qu'il en soit, j'ai gardé bon souvenir d'un déjeuner champêtre que je fis, l'autre année, dans la prairie voisine. Au lieu de nous asseoir sottement autour de tables préparées, nous avions improvisé notre réfectoire sous un de ces bouquets d'arbres romantiques dont les pelouses sont parsemées à la manière d'un parc. Des rocs moussus nous servaient de siéges; le torrent nous fournissait l'eau — dont nous n'abusâmes pas d'ailleurs. Quant au rire joyeux, d'aimables jeunes filles nous le prodiguaient à blanches dents. L'une d'elles, blonde enfant de l'Alsace, voulant nous réserver la surprise d'une jatte d'œufs frais, en avait précieusement déposé quelques-uns dans les poches de son vertugadin. Mais tandis qu'elle courait au torrent pour y puiser de l'eau, un caillou tourna sous son pied. La pauvrette tomba, sans grand dommage pour elle, mais à la grande transformation de sa surprise qui dépassa ce qu'elle en attendait. Je laisse à juger de l'omelette... et de la folle gaieté qui lui servit d'assaisonnement.

Cette fois il ne s'agit point de déjeuner, mais bien de monter aux ponts et à la rue d'Enfer. Déjà deux heures approchent; il n'y a pas de temps à perdre. Je veux d'abord donner un coup d'œil à *la cascade d'Enfer*. Elle a sa place marquée parmi les belles chutes pyrénéennes. Entre les parois de la montagne qu'une main de fer semble avoir disjointes, le flot se précipite en deux ou trois sauts violents. Un fragment de roc aigu, semblable à la dent noire d'un monstre, pyramide au milieu de l'écume. Approchons, en laissant à droite la seconde auberge. Me voici au pied de la dernière cataracte, assourdi de bruit, noyé dans la poussière d'eau, ébloui du jeu de lumière des iris, parmi les roches abruptes et les splendeurs d'une végétation puissante. Boubée appelle ce lieu « le vestibule du trône de Pluton » : *le vestibule d'un trône*, hardie métaphore! une cascatelle qui se détache gracieusement sur le côté, mêle le doux au grave. Et puis encore une sorcière de Macbeth sur la bruyère! encore une vieille femme près du torrent! Encore une pièce blanche à échanger contre des souhaits de prospérité! Naguère un pont se suspendait sur l'abîme avec autant de hardiesse que de grâce; je me rappelle l'avoir souvent franchi. Un orage l'emporta un jour, et jusqu'ici l'administration luchonnaise s'en est philosophiquement consolée. Cette passerelle était pourtant d'un joli effet. Aussi recommandai-je, comme décor, le rétablissement du pont d'*Arrougé* à la future mairie de M. Tron. Mais, faute d'un moine, l'abbaye ne chôme pas. Je m'engage à droite dans un sentier sinueux, également facile aux hommes et aux chevaux. Ses nombreux lacets se déploient à travers une forêt de chênes, de coudriers, de hêtres et de sapins dont l'ombre protectrice invite à la marche; douce solitude que rien ne trouble, sinon la chanson du muletier ou le bruit de l'eau qui se brise en éclats. J'arrive ainsi au *second* pont — le premier maintenant; il est de pierre aux parapets gazonnés, et porte un nom de bon augure, le nom même du *Prince-Impérial*. Une assez jolie chute se dessine au-dessous entre deux rocs escarpés, tandis que la vue se repose avec plaisir, de l'autre côté, sur une gorge mystérieuse que l'antiquité eût assurément peuplée de naïades. Bientôt apparaît tout en haut le *dernier* pont, œuvre merveilleuse qui semble jetée par l'esprit des ténèbres sur un écroulement d'eaux fantastique. Cambon et Rubé ne sauraient imaginer une maquette plus saisissante. C'est le tableau du *Freyschütz*, quant Samiel guette, vers l'heure de la fonte des balles, l'imprudent garde-chasse fidèle au rendez-vous. Cette cascade du *Gouffre infernal* est la bien nommée.

Rien, si on n'y a soi-même passé, ne peut rendre à l'imagination cet horrible glissement sur le roc d'une rivière qui se précipite d'un jet. Mais ce n'est point assez de la contempler du bord; il faut s'y plonger. On le peut sans péril, grâce aux degrés de l'escalier rustique qui aboutit à un balcon suspendu sur la chute, ou plutôt dans la chute. Aveuglé par la poussière humide, le touriste descend à travers le fracas du torrent. De l'eau sur la tête, de l'eau aux flancs, de l'eau sous les pieds..., on est en plein dans le gouffre. Cette formidable cataracte retombe dans une cuve étroite, mais singulièrement profonde, si j'en juge par ce fait qu'un sapin immense y ayant glissé, debout, — tandis qu'on procédait au hardi travail de l'escalier en question, — ne se trahissait plus que par sa pointe, et finit même par s'engloutir entièrement. Le torrent s'engage ensuite dans le *couloir d'Enfer*, et disparaît en mugissant. Effroyable vision, dont le souvenir seul donne le vertige! Ni la cascade du lac d'Oo, ni la chute de Gavarnie, la plus haute d'Europe, n'atteignent à cet effet d'émotion, malgré la supériorité de leur altitude. A peine si, dans les Alpes, la Barberine, la Handeck ou le Madesimo m'ont produit plus d'impression. Comme contraste à cette sublime horreur se déroule le paysage calme et reposé de la vallée : d'un côté le Tartare, les Champs-Élysées de l'autre. Mais rester longtemps dans ces froides vapeurs serait une imprudence grave : je sais plus d'une bronchite qui y fut récoltée. Aussi bien, il convient maintenant d'admirer le phénomène par en haut. Un chemin à travers broussailles amène promptement au *troisième pont,* ou *pont de Nadie.* Là, cramponné au parapet, je me penche à mi-corps, dans le vide, et ne puis me lasser de contempler cette masse d'eau énorme qui se précipite d'un bond. C'est un étrange mélange de cristal fondu, de prismes, de boules, de perles et de pendeloques; tel qu'on se figurerait l'égrenement instantané et continu de vingt lustres de théâtre se brisant à la fois. De cet observatoire splendide s'entr'ouvre tout un horizon. Tandis que je domine à pic le balcon et le couloir où j'étais tout à l'heure, j'aperçois là-bas, Tempé verdoyante, la vallée qui me sourit avec ses pelouses étoilées du lis dont elle a pris le nom, ses bouquets de bois, ses cabanes, ses forêts, son torrent à l'onde émue encore mais déjà plus calme, qui semble un ruban d'argent cousu au velours vert d'un corsage. Jadis les amateurs n'allaient pas plus loin : il fallait un jarret d'isard ou un pied de basque pour s'engager sur les pentes supérieures. M. Tron, alors maire de Luchon, eut l'idée de faire continuer le chemin; heureuse idée, car, en 1870, il put doter l'étranger d'une promenade nouvelle qui, pour ne point figurer encore dans les *hand-books*, n'en reste pas moins l'une des plus recommandables.

En une petite heure je suis arrivé au troisième pont : il ne m'en faudra pas davantage maintenant pour gagner la rue d'Enfer. Cette route, car c'en est une véritable où chevaux et mulets circulent le plus facilement du monde, court à travers une ombreuse forêt, tantôt s'appuyant sur des blocs entaillés, tantôt empruntant son assiette à des terres étançonnées de murs. Quelques belles cascades blanchissent sous la verdure comme pour rompre la monotonie du trajet, tandis qu'au contour des lacets qui forment terrasse, la vue embrasse un paysage varié. Au bout de cinquante minutes d'une marche modérée, je descends par une pente insensible dans un petit cirque sauvage à l'excès, où l'univers semble finir. Des cascatelles argentent le flanc de ses roches nues. Vers son milieu je rejoins le torrent, père de toutes les cascades ci-dessus décrites ; je le franchis sur des sapins renversés faisant office de passerelle, et, sans transition, subitement, je me trouve en face d'un spectacle grandiose.

La *rue d'Enfer* est devant moi. Quelle Durandal a fait cette brèche à la montagne? Oui, c'est bien une rue, mais une rue du sombre royaume ! Deux murailles lisses, noires, d'une seule pièce, immenses, se regardent face à face : le ciel n'apparaît au-dessus d'elles que comme une raie d'azur. Par cette ouverture béante sort le torrent qui descend des glaciers du Lys. On le voit bondir d'un gigantesque pont de neige que la flamme du soleil d'août n'a pu mordre. C'est splendide. Les vaillants remontent par là, en deux heures, au *parc des Cascades.* Mais cette course, remarquable d'ailleurs, est assez rude : il ne s'y faut risquer qu'à bon escient. C'est également à ce point qu'on aboutit lorsqu'on revient du Perdiguères ou de Litayrolles, après avoir franchi le col Crabioules — effort qui n'est pas non plus celui du premier venu. Contentons-nous aujourd'hui, prenant ce cirque pour colonnes d'Hercule, de nous reposer sous la cabane de feuillage où, depuis trois ou quatre semaines seulement, un brave industriel tient des sirops frais et des cordiaux à la disposition des poitrines fatiguées.

Un bon pas me ramène, en une heure, de la rue d'Enfer à l'auberge de Lafont. J'ajourne ma visite à la cascade du Cœur que j'entrevois, sur la droite, de l'autre côté de la vallée, incurvant son arc étincelant sur la ramure sombre des sapins, sans qu'on devine ni où elle va, ni d'où elle vient.

C'est jour de fête aux cabanes du Lys. Des divertissements ont été installés sur le bord du torrent. Les séductions du mât de cocagne le disputent au charme du tourniquet : des courses en sac émaillent les intermèdes. Les prix consistent en volatiles. Un gamin qui vient de gagner un canard, offre de le vendre au prince Ghika : indignation du prince ! Le *jeune* baron de Nervo, son plaid négligemment jeté sur des épaules que le poids des ans ne fera jamais ployer, encourage les jeux et les ris : des dames de demi-vertu, brochant sur le tout, balaient de leurs traînes poudreuses l'herbe qui n'en est pas plus fière. Entre nous, ces divertissements pompeusement annoncés n'ont rien de bien divertissant. Ils contrastent par leur mesquinerie avec la sublime grandeur de l'amphithéâtre. Mais, qu'on s'y plaise ou non, les bateleurs qui y président ont la prétention de vous les faire payer. Quelques passants d'humeur revêche ne l'entendent point ainsi, et, comme l'entrepreneur insiste, les bâtons ferrés se lèvent, tout prêts à retomber. Ce hors-d'œuvre improvisé me semble le mieux réussi. Déjà les ombres du soir commencent à descendre sur la vallée : il est temps de regagner le logis. Mes quatre chevaux m'emportent de toute leur vitesse sur la route qui descend toujours jusqu'à Luchon. J'arrive fort à point pour entendre retentir la cloche du dîner.

Je me hâte d'expédier quelques cuillerées de potage et une aile de perdreau, car ma soirée a son emploi. Il y a en effet grande solennité à la *villa Corneille* (ex-Casino). *Les Pupazzi* de Lemercier de Neuville doivent y tenir leurs assises. Toutes les places sont retenues depuis huit jours. On vient à Luchon pour oublier la politique; mais dès que celle-ci montre le bout de l'oreille, ne fût-ce que derrière le masque d'une marionnette, vite on rompt avec ses belles résolutions et l'on accourt. Or qui ne sait que Lemercier de Neuville a poussé jusqu'au génie le mécanisme des guignols parlementaires? A voir ces bonshommes de cire se succéder à la tribune, on se croirait en pleine Assemblée de Versailles. Ils possèdent même sur leurs confrères de Seine-et-Oise l'avantage d'être, sinon mieux obéissants au fil, du moins beaucoup plus amusants. Aujourd'hui, l'auditoire se trouve brillant, surtout réactionnaire. On s'attend à voir un peu briser les carreaux du gouvernement, et, ma foi, on n'en est pas tout à fait pour l'attente. Si cela continue, le vitrier aura de l'ouvrage. La toile microscopique d'un théâtre minuscule se lève : un régisseur apparaît, habillé de noir et cravaté de blanc, qui débite un prologue en vers fort joliment tournés. Le pantin est couvert d'applaudissements.

Étrange chose, en vérité ! ces marionnettes, hautes d'une coudée, après quelques instants commencent à grandir. On s'habitue à leurs dimensions infimes : on oublie la réalité devant l'illusion parfaite du geste et des mouvements. Bientôt enfin le charme a opéré, et le représentant Rural ou Pandore le gendarme sont pour le spectateur de vrais personnages.

L'impressario nous joue successivement deux saynètes de sa composition : *le Trac* et *le Voyage dans la Lune*. La première est charmante. Un député, M. Rural, revient de l'Assemblée nationale, heureux de prendre quelque repos après une session aussi laborieuse. Mais voici qu'à peine de retour, une lettre anonyme lui donne *le trac*. Sa femme, en son absence, a pris un nouveau domestique, et on lui écrit que ce domestique est affilié à l'Internationale. M. Rural le mande et le gourmande : il lui fait subir un interrogatoire en règle. La mine du serviteur est bien la plus débonnaire qui soit : pourtant les détails de la lettre sont si précis !

« Comment vous nommez-vous ! » interroge le député.

Silence du domestique qui feint de n'avoir pas entendu.

« Comment vous nommez-vous? » reprend M. Rural, d'un ton d'autorité auquel il n'y a plus à résister.

« Jules !!! » murmure le pauvre diable avec une expression indéfinissable; puis, honteux de cet aveu, il cache immédiatement sa tête dans ses mains.

Il faut entendre alors l'explosion de rires et de bravos qui éclate dans la salle.

« Jules, il s'appelle Jules ! » grommelle l'homme d'État en vacances : « voilà une grave présomption. »

Le valet voyant son maître soucieux, comprend le mauvais effet produit : il veut le dissiper par une confidence. Il n'est pas sans quelque bien ; le dernier tirage des obligations de la ville de Paris lui a réussi : le numéro 606 est sorti, et lui a fait gagner une forte prime.

« 606, s'écrie le bon M. Rural : 606, et il s'appelle *Jules!* plus de doute : j'ai affaire à un membre de l'Internationale. »

Et la pièce continue ainsi au milieu de la folle gaieté d'un auditoire en délire. Pour compléter l'œuvre, le gendarme Pandore traverse l'action, apportant avec lui un extrait concentré de toutes les naïvetés qu'on prête à la gendarmerie. Il est sur le point d'arrêter Jules ; mais tout s'explique au dernier moment. La lettre, cause première du *trac*, ne s'adressait pas à M. Rural : il y a eu erreur de la poste. Le nouveau domestique est un fort brave garçon qui n'a qu'un défaut, celui de s'appeler d'un nom tristement fameux. Il en changera et restera au service du député dont le masque rappelle à s'y méprendre celui de l'auteur *du Consulat et de l'Empire*. Quant à Pandore, une chopine bue à l'office le dédommagera de ses peines.

Mon dessein n'est point d'analyser, même sommairement, les trois actes du *Voyage dans la Lune*, actualité fort spirituellement réussie. Qu'il vous suffise de savoir qu'on essaie un nouvel engin de guerre sur une plage quelconque, Trouville, si vous le voulez. Il s'agit d'un projectile destiné à porter rapidement un corps d'armée au sein des masses ennemies. Mais à la dernière minute, quand le Président de la République et les spectateurs attendent depuis longtemps déjà, on ne trouve plus personne pour tenter l'épreuve : c'est à qui ne se laissera point enfermer dans la bombe. Alors M. Prudhomme se dévoue. Il entre dans l'immense sphéroïde de fonte : une formidable charge de poudre le bombarde vers les étoiles, et le voilà, évanoui du choc, — on le serait à moins, — qui traverse les espaces !... Quand il se réveille, il est dans la lune. Grand attrait de curiosité ! Que de choses nouvelles il va rencontrer ! Hélas, non : le pauvre homme retrouve dans ce satellite les mêmes passions, les mêmes figures, les mêmes grimaces que sur notre planète. Que dis-je ? Il se heurte à des personnages rappelant singulièrement nos gloires de Septembre. C'est ainsi qu'apparaissent tour à tour à la tribune de *la Chambre aux Idées* (l'Assemblée de là-haut), le représentant *Larmalœil*, le député *Cyclopard :* la robe d'avocat de l'un, l'œil de verre de l'autre sont superflus pour les désigner : leur langage fleuri ou violent suffirait seul à cette besogne. Puis, c'est le barde *Enigmatos*, ceint de laurier et vêtu d'une chlamyde étoilée, qui nous noie d'un galimatias double bien digne de la prose de *l'Homme qui rit* ou d'un couplet des *Chansons des rues*. Sa couronne de poëte est d'ailleurs surmontée d'un képi, afin qu'on n'en ignore. Enfin, des journalistes, des avocats, des artistes, depuis Émile de Girardin jusqu'à M⁰ Lachaud et de Gil-Pérès à Offenbach, par leurs discours, leurs chants ou leurs variations épileptiques font naître dans la salle un véritable « delirium tremens » d'hilarité.

On rappelle Lemercier, on l'applaudit, on l'acclame. Et tandis que chacun sort ravi de sa soirée, j'avise, au vestiaire, un monsieur qui reprend piteusement son pardessus. Celui-là n'a pas l'air content du tout. Je demande son nom. On me dit que c'est le préfet de la Haute-Garonne, et qu'il s'appelle Ferry. Le frère et l'ami des JULES ! Aïe ! je comprends que la pilule lui ait semblé amère.

QUATRIÈME JOURNÉE.

L'Homme-femme. — Un Coureur de montagnes. — Le Balaïtous et le pianiste Marmontel. — Superbagnères. — La Route forestière. — Le Curé de Saint-Martin de Ré. — Le Mail de la Soulan. — L'Hospitalité de M. Tron.

Il pleut. Ce n'est malheureusement point miracle à Luchon. Faute de mieux, je lis d'une haleine la nouvelle brochure de Dumas, l'Homme-Femme. Une de mes voisines, belle jeune femme, blonde comme les blés, blanche comme l'écume des torrents, me l'a prêtée avec une petite moue qui ne me semble pas de bon augure pour l'auteur. *L'ami des femmes* fera sagement de ne point s'exposer aux représailles de nos gracieuses Luchonnaises. Elles déchirent le livre à dents aiguës. La conclusion brutale « tue-la ! » n'est guère de leur goût, et si, par un malheur, « les guenons du pays de Nad, » comme il les appelle, tenaient le coupable dans un coin, je doute fort qu'il se tirât sauf de leurs griffes roses.

J'en suis à la dernière ligne de la dernière page, et il pleut toujours ! Je me dirige, parapluie en main, vers le plan en relief, cette providence du touriste aux mauvais jours. J'y rencontre un monsieur, petit, frêle d'apparence, à cheveux grisonnants : cinquante à cinquante-cinq ans environ. M. Lézat me le présente comme un coureur de montagnes intrépide.

« Que n'êtes-vous venu un peu plus tôt? ajoute-t-il; vous auriez admiré des merveilles. »

Le monsieur qui entend le propos se hâte de répondre qu'il est à mes ordres, et, sans plus, se met à déployer de longues bandes de bristol constellées de traits, striées de hachures. Ce sont les profils de tous les pics et de toutes les montagnes des Pyrénées, lavés de diverses teintes, avec des numéros renvoyant à leurs noms et à leurs hauteurs respectives. Je n'hésite pas à reconnaître qu'il y a là un vrai chef-d'œuvre. Une demi-heure d'étude de ce lavis en apprend plus au curieux que ne feraient en un mois les guides de chair et d'os, eux dont l'œil confond si facilement les sommets, pour peu qu'ils pointent dans un horizon éloigné. Ce remarquable travail sera sans doute publié : j'y engage vivement son auteur, dans l'intérêt de la science. Provisoirement, et sous peu de jours, une carte générale des Pyrénées doit entrer dans le commerce.

Pendant que l'eau du ciel bat aux vitres, nous causons de tout et de quelques autres choses. Le nouveau venu me donne des détails précieux sur les quatre routes assez peu connues qui mènent au Posets. Je les recueille d'autant plus avidement qu'avec la permission des orages je veux, cette année, en tenter l'ascension. Puis il me transporte, supendu à ses lèvres, jusqu'au faîte du terrible *Balaïtous* (3,146 mètres). Il vient en effet d'escalader ce Mont-Cervin des Pyrénées, par un chemin impratiqué jusqu'ici. Russel Killough, l'*impavidus*, qualifie cette route de périlleuse. Sa description de la dernière heure d'escalade donne le frisson. « Tournez à droite, dit-il, sur une crête arrondie que tapisse un reste de verdure, au milieu d'un éternel frimas. Bientôt la crête s'amincit, se change en roc vif, en obélisques disloqués et chancelants, prêts à rouler dans les deux abîmes qui flanquent la montagne au nord et au sud.

Impossible, ici, de donner un conseil : un grand instinct peut seul tirer de ce lieu diabolique, enfer de rochers où l'on risque un instant sa vie... c'est ainsi qu'en rampant on atteint la cime[1]. » Et, pour en arriver là, il fallait deux jours de marche et une nuit de veille dans la montagne. Mon interlocuteur, lui, n'a employé qu'un jour. Dédaignant le détour immense de ses rares prédécesseurs, il a attaqué le monstre directement, face à face. La première difficulté sérieuse fut de franchir le glacier qui remonte vers le sommet. Ce plan incliné est horriblement fendillé en tous sens : plusieurs des crevasses bâillent, larges comme des rues de grandes villes. Les roches élevées qui l'enserrent dans leur étreinte ont forcé la glace à s'onduler, à se bossuer, à former des dos d'âne où il est impossible aux clous de mordre : « nous avions l'air de gens marchant sur les toits d'une ville de glace, » dit l'intrépide pionnier. Pas de névé d'ailleurs; partout le cristal implacable, à vif. Armé d'une bonne hache, il tailla des escaliers où besoin fût. Son fils le suivait, ainsi qu'un paysan d'Arrens (Gaspard Basile) et un

---

1. *Les grandes Ascensions des Pyrénées.*

pâtre fortement trempé, du nom de Lacoste, qu'ils recrutèrent en route. Les guides ordinaires se soucient peu d'affronter une mort presque certaine. Que le soulier glisse seulement une fois et l'on est perdu. D'ailleurs, au cornac patenté, grand videur d'escarcelles, les vrais grimpeurs préfèrent le berger robuste, honnête, qu'une pièce de cent sous satisfait. Tout alla bien pour la petite caravane sur ces crêtes de glace terminées en lames de couteau. Elle arriva sans encombre au pied de la muraille rocheuse qui semble se dresser là pour mettre la cime à l'abri d'une atteinte sacrilége. Un passage existe cependant, mais quel passage ! c'est une *cheminée* de cent cinquante mètres de haut, verticale, et si étroite, qu'un homme à peine peut y manœuvrer en s'aidant, comme l'enfant de la Savoie, des genoux, des coudes, presque du menton. Sans compter la suie qui se détache sous forme de moellons, le talon a chance de manquer, et, si le talon manque, la *Bergschrund* du glacier ne fait pas défaut : elle engloutit sa proie pour l'éternité. Enfin la cheminée fut convenablement ramonée. Plus heureux que prudent, notre ami le coureur de montagnes jouit par un temps âpre mais clair, de l'admirable vue qu'il avait bien gagnée et que son crayon put relever tout à l'aise. Elle passe pour l'une des plus belles qui soient. Le retour à travers le glacier étant impossible, attendu la pente, il redescendit par un circuit de pics entremêlés de nouvelles cheminées, le tout d'un charme fort contestable. Parti à trois heures du matin de Cauterets, il y reparaissait le soir même, à l'étonnement des plus hardis[1]. Un registre a été laissé en haut, destiné à recueillir le nom et les observations des émules futurs : je crois qu'il gardera longtemps des pages vierges.

L'un des amis de M. Vallon, le fameux pianiste Marmontel, devait être moins heureux. Encouragé par ce récit, il voulut, il y a deux semaines environ, tenter l'aventure. Lui aussi était accompagné de son fils et d'un guide. L'escalade avait réussi ; mais, à la descente, il fut pris par la nuit. Le guide, qui d'ailleurs ne valait rien,

---

[1]. Je viens d'apprendre que ce vaillant touriste est M. E. Vallon, docteur en droit, membre de la société Ramond. Il a déjà publié, en 1872 et 1873, une carte des Pyrénées centrales et un panorama du pic du Midi. Dans le cours de cet été (1874) paraîtront successivement huit autres panoramas pris des sommités les plus célèbres de la chaîne. Ehrard les grave, et la librairie Privat, de Toulouse, les édite. Achat très-recommandé.

s'égara. Marmontel cherchant son chemin à tâtons, perdit tout à coup pied, et roula d'une cinquantaine de mètres environ, avec la vitesse d'une pierre qui s'échappe. Par un hasard providentiel, il rencontra sous sa main je ne sais quel arbrisseau saisi désespérément... Deux tours de plus, et il exécutait un saut de cinq cents mètres sur le glacier. C'eût été, sinon la plus étonnante, du moins la dernière de ses *exécutions*. La touffe miraculeuse nous garda le grand artiste, sauvant du même coup le guide qui avait partagé son épouvantable chute. Tous deux en furent quittes pour la peur et quelques lambeaux de leur chair laissés aux dents des rocs. Ajoutons que le jeune Marmontel, dans un élan de piété filiale, allait se précipiter vers le gouffre à la recherche de son père, quand la voix de ce dernier monta jusqu'à lui pour le rassurer. Ce récit, accentué par un témoin oculaire des lieux, fait dresser les cheveux à la tête. Décidément, je ne recommanderai point le Balaïtous aux lecteurs qui m'honorent de leur confiance.

Beaucoup moins âpre est l'ascension de *Superbagnères*, et le soleil qui fort opportunément perce les nuages, vers dix heures, me donne l'envie de recommencer cette course de demoiselles. Superbagnères est la calotte de la montagne qui domine l'établissement : montagne enchantée, puisque, de ses cavernes où le dieu Lixon règne sur des nymphes brûlantes, la santé coule à flots. N'y eût-il qu'une raison de gratitude, on devrait visiter son sommet. Quatre chemins y conduisent.

Le premier, le plus court, mais aussi le plus difficile, s'élève derrière les thermes, le long des rampes de la fontaine d'Amour, s'engage dans des forêts de sapins, coupe des pâturages, et, par une sorte de course au clocher, aboutit droit au but. Mais il y a des ressauts pénibles à supporter et plus d'une chance de se perdre. Un bon marcheur seul doit s'y risquer.

Le second, le plus facile, mais le plus long, emprunte la route de l'Arboust jusqu'au village de Saint-Aventin, descend vers le gave qu'une passerelle aide à franchir, serpente autour de la montagne opposée sur le flanc de laquelle il court en corniche, traverse des champs et des prairies, dépasse *les granges de Gouron*, se transforme en sentier à lacets pour escalader les pentes de la forêt d'*Artigues-Ardoune*, atteint enfin de vastes pâturages qui conduisent à la cime. Ce chemin est prolixe comme un avocat, ennuyeux comme un sermon de carême. Les mulets l'apprécient et tous les bons bourgeois le suivent. Il a pour lui la vogue.

Un troisième itinéraire qui gagne plus de trois kilomètres sur le précédent, consiste à s'élever obliquement, à gauche du pont de Mousquères, vers les granges de Gouron d'où l'on rejoint la forêt et les pâturages ci-dessus.

Je connais déjà ces trois routes. Je me propose d'essayer de la quatrième, d'ailleurs fort peu usitée, en sa dernière partie du moins. Il s'agit de monter par la vallée du Lys et de redescendre par la Route forestière.

A ce point de la matinée il est tard pour avoir de bons chevaux, quand on n'en a point retenu d'avance. Après quelques recherches infructueuses, l'un des frères Redonnet, Charles, en met complaisamment deux et sa propre personne à ma disposition. Nous voici donc partis au petit galop de chasse, laissant Castelvieil et le joli val de Burbe à notre gauche, franchissant les ponts de Lapadé et de Ravi, et saluant tour à tour au passage nos vieilles connaissances, le trou de Bounéou, l'Estrangouillé, la cascade

Richard. Au moment précis où le Quaïrat apparaît, nous tournons brusquement à droite, et nous grimpons, au pas de nos montures, le long d'un sentier pierreux mais assez bon. Des prés, des bouquets d'arbres, quelques cabanes l'agrémentent. De temps à autre les chevaux trempent leurs naseaux fumants dans un tronc de sapin creusé où coule une eau transparente. Nous traversons un petit bois dont l'ombre doucement nous caresse, puis nous entrons dans des pâturages émaillés de gentianes, de bruyères fleuries, d'œillets aux teintes de carmin vif. Durant toute la montée nous faisons face aux glaciers du Lys avec vue plongeante sur la riante vallée et son écharpe de cascades. Que si parfois nous tournons le dos à ce spectacle de par la nécessité des lacets, alors apparaissent la Pique, Sauvegarde, et, derrière leur aride muraille, la Maladetta qui lentement élève son front de neige. Nous atteignons à midi le sommet de Superbagnères, après quelques grimpade assez rudes sur des pentes gazonnées et glissantes. Deux heures nous ont suffi depuis l'allée d'Étigny.

Nous voici sur un grand plateau herbeux, sans un pouce d'ombre, avec un soleil de flamme

qui tombe aplomb sur nos têtes. Impossible
d'ailleurs de songer à s'asseoir sur la pelouse,
car, si l'on commet cette imprudence, aussitôt
des myriades de fourmis ailées sortent de
l'herbe, qui dévorent de vous ce qu'elles trouvent : vous en avez dessus, vous en avez dessous, vous en avez partout, dans moins de
temps que je ne mets à le dire. Demandez plutôt à d'élégantes amazones que j'y rencontre !
Elles sont obligées de tirer au plus vite vers la
cabane-auberge, pour y procéder à une chasse
minutieuse de ces indiscrets hyménoptères. Là
en effet a été construite une baraque en planches
qu'habite un bel homme barbu, affligé d'une
vilaine femme et d'une nuée d'enfants. Il gagne
sa vie à offrir aux arrivants quelques rafraîchissements, du café, voire des victuailles.
Moins fiscal d'ailleurs, ou peut-être plus habile
que *les hospitaliers* de Vénasque et du lac d'Oo,
il ne taxe rien : il s'en rapporte à la générosité
du pèlerin. Le plus sûr pourtant me semble
d'apporter sa collation avec soi. C'est ce que j'ai
fait. Seulement, où l'attaquer ? Entrer dans la
cabane me semble imprudent : la vue de ce qui
s'y trouve tiendrait lieu de nourriture. Au dehors
les fourmis auront déjeuné de nous avant que

nous ayons donné le premier coup de dent.
J'avise à vingt pas un petit auvent couvert de
branchages et de feuilles séchées que surmonte
un drapeau tricolore : c'est un moyen terme.
Du droit de la conquête nous nous en empa-
rons, Redonnet et moi, puis, sur une planche
soutenue par quatre ais en manière de table,
nous étalons nos provisions de bouche, à savoir
le gigot classique, l'indispensable volaille, quelques fruits, un peu de chocolat, enfin un flacon
de vieux bourgogne pour cimenter le tout. Le
temps nous favorise d'ailleurs. La pluie du
matin a lavé le ciel; à peine deux ou trois
houppes de nuées diaphanes se poursuivent-
elles dans l'air, tandis qu'une légère brise nous
caresse. Quelles conditions meilleures pour se
livrer à la contemplation? Il y a nombre de
vues plus étendues aux environs de Luchon :
il n'y en a guère de plus attrayantes que celle
de Superbagnères. Cette course est aux sommets
ce que celle du Lys est aux vallons; on y vient,
on y revient, et l'on ne s'en lasse jamais. Je
n'en sache point qui, pour une moindre somme
d'efforts, donne plus de jouissances effectives.
Huit vallées, grandes ou petites, se déploient en
éventail autour de ce belvédère d'un si facile accès.

Sans vouloir risquer une description, je ne puis taire pourtant ce qui m'en plaît. C'est d'abord la douce vallée d'Oueil qui étale, comme autant de bijoux de son écrin, les hameaux de Mayrègne, de Saint-Paul, de Sacourvielle, de Trébons. Un peu plus loin, suspendu aux flancs de la montagne, se détache le hardi village de Cazaril, qu'on ne s'accoutume guère à trouver sous ses pieds quand on a pour habitude de l'apercevoir au-dessus de sa tête. Puis voici la vallée de Luchon courant jusqu'à Montréjeau pour se perdre au loin dans l'or lumineux des plaines de Toulouse. Que si nous laissons les vallons pour les sommets, le massif immense des Monts-Maudits nous offre son profil de glaces au-dessus desquelles pyramide dans l'azur le pont de Mahomet. Plus près, les prés et les glaciers du Lys s'élancent ou se bossellent dans la splendeur de leurs caprices superbes. Citons encore le Quaïrat avec ses tours, ses arêtes vives, ses murailles lisses, les Crabioules, la Tusse de Maupas et son *cairn* qui en émerge sans le secours de la lunette, le pic de Boum flottant sur un océan de neiges, le Malbarrat, le Malplanat, le Malpintat, le Sacroux, la Serre de Cabales, puis au fond, quelques dentelures de la Catalogne et de l'Ariége. Enfin sur divers autres plans se groupent l'Antenac, le Montné, l'Arbizon, Sauvegarde, la Mine, la Pique, le Poujastou, les escarpements du mail de Cric, les rochers de Cigalère, Bacanère, la Pales de Burat, sans oublier le pic de Gar, dernier et modeste rejeton de tant de géants.

Dans cette énumération déjà longue, bien qu'incomplète, je dois une mention spéciale au Céciré qu'on croirait d'ici pouvoir toucher avec la main, et dont il nous faudrait trois heures pour escalader la cime, par la crête herbeuse, rapide et âprement ondulée qui la relie à Superbagnères.

Tandis que je demeure replié dans mon admiration, soudain, du fond des abîmes, s'élèvent et flottent de larges bandes de vapeurs. Qui les produit? mystère. Elles naissent si spontanément et si vite, que les transparences de l'air semblent se solidifier à vue d'œil. Ce phénomène assez fréquent dans les montagnes, doit être rare à un tel degré d'intensité. La plaine se voile en un instant, puis ce qui y touche de plus près : Luchon et ses vallées ont bientôt leur tour. Les glaciers du Lys, les contre-forts éblouissants de la Maladetta luttent plus longtemps : mais ils succombent enfin sous l'obscurité. Les nuages nous enveloppent, courant sur les pelouses. J'assiste, stupéfait, à une éclipse presque instantanée de lumière que le soleil essaie, mais en vain, de percer d'un rayon blafard :

« ... Holà! quelles ténèbres
Nous étreignent soudain de leurs crêpes funèbres?
Plus de blanc diadème au front perdu des monts,
Plus d'élastique éther!... Tout est nuit. Quels démons
Roulant malignement des nuages dans l'herbe,
Ont baissé le rideau sur ce décor superbe? »

A ce moment arrivent deux voyageurs, jeunes tous deux. L'un est un ecclésiastique, l'autre un négociant de l'île de Ré, M. Marc Brin fils : on ne saurait porter trois noms en moins de lettres. Ils m'ont à peine demandé quelques renseignements sur les pics encore apparents, que déjà la toile est tombée. Il n'y a plus qu'à lever le camp, le plus promptement possible. J'enjoins donc à Redonnet de seller les chevaux. Mais tandis qu'il leur fait manger l'avoine, un enfant de l'hôtelier les effraie en leur jetant des pierres. Ces prisonniers sur parole, auxquels on a négligé de passer un licou, saisissent ce prétexte pour s'échapper. Vainement leur maître use-t-il d'adjurations :

« Il veut les rappeler, et sa voix les effraie »

dirait Théramène. Pareils aux cavales indomptées de l'Ukraine, ils s'enfuient à ses cris, et plus encore à sa poursuite. Il me faut attendre et maugréer une heure durant. Pendant ce temps, des coups de feu retentissent dans les gorges du Lys, au plus grand dommage des coqs de bruyère. C'est Charles sans doute qui fait des siennes. Le fameux chasseur en a tué sept avant-hier, au pied même de la Pique. Mon malencontreux écuyer revient enfin, suant et soufflant, avec les rebelles qu'il n'a pu rattraper que sur les pentes du Céciré. Pour le remettre, nous partons grand train. L'abbé et son ami qui sont venus sans guide, à travers bois, s'effraient du brouillard et me demandent une permission que je leur accorde bien volontiers, celle de se joindre à notre caravane. Ce sont là, du reste, de charmants compagnons que me donne le hasard. Le prêtre surtout me plaît avec sa figure souriante et enluminée, ses jolis souliers à boucles d'argent peu faits pour les aventures des ravins, enfin je ne sais quelle odeur d'ambre et de poudre à l'iris qui trahit d'une lieue son abbé-régence. Ce parfum de *high-life*, le devrait-il par hasard à la fréquentation de ses paroissiens? Ses ouailles actuelles s'appellent Rochefort, Régère, Assi et *tutti quanti*. Je me trouve en effet avoir fait rencontre du curé de Saint-Martin de Ré, île où sont détenus les principaux chefs de la Commune. Tout en cheminant, le pasteur me donne sur chacune de ces brebis galeuses des détails intimes qui n'ont que faire ici, mais qui ne m'en intéressent pas moins très-vivement. Ses connaissances en botanique me semblent aussi fort étendues. Nous suivons dans la brume des talus gazonnés assez rapides, semés d'asphodèles, de campanules, de genévriers et de diverses plantes où mon compagnon fait une riche cueillette; puis nous nous trouvons à l'entrée d'un bois à plan très-incliné. Nous cherchons le sentier; mais de sentier il n'est nulle trace. Charles Redonnet me paraît visiblement désorienté et humilié. Ce n'est point à Jean, son frère, qu'une telle disgrâce arriverait. Je mets pied à terre. La bride de mon cheval passée au bras, je marche trois quarts d'heure environ, à travers les chênes et les trembles, sur un lit épais de feuilles mortes accumulées par les ans. Après tout, il y a plaisir à s'égarer un peu dans cette belle forêt aux pentes rapides où, par moments, surgissent des entrelacements de rocs et d'arbres dignes de Fontainebleau. Tel est aussi l'avis de mes compagnons, tandis qu'ils se livrent avec succès à la recherche de champignons fort abondants en ces parages. J'en ai ma part; l'abbé m'offre un cèpe large comme le fond d'un chapeau, qui se vendrait trente sous au marché de Toulouse. Enfin, après plus d'un détour et non sans mainte glissade des bêtes et des gens, nous aboutissons presque à l'extrémité supérieure de la *route Forestière*.

Notre but est atteint. Je puis, s'il me plaît, fournir un temps de galop jusqu'au logis, mais je m'en garderai, car de tels lieux ont un charme captivant. Elle est splendide en effet cette route qui souvent taillée dans le roc vif, étançonnée parfois de contre-forts d'une hauteur prodigieuse, descend en rampes douces vers le chemin du Lys. Des attelages à huit chevaux pourraient s'y croiser sans inconvénient. Par une faveur nouvelle, les nuages se fondent. A travers le voile d'une végétation luxuriante, j'entrevois les profondeurs des vallées. Mon œil plonge sur Castelvieil et le val de Burbe, tandis qu'un coup de soleil met des paillettes de feu aux toits du village d'Artigue. Un peu plus loin, j'enveloppe d'un regard l'admirable vallée de Luchon. Puis voici, pour animer ces solitudes, de gracieux torrents qui, glissant en cascatelles murmurantes, disparaissent sous la chaussée et retombent, de l'autre côté, en neige d'écume. Des fraises, des framboises rougissent et parfument l'herbe de leurs baies; de toutes parts des murailles de sapins s'étagent aux flancs des monts. Quel grand dommage qu'une telle route ne soit pas prolongée jusqu'au sommet! Les asthmatiques, les vieillards pourraient aller jouir en calèche d'un panorama qui leur est interdit. En Suisse, la chose serait faite depuis longtemps; le Luchonnais se montre plus rétif à l'innovation. L'hôtelier de Superbagnères prétend que la mesure lui serait désastreuse, parce que le touriste apportant le déjeuner dans sa voiture, ne ferait plus honneur aux provisions de l'auberge. Je doute que ce motif, si respectable qu'il soit, ait pesé dans la balance de l'administration forestière. La vérité est que celle-ci, sans se soucier beaucoup de l'intérêt des baigneurs, n'a prétendu créer qu'un chemin d'exploitation de ses richesses. Puis, s'apercevant, en cours d'opération, que les avantages ne compensaient point les frais, elle s'arrêta dans son œuvre. La spéculation fut pitoyable, mais la promenade reste charmante. Voilà qui doit consoler M. le Directeur général des forêts.

Tandis que les chevaux boivent au ruisseau voisin, lecteurs ou lectrices ne me sauront peut-être pas mauvais gré de les arrêter au coin d'un bois, non pour les dévaliser, mais pour leur fournir quelques détails techniques sur ces nappes verdoyantes que nous aurons si souvent l'occasion d'aborder ensemble.

Dans les forêts de Luchon, comme dans toutes celles des Pyrénées, les deux principales essences sont le sapin et le hêtre croissant isolément ou en mélange. Quelques pentes peuplées de chênes rabougris forment une rare exception. Ces clairières sont comme une tache destinée à disparaître. Au-dessus de l'étage occupé par les hêtres et les sapins se déroule parfois une ceinture plus ou moins large de bouleaux trapus ou buissonnants, tandis que sur d'autres versants, au pied des pics les plus élevés, jusqu'à une altitude de 2,200 mètres, l'œil rencontre avec étonnement des bouquets de pins à crochets qui escaladent la montagne si haut qu'elle peut les nourrir, se cramponnent aux roches, et, du bout de leurs racines, vont pomper la vie au plus profond des anfractuosités. Par delà, il n'y a plus rien, rien que le rhododendron à touffes roses, ce dernier sourire de la nature aux portes de la désolation. Toutes ces forêts ont pour marque commune la vigueur de leur végétation. Vainement les a-t-on soumises à des modes d'exploitation vicieux, elles sont sorties victorieuses de l'épreuve : témoin les sapinières de Superbagnères et de Gouron, les futaies de hêtres que traverse la route de l'Hospice, les pentes boisées qui dominent la rive droite de la vallée du Lys, les gorges ombreuses de Sode et de Juzet. Ce sont là, pour le forestier, les massifs intéressants à visiter, pendant que le touriste et le peintre trouvent sur les pentes supérieures de Gouaux-Luchon et de Montauban des sites plus pittoresques, des sujets d'étude plus remarquables. Que si maintenant, au point de vue pratique, des conseils avaient chance d'être entendus, il en est plus d'un qui pourrait être donné avec autorité et suivi avec profit. Tous les hommes spéciaux que j'ai consultés à ce sujet s'accordent à émettre des vœux qui se réduisent à un petit nombre de formules. Construire des chemins de traînage, améliorer, entretenir ceux qui existent pour imprimer une valeur nouvelle à des massifs dépréciés par les frais d'enlèvement; proportionner ces dépenses à l'importance et aux ressources des cantons à desservir; régénérer, compléter les peuplements par des semis et des plantations; étendre les bienfaits du reboisement sur tous les points où il y a un mal à prévenir ou à combattre; enfin triompher partout de la résistance systématique des habitants : telles sont les améliorations possibles, indispensables, urgentes. Le jour où l'on agira de la sorte, le jour où l'on appliquera résolûment, énergiquement, la loi de 1860, on portera du même coup remède aux érosions des torrents et au glissement des montagnes dans les vallées.

Trêve aux développements scientifiques! Déjà l'ombre brunit les sommets secondaires et je dois dîner ce soir chez mon ami M. Tron. A un coude de la route, je me sépare de l'abbé et de son compagnon. Ils s'engagent à gauche dans un sentier qui, par *le Mail de la Soulan et le*

Chalet d'amour, les ramènera directement vers Luchon. Cette descente constitue, à elle seule, une jolie excursion. Pour moi, pressant l'allure de nos chevaux, je continue à suivre la route forestière pour rejoindre la vallée du Lys un peu au-dessus du pont de Ravi. Je retombe ainsi en pleine poussière de cavalcades et mets pied à terre vers cinq heures, fort satisfait d'un itinéraire qui, rompant avec le lieu commun, me semble vraiment à recommander. Seulement, ceux qui se décideront à le choisir devront ajouter une légère gratification au prix de *cinq francs* par guide et par cheval, tarif habituel de l'ascension de Superbagnères.

Vers le milieu de l'allée d'Étigny, derrière l'hôtel d'Angleterre qui lui appartient, M. Tron s'est fait construire deux pavillons. Il habite l'un; l'autre est destiné à ses réceptions. Dans le premier, meublé avec un goût sévère mais exquis, se trouve tout ce qui peut donner à la vie agrément et confort. Là on devise gaiement des choses du jour; là, par les tièdes soirées d'août, la gracieuse Mme Tron, laissant courir ses doigts sur les touches d'ivoire, égrène aux intimes, s'ils l'en prient, quelque boléro étincelant. Quant au pavillon de réception vers lequel

je m'achemine, il mérite une visite de tout
étranger à qui les arts sont chers. Les salons,
tendus de tapisseries de haute lice, renferment
une galerie de tableaux où les principaux noms
de la peinture moderne sont représentés par des
chefs-d'œuvre. L'hôte du logis est en effet un
amateur qui ne recule pas devant une surenchère de deux ou trois mille francs quand une
toile de Rosa Bonheur ou un Troyon lui plaît. A
elles seules, ses tapisseries sont une merveille.
Il les découvrit un jour dans la ville de Montauban, où elles servaient à orner les reposoirs, aux
cérémonies de la Fête-Dieu. Les ayant acquises
à un prix relativement modéré et qui n'est plus
guère dans les habitudes du jour, il fit construire des pièces à leur taille, de façon à ce
que chacune d'elles pût former un panneau
complet. Les sujets sont des épisodes de chasse
royale : Louis XIII, Anne d'Autriche, Monsieur,
frère du roi, dames de cour et courtisans y bondissent sur leurs coursiers ou y serrent le frein
de leurs blanches haquenées. Chaque figure de
personnage vit sur le canevas : toutes d'ailleurs
demeurent précieuses pour l'histoire, l'authenticité de leur ressemblance n'étant ni contestable,
ni contestée. Aussi Michelet, dans une de ses

visites à Luchon, s'arrêta-t-il longtemps à les contempler, monologuant de curieuse façon, comme si ces images pouvaient l'entendre et lui donner la réplique. Alexandre Dumas les admirait fort, lui aussi, et plus d'un autre après eux. Car l'hospitalité proverbiale de M. Tron est douce aux illustres ainsi qu'aux humbles.

C'est donc sous l'œil de la maison de France que nous nous asseyons à une table digne d'un roi. Rien ne manque au festin. Le coq de bruyère truffé et le cèpe à la bordelaise sont arrosés d'un pakaray merveilleux, d'un invraisemblable porto et de tous ces vins d'Espagne inconnus à nos caves, que notre hôte, grand-croix de Ferdinand II et commandeur d'Isabelle la Catholique, doit à ses hautes relations avec les voisins d'Outre-monts. Mais, hélas! au milieu du cliquetis des verres, du choc des propos joyeux, un souvenir lancinant me traverse le cœur.

A cette même place je soupais, il y a deux ans, dans la nuit du 8 au 9 août 1870. Tron et moi étions alors tous deux députés. Nous venions, coup sur coup, de recevoir les premières nouvelles de nos désastres, et presque en même temps celle de la convocation des Chambres. Nous allions nous séparer de nos familles pour retourner, la nuit même, à Paris, Dieu sait avec quels pressentiments! Si loin fussent-ils dans le sombre, combien pourtant la réalité devait les dépasser! Les bougies qui, ce soir-là, brûlaient dans les torchères de cuivre, semblaient prêter une lueur fantastique à ces scènes de chasse. Était-ce une illusion? Était-ce le souffle du vent d'orage se glissant par les fenêtres et secouant les tapisseries? Toujours est-il qu'il me semblait par moments voir la meute s'ébranler, les chevaux piaffer, les lances s'agiter, le dix-cors s'enfuir...; sous mes yeux, jouets d'un prestige, la bête s'animait, bondissait, trouait le fourré, débûchait du bois dans la plaine nue, distançait les chiens, jusqu'à l'heure où épuisée, enserrée, acculée, elle faisait tête à ses persécuteurs et recevait, en pleurant, l'épieu fatal. Le sang figuré par un peu de laine rouge me semblait alors réellement couler... Et, malgré moi, ma pensée se reportait sur la pauvre France, elle aussi frappée au cœur par le fer du chasseur d'hommes, du terrible *Kaiser* sans entrailles; et l'amphitryon cédant à la même obsession, les morceaux restaient sur notre assiette, comme le vin dans nos verres!

Bientôt la gaieté communicative des invités triomphe en moi de ce lugubre souvenir. Je bois, avec quelques anciens députés, à l'aurore prochaine de jours meilleurs. Puis, au dessert, les histoires andalouses du baron de Nervo nous dérident tout à fait. Quand nous regagnons nos lits, vers la onzième heure, nous avons dans l'oreille comme un vague écho de mandoline, et il ne nous manque qu'une échelle de soie pour nous élancer au rebord de ces balcons où tremble un pâle rayon de lune.

CINQUIÈME JOURNÉE

Le Poujastou. — La Grotte du Chat. — La Fontaine rouge. — Courses et feu d'artifice.

Jean, l'un des guides de Redonnet, est venu m'éveiller aux premières lueurs. L'horizon pur de nuages promet une belle journée. A six heures vingt minutes nous sommes en selle, et tandis que le soleil commence à dorer les déchirures de la Pique, nous nous élançons du côté opposé. Un galop rapide nous entraîne des tilleuls d'Étigny au pont de Montauban à travers la longue et splendide allée de Piqué. Nous dépassons le chalet des fleurs, puis, une fois sur la place du village, nous nous engageons brusquement à droite dans une rue dont assurément M. Haussmann, de regrettée mémoire, n'a point ordonné le macadam. Cette rue pierreuse, fortement inclinée, se soude à une route qui continue de monter rapidement aux flancs de la montagne, tandis que peu à peu Luchon semble s'enfoncer sous nous. Plus d'une fois je me retourne pour jeter un regard à la vallée qui court vers Montréjeau. Dans ce calme de la nature né des transparences de l'aurore, la rêverie s'égare volontiers avec les yeux à travers ces îles de verdure bordées de peupliers et ces villages baignés de vapeurs ou noyés d'ombres que n'ont point encore allumés les flammes de l'astre-roi.

Nous traversons d'abord de petits bois de hêtres, puis nous nous engageons sous les éternels ombrages de Sésartigues. Telle que la forêt enchantée de Brocélyande, celle-ci pourrait nous retenir longtemps dans ses profondeurs. Beaucoup de ses sapins comptent plusieurs siècles. Monstrueux de formes et de dimensions, perdus de mousses, dévorés de lichens, frappés de la foudre, moitié morts et moitié vivants, ces centenaires à barbes vénérables ont dû inspirer Gustave Doré dans ses illustrations de l'*Enfer*. Sous leurs troncs creusés par les ans toute une famille de proscrits trouverait facilement asile. Que les pins de nos parcs bourguignons sont maigres à côté! Parfois, au détour du chemin, une percée heureuse permet à la vue de s'élancer vers les glaciers du Lys, et voici alors apparaître le Sacroux avec sa périlleuse descente sur le val de Bounéou, le pic de Boum à l'ancre dans sa mer polaire, la Tusse de Maupas et ses escarpements hardis, les Crabioules dignes du pied des chèvres, le Quaïrat, pareil à une pyramide égyptienne qui abriterait les ossements de quelque géant!

Il n'est si bonne compagnie qu'il ne faille quitter. Nous sortons de la forêt pour cheminer sur les prairies humides, parmi les parcs à moutons et les riantes cabanes des pasteurs. Des bouquets d'arbres arrosés d'eaux vives parsèment ces sites arcadiens où je m'attends à rencontrer, sur l'herbe molle, Tityre armé de sa paille d'avoine en manière de chalumeau. Mme Deshoulières s'y trouverait à merveille pour y paître ses brebis enrubannées. Au bout de cette Tempé nous recommençons à gravir des plans inclinés. Nous atteignons ainsi la région du rhododendron. Malheureusement ses touffes ont depuis longtemps perdu leur couronne de fleurs. Bientôt enfin, attaquant d'une bonne allure une dernière pente herbeuse fortement redressée, nous escaladons le Poujastou sans avoir quitté un instant la selle. Il est huit heures cinq minutes ; nous n'avons mis qu'une heure trois quarts de la maison Fabre à ce point extrême. C'est bien courir.

Le Poujastou qui se relie au Mail de Cric est une longue crête de plusieurs centaines de mètres, ouatée de pelouses, parfumée de thym, fleurie de bruyères et de petites marguerites. Les *tumuli* de pierre qui la parsèment étonnent d'abord : un cimetière à ces hauteurs demeure une supposition invraisemblable. Ce sont simplement les bornes séparatives de deux États. Il suffit de s'asseoir sur l'une d'elles pour avoir un pied en France et l'autre en Espagne. Quelle joie de pouvoir, tourné du côté de Madrid, se gargariser de cris de « vive le roi ! »[1] Cela nettoie les gosiers bien pensants obligés à avaler, chaque semaine, le crapaud d'une république nouvelle. Cette cime est un excellent observatoire, très-supérieur, selon moi, à Superbagnères qui ne laisse voir ni le pic du Midi, ni les glaciers des Hautes-Pyrénées, ni la Fourcanade, ni la vallée de l'Arboust, ni la vallée d'Aran. Mon regard s'abaisse tout d'abord sur cette der-

1. Le roi Amédée régnait encore.

nière dont il embrasse une partie. J'y arriverais bientôt, si tel était mon plaisir, par des ressauts assez brusques, mais pourtant praticables. Je me trouve en effet directement au-dessus de Bosost qui se dérobe sous la saillie d'un mont faisant promontoire, tandis que sur le versant opposé ondulent les moissons de la Catalogne. Le surplus du val d'Aran se laisse deviner jusqu'à Viella, trahi par le flot de la Garonne qui y déroule ses anneaux de serpent doré. D'ici, que de sommets pointent vers le ciel, des crêtes de l'Andorre à celles d'Aure et de Baréges! La Fourcanade, le Néthou dont le front se lève curieusement par-dessus la Picade comme pour voir ce qui se passe dans notre pauvre pays, la masse imposante des glaciers du Lys, Boum, la Tusse, les Crabioules, le Quaïrat, le pic du port d'Oo, Clarabide, le Marboré, le Mont-Perdu et ses steppes de neige, le Vignemale, le Pic du midi de Bigorre, l'Arbizon... voilà pour les principaux. Plus près, dans un cercle à moindre rayon, je reconnais tour à tour l'Entécade, la Pique, luisante comme une ardoise, la Mine, Sauvegarde et son port que raye une des flèches du soleil, le Montné, barrière de la vallée d'Oueil, le belvédère de l'Antenac projeté sur la vallée de Luchon, puis les douces perspectives de l'Arboust qui nulle part ne livrent aussi complétement à la lunette les trésors d'une nature égayée d'arbres, de champs, de prairies et de villages. Voici enfin le long ruban qui noue Cier à Barcugnas, et Bagnères sous mes pieds. A cette énumération déjà longue, bien qu'incomplète, je devrais pouvoir ajouter les plaines de Saint-Gaudens et les horizons de Toulouse : mais un rideau de vapeurs roses flotte de ce côté. C'est d'ailleurs l'habitude, même aux plus beaux jours. Il importe peu, le panorama demeurant assez riche en dehors de cette échappée.

Et puis le temps est délicieux. Les grillons et les cigales chantent, les papillons volent, les sauterelles bondissent, l'air a des tiédeurs balsamiques. Il fait bon vivre. Pendant que les chevaux se régalent à peu de frais d'une provende embaumée, je marche à petits pas dans la rosée brillante que Titania semble avoir parsemée de ses perles. Par cette crête ondulée de dépressions et d'éminences, j'arrive en quelques minutes au Mail de Cric. Là, debout sur le roc escarpé, je domine ce joli val de Burbe si frais, si élyséen, et mes yeux éblouis de rayons se reposent dans la sombre verdure des sapins du plan de la Serre. A droite, Superbagnères me sourit : ce n'est qu'une taupinière, soit! charmante cependant. Il n'est pas jusqu'à la tour de Castelvieil qui, d'ici, ne produise un excellent effet. Je ne me lasse point d'admirer un tel spectacle, inondé d'une telle lumière! Il faut pourtant songer au départ, car les heures s'en vont et l'appétit vient. Or, imprudents comme les cigales nos voisines, nous n'avons apporté aucune subsistance avec nous, et notre dignité d'homme nous défend de brouter à même le thym et le serpolet.

A neuf heures et demie je me remets en marche, mais sans trop me presser, tant il m'en coûte de quitter ces hauteurs! J'arrive à une petite maisonnette couverte d'ardoises près de laquelle les chevaux m'ont précédé. C'est celle du pâtre, seigneur de ces pelouses. Il y demeure jusqu'à la fin de septembre, époque où, fuyant devant l'hiver, il ramène ses troupeaux vers l'étable. Je remets le pied à l'étrier et je chevauche de nouveau, escorté de mon guide. Appuyant sur la droite, nous passons près d'une fontaine dont le pur cristal attire nos lèvres et les rafraîchit délicieusement. Puis, regagnant la forêt, nous arrivons en un quart d'heure par une allée qui fuit sous les hauts sapins, dans le voisinage d'une hutte de bois.

Nous voici vers les parages de la *Grotte du Chat*. Cette cabane sert de logement au gardien. Il y tient rafraîchissements et tout ce qui concerne son état. Seulement l'exactitude ne fait sans doute point partie du bagage, car j'ai beau appeler et frapper, nul ne répond. Nous sommes en train, Jean et moi, de donner nos plus belles notes de poitrine dans l'espoir de réveiller le chat qui dort, quand une jeune fille blonde et pâle, sorte de nymphe maladive, se relève tout à point d'un ruisseau sur lequel elle était penchée, pour nous apprendre que le fermier est à Luchon. Grande déconvenue! Son retour ne peut tarder, nous est-il dit par forme de consolation. J'attends d'abord, puis à bout d'une patience qui n'est pas ma vertu favorite, je me risque à tout hasard du côté de l'antre. Un sentier facile qui se perd à gauche sous une arche de verdure m'amène, en quelques minutes, auprès d'une ouverture à flanc de montagne mystérieusement dissimulée dans un fouillis d'arbres, d'herbes et de mousses. C'est la fameuse grotte du Chat. Un matou sauvage, traqué jadis par des chasseurs *bredouille*, la fit découvrir en s'y

réfugiant. Il y perdit la vie, mais il lui laissa son
nom. Nous écartons les ronces : hélas ! une solide
porte de chêne s'offre à nous, armée d'une serrure de prison. Les trésors des quarante voleurs
seraient accumulés sous la roche, qu'on ne les
eût pas mieux défendus. Nous ne possédons
d'ailleurs point la formule magique d'Ali-Baba.
A son défaut, Jean ébranle le verrou d'une poigne
vigoureuse. Mais la barre de fer résiste à nos
efforts réunis, nous épargnant le crime de l'effraction. Je me hisse sur le roc, je glisse un
regard par une fissure béante ; je ne vois que
l'obscurité et trois bouts de chandelle destinés
à la dissiper moyennant finances. Je m'en console
songeant aux merveilles de Gargas, de Bétharam,
d'Arudy, des Eaux-Chaudes, toutes grottes que
j'ai plus d'une fois explorées dans mes courses à
travers les Pyrénées. Celle-ci d'ailleurs n'offre
pas grande prise au regret. Très-remarquable,
aux premiers jours de sa découverte, par les
stalactites irisées dont les jeux de lumière allumaient à sa voûte comme un arc-en-ciel souterrain, elle a été si souvent dévalisée depuis
par les guides et les touristes, qu'elle n'offre plus
guère trace de ces chatoyantes oxydations. Ses
plus beaux échantillons ornent, à cette heure,

les vitrines du musée Lézat. Le hasard m'en fait rencontrer un près de la porte, fort remarquable vraiment; quelque exploiteur l'aura oublié ou perdu. Je m'éloigne avec cette fiche de consolation et je remonte vers la cabane. Ma jeune malade y est encore, adossée à l'écorce d'un sapin majestueux, touchante image de la faiblesse demandant appui à la force. Qui sait pourtant? L'enfant durera peut-être plus que l'arbre; peut-être le tranchant de la hache abattra-t-il le tronc séculaire avant que la main de la mort ne couche sous un tertre de gazon la languissante jeune fille. Elle vient ici pour boire la guérison à une fontaine qui sourd au pied de la hutte et coule d'une rigole de bois. L'eau, fortement chargée de fer, teint en ocre vif les pierres et les racines qu'elle touche; sa saveur est métallique au premier chef. On l'appelle, dans le pays, *la Fontaine rouge.* C'est sans doute à ses infiltrations que furent dues les stalactites dont je parlais tout à l'heure. Puisse la pauvre malade y refaire son sang!

Un grand bruit de pierres roulantes éclate près de nous. C'est le pâtre qui nous rejoint par un couloir d'avalanches. Il a vu de loin notre embarras et veut essayer d'y remédier. Mais la clé qu'il cherche ne se trouve pas dans sa cachette accoutumée. Il me faut décidément renoncer à entrer dans la grotte. Je le remercie de ses efforts, et déjà je me dirige vers les talus verdoyants qui bordent le ruisseau, lorsque brusquement il m'arrête avec un mouvement d'effroi :

« Ne passez point là, s'écrie-t-il.

— La raison ? »

Pour toute réponse il jette une pierre sur la pelouse, et la pierre s'y enfonce avec un bruit sourd. Sans le brave homme, j'allais tout droit m'enlizer. Et alors il me conte l'aventure d'une élégante Parisienne qui, l'an dernier, fut victime de ces marécages trompeurs. Elle arrivait, avec son père, du côté de la fontaine, quand tout à coup voulant couper au court elle quitta le sentier. A peine avait-elle fait six pas dans cette direction, qu'elle troua le palus et demeura engagée *jusqu'à la croix*.

« *Jusqu'à la croix ?* interrompis-je avec étonnement.

— Oui, Monsieur, reprend mon interlocuteur, » et en même temps il montre ce... qu'il entend par là.

Je crois comprendre que c'est un euphémisme

du langage pastoral en ces régions. Or notre amazone était jeune, jolie, vive, alerte. Quand elle se vit ainsi prise au piége, elle poussa de petits cris entremêlés d'éclats de rire. Le père, lui, ne riait pas. Le pâtre se lança alors dans la fondrière, jusqu'à la croix aussi probablement, et retira non sans peine la Vénus embourbée qui acceptait gaiement sa mésaventure, tandis que l'auteur de ses jours continuait à pester et à gronder. Il fallut, séance tenante, ôter à la belle bottines, bas et jupons, car elle finissait en queue de poisson noir, puis la laver à grandes eaux. Le pâtre — un rude gars, ma foi ! — prétend naïvement que ce fut lui qui se chargea de ce soin, moyennant quoi il reçut une pièce de quarante sous pour ses peines.

« J'en eusse bien fait autant pour rien, » me disait naguère un facétieux conseiller de Toulouse auquel je narrais l'histoire.

Je donne une autre pièce blanche à mon conteur, et, vers onze heures, je rentre dans la forêt de sapins. Quinze minutes après, je rejoins le chemin de Luchon au point où je l'avais quitté le matin, et, par le même itinéraire, sans autre incident que la faim qui m'aiguillonne, je remets le cap sur l'allée d'Etigny où j'arrive aux derniers coups de midi, grâce à quelques vigoureux temps de galop.

Cette promenade coûte *sept francs* par homme et par cheval; le plaisir qu'on y éprouve vaut bien davantage.

J'emploie mon après-midi à liquider l'arriéré de quelques visites intimes. Je pourrais, il est vrai, me joindre aux *gentlemen riders* qui, à cheval ou en paniers, se précipitent vers le village d'Antignac. Je m'en abstiens, et pour cause. Antignac est l'Epsom de Luchon; on y court aujourd'hui *le Derby*. Non content de nous étonner par l'augmentation excessive du tarif des bains, le nouveau maire qui succède à M. Tron, sans le remplacer, multiplie les courses des rossinantes du cru, au plus grand profit de notre admiration... et de ses compatriotes. Si ces *steeple-chases* ne rappellent en rien les luttes hippiques de Longchamps, c'est là du moins une occasion précieuse de pillage pour MM. les loueurs de pataches, en même temps qu'une source d'émoluments pour les médecins. Or, le nouveau maire est un disciple de Galien. A chaque épreuve, des reins se meurtrissent, des épaules se démettent, des clavicules se brisent; autant d'aubaines dont profite la science. Le turf paraît d'ailleurs assez bien choisi, si les conditions du divertissement se résument pour le spectateur à payer cinquante francs de transport et un napoléon d'entrée, le tout pour ne rien voir. Le podestat de Luchon appelle cela « amuser son public. »

Je n'ai donc pas franchi les trois ou quatre kilomètres qui séparent Étigny d'Antignac, et je m'en félicite : car, vers cinq heures, j'aperçois deux malheureux guides qu'on ramène la figure bossuée et les membres endoloris, par amour de la banquette irlandaise. Combien mieux inspirée était, il y a une vingtaine d'années, l'administration qui décernait des prix aux grimpeurs les plus lestes ! On plantait un drapeau sur un pic élevé : au signal, la fleur de la jeunesse s'élançait en espadrilles, comme un troupeau d'isards, et un bâton d'honneur ou une ceinture de soie récompensait le vainqueur. C'était plus hygiénique, sans compter que la couleur locale n'y perdait rien.

Mais ne nous plaignons pas : nous avons pour ce soir une compensation assurée. Un feu d'artifice est annoncé à grand bruit. En effet, depuis midi, un grand mouvement de va-et-vient se produit sur l'allée qui, derrière l'établissement, relie les deux buvettes. A ses poteaux verts on a accroché des soleils, suspendu des caprices, aligné des fusées : des jeux de chandelles romaines sont dissimulés dans l'herbe. Je m'attends à des merveilles. La nuit descend, une nuit à souhait, sombre, impénétrable. Au premier coup de neuf heures, trois marrons d'appel éclatent à la fois. Hurrah ! *turba ruit* ou *ruunt*. La foule se précipite du côté des quinconces, et, cette fois, je suis la foule. Je n'éprouve nul embarras à confesser mon faible pour la pyrotechnie. Je ferais un kilomètre pour un pot à feu, une lieue pour une pluie de limaille enflammée. Toutes les chaises ont été arrachées, à vingt sous l'une : la promenade est envahie, les coudes se serrent, les têtes se touchent : Mlle Sarah Bernhardt elle-même ne trouverait plus jour à se placer. Que la fête commence ! Hélas, quel malin génie a envoûté le maire et son artificier ? Après avoir grincé deux ou trois secondes sur leur axe rouillé, les soleils s'arrêtent comme si quelque Josué passait par là. Les ailes de moulin refusent de battre, les fusées s'élancent de travers et, visitant inopinément la foule, y font de larges trouées au milieu des cris et des imprécations : les serpenteaux, petits serpents qu'ils sont, s'en prennent aux jupes des dames ; les bombes éclatent dans le mortier, les étoiles s'éclipsent dans la fumée, la grande pièce ne brûle qu'à moitié, se réservant sans doute pour le lendemain, et, dans ce désarroi général où tout est perdu, même l'honneur, le bouquet qui prend feu sans qu'on l'en prie éclaire le désespoir du Ruggieri local et la confusion de l'administrateur républicain. Pendant ce temps une femme circule, un plat à la main, quêtant au bénéfice de l'artificier : pourquoi pas aussi à celui du maire? Les choses, il faut le dire, se passaient autrement du temps que M. Tron *trônait*. Alors, aux soirs des grands jours, les flammes de Bengale largement distribuées sur les côtes voisines nuançaient la forêt des irradiations les plus diverses : des pluies d'étoiles roulaient dans des avalanches d'étincelles ; la terre et le ciel ressemblaient à une fournaise ardente. C'était grand, c'était digne de cette grande nature. Décidément, la République n'est point l'ère des lumières. La lune, par bonheur, vient de se lever éblouissante derrière les monts. Grâce à sa complicité, les doux entretiens pourront se prolonger autour du petit lac. Quelle que soit là-dessus l'opinion des docteurs, quand le bon Dieu se mêle d'éclairer son palais d'azur, il y réussit encore mieux que les citoyens radicaux et leur pétrole.

SIXIÈME JOURNÉE

Le vieux Luchon. — La messe du dimanche et la tombola du Père L...... — La Saunère. — La Casseide. — Saint-Aventin : sa légende, son église. — Les Fresques de Cazaux. — Le village d'Oo et Sacave. — Les Granges d'Astos. — L'hospitalier du Lac. — Un Orage à Séculéjo. — Les Chalets Spont et Guignol.

Il paraît que j'ai exprimé avec trop de franchise mon opinion sur la fête pyrotechnique d'hier. *L'Avenir de Luchon* m'apporte, ce matin, mon châtiment. *L'Avenir* est une feuille importante de la localité, qui tire à quinze numéros et en vend couramment cinq. Son rédacteur en chef a profité des ombres de la nuit pour aiguiser sa plume et m'en porter un coup terrible. Il me qualifie de bonaparteux et de Belmontet! c'est bien fait. Mon irrévérence envers le pouvoir constitué méritait cette double flétrissure. Je n'userai pas de représailles en appelant le docteur A., vétérinaire et communard... Pourtant!

C'est jour de dimanche. Plutôt que médire, dirigeons-nous du côté de l'église. La maison du Seigneur est dans la ville proprement dite, au bout du cours d'Étigny. Quel contraste entre ce quartier et celui que l'intendant de la généralité d'Auch fit sortir de son génie créateur ! Il semble que brusquement nous ayons quitté Paris pour une bourgade du Midi : la province a soudain étouffé sous son éteignoir les reflets de la civilisation. Les rues sont devenues des fentes, les hôtels des baraques, les magasins des échoppes. C'est un Sisteron, un Barcelonnette quelconque pourvu de deux petits marchés où chefs et cuisinières se battent, dès l'aube, pour conquérir à coups de porte-monnaie de maigres provisions. Peu de fruits, et assez médiocres. La vallée n'en produisant pas, ils arrivent, comme le reste, de Saint-Gaudens et de Toulouse. Du moins le friand pouvait-il jusqu'ici mordre à ces grappes savoureuses apportées à dos de mulet par les contrebandiers de Vénasque. L'octroi, ingénieuse idée, vient de frapper chaque panier du droit exorbitant de sept francs. Depuis lors, le raisin ne mûrit plus pour Luchon. La dent nacrée des baigneuses y perd de croquer ces grains d'ambre, et je ne vois pas trop ce qu'y gagne la cité. Certes, je ne fais point fi du régime protectionniste : je l'ai même défendu à la tribune. Mais il y a limite à tout, et si messieurs les économistes du cru n'entendent pas de cette oreille, qu'ils empruntent alors à l'empyrée un soleil plus chaud pour en dorer les verjus de leurs treilles. Dans la ville proprement dite, le logement est à meilleur compte que sur les allées. On y trouve des chambres au rabais qui ont la vue de la campagne en moins et l'agrément de certaines garnisons en plus. Avis à ceux qui n'aiment pas cette société !

A peu près au centre du triangle qu'occupe le vieux Luchon s'élève l'église. Cet édifice est de construction moderne et de belles proportions. Un enfant du pays, le peintre Romain Caze, a enrichi la voûte et les murs de fresques à nombreux personnages. La *brèche* pyrénéenne n'ayant point paru digne de ce sanctuaire, des marbres d'Italie sont venus offrir leurs veines au ciseau de Géruzet pour la plus grande splendeur des autels, des balustres et de la chaire. M. Lambron, dans son livre, ne consacre pas moins de treize pages à décrire toute cette ornementation. Sans méconnaître d'ailleurs le mérite de l'exécution, je ne suis pas à ce point fanatique de l'édifice. J'y cherche en vain ce cachet d'austère grandeur si séant, selon moi, au sanctuaire de la prière. Telle qu'elle est pourtant, cette chapelle convient peut-être mieux à sa destination. C'est la Madeleine de Paris en miniature, basilique mondaine apte à s'harmoniser avec les traînes chatoyantes des pécheresses qui s'y agenouillent. La messe de midi, le dimanche, est de beaucoup la plus suivie : elle donne aux jolies pénitentes le temps de se pavoiser. Aussi quand le dernier cierge s'est éteint sur le dernier évangile, le flâneur qui se tient à la porte croirait-il assister à la sortie d'un office de la rue Royale. La charité d'ailleurs y tient ses grands jours : pièces d'or et billets de banque, si on les en requiert, tombent volontiers dans l'aumônière de velours des quêteuses.

Cette fois, je ne me donnerai pas le luxe de la messe du high-life. Celle de neuf heures, moins brillante mais plus recueillie, me permettra d'accomplir ensuite la course du lac d'Oo. J'y trouve un prédicateur de ma connaissance, le Père L...... Encore un orateur bien échantillonné ! Le caractère un peu théâtral de son éloquence me semble tout à fait cadrer avec le style décoratif de l'église. De noble prestance, le visage fleuri, la bouche en cœur, le révérend Père dégage de toute sa personne quelque chose de doux et de musqué, de mystique et d'agréable, fort approprié aux exigences de son auditoire féminin. Sourit-il? ce sont des perles qui reluisent : parle-t-il? ce sont des roses qui s'échappent de ses lèvres. Il demeure célèbre d'ailleurs par quelques traits de sa façon. Je n'en citerai qu'un, fort connu du beau monde pieux. Ayant un jour besoin d'argent pour soulager une famille pauvre — car il est fort charitable — et n'en trouvant plus dans son tiroir, il eut l'idée d'une loterie. Mais ce n'est pas tout que loter; encore faut-il des lots. Or, petits ou grands, il n'en avait point. Une inspiration lui vint, soudaine, neuve, hardie, celle de se mettre lui-même en tombola. Sitôt pensé, sitôt exécuté. Le projet fut annoncé et colporté dans Paris. Toutes les dames du noble faubourg prirent des billets : la somme nécessaire à l'œuvre se trouva promptement dépassée, et une marquise eut l'heur de gagner notre prédicateur. Vous me demanderez peut-être ce qu'elle en fit. Eh bien, aux termes de la convention, cette faveur du sort lui valut la gloire de posséder pendant une semaine le bon Père qui, en échange des jus exquis et des petits plats sucrés dont le combla son hôtesse, sut régaler la haute compagnie de toutes les recherches de son esprit. Je recommande le procédé aux quêteurs dans l'embarras.

L'orgue qui éclate en ce moment me ramène à des pensées plus sombres. J'assistais à son inauguration vers la fin de juillet 1870. La main savante qui courait sur ses claviers en tirait des hymnes de victoire, des chants de triomphe destinés bientôt, hélas! à se résoudre en funèbres accords. Je quitte le parvis, oppressé par ce souvenir, et j'avise, fort à propos pour y faire diversion, le panier qui doit me conduire au lac.

Du triangle où s'entassent les quelques milliers d'âmes de la petite cité, partent trois allées superbes : *Étigny, les Soupirs, Barcugnas*. Nous connaissons déjà la première. Mon attelage aux grelots bruyants m'emporte vers la seconde, en traversant la place de l'Hôtel-de-Ville. Nous parcourons au grand trot les cinq cents mètres de sorbiers et de sycomores qui constituent l'*Allée des Soupirs* : la bien-nommée vraiment pour ceux qui, aimant les caresses du soleil, languissent sous cette ombre humide et froide et soupirent après un rayon. *Le pont de Mousquères* qui la termine est bientôt franchi : puis la belle ardeur de l'attelage se calme comme par enchantement; il lui faut en effet gravir les rampes fortement redressées qui s'étagent aux flancs de la vallée de l'Arboust. Laissant donc à gauche, non loin d'une marbrerie, le sentier qui à travers les prés et les bois mène aux granges de Gouron et à Superbagnères, je suis, au pas de mes chevaux, la belle route de Luchon à Bigorre, et vraiment il serait dommage de leur faire prendre une autre allure. En dépit qu'on en ait, on doit, fût-ce pour la vingtième fois, s'arrêter près de la croix qui marque le second coude. C'est *la Saunère*, balcon tel que Gambetta n'en connut jamais de pareil. Tandis que le clocher de Cazaril suspendu dans les airs semble prêt à choir sur votre tête, vous voyez se dérouler à vos pieds la vallée de Luchon et les belles montagnes qui l'encadrent. C'est là que le bailli de Fronsac rendait jadis ses arrêts, sous un tilleul renouvelé du chêne de Vincennes : l'ombre du vieil arbre servait à abriter le juge, et les branches à pendre le justiciable.

Là aussi se relie le sentier dit de *la Casseide* qui court sur les escarpements de Cazaril, côtoie le torrent qu'il surplombe, passe près du cimetière et va rejoindre les sombres platanes de Barcugnas. Est-il promenade plus accommodante que celle où, le long de prairies argentées de ruisseaux, on peut lire son journal, démolir la République, reconstituer l'Empire et vaincre le Prussien, le tout avant déjeuner?

Mais continuons, car la route est assez longue et la journée un peu courte au gré de mon programme. A gauche, Superbagnères nous domine, balançant son crâne dénudé au-dessus d'une chevelure de sapins. Dans le fond, encaissée entre des couloirs de roches, mugit la rivière d'*One*. Tantôt je l'entends rouler avec un bruit sourd sous le granit qu'elle a su creuser, tantôt je suis de l'œil ses bouillonnements tumultueux à travers les précipices qui la font écumer. Je regrette de ne point manier le fusain pour saisir en quatre traits, tandis que la jante l'effleure, ce beau roc poreux, de fière mine et si vertement enguirlandé qu'il paraît avoir été mis là tout exprès pour l'ornement du paysage. Voici, à droite, Trébons, avec sa jolie église et ses pauvres cabanes; la tour de Castelblancat domine le hameau comme pour le protéger. Et puis ce sont des bouquets d'arbres, des ponts

romantiques, des ruisselets courant sur les
prés... Rien de plus grandiose et en même temps
de plus séduisant que ces premiers kilomètres
de la route de Peyresourde. On ne pouvait arriver à la légende par un meilleur chemin.

Nous touchons en effet à la chapelle de Saint-Aventin. Ce petit toit en auvent surmonté d'un campanile à la croix de fer recouvre les dépouilles du martyr. Aventin vivait dans le cycle de Charlemagne, à une époque où les Sarrasins tenaient le pays sous l'éclair de leur cimeterre. Ces mécréants, jaloux des vertus et des miracles de l'apôtre, voulurent lui faire abjurer sa foi : naturellement ils y perdirent leur arabe. Ils l'enfermèrent alors dans la tour de Castelblancat. Mais le saint, qui ne s'embarrassait pas de si peu, rompit ses chaînes, perça le mur du cachot, et, se recommandant à Dieu, franchit d'un élan toute la largeur de la vallée. Il rebondit ainsi, sans grand dommage, à six cents mètres plus bas, sur une pierre qui garda l'empreinte de ses pieds. Ses bourreaux le poursuivirent et, bien que suivant une voie moins aérienne, finirent par l'atteindre. Cette fois, ils le décapitèrent. Surprise nouvelle! A l'exemple de saint Denis, Aventin prit sa tête dans ses mains, courut un certain temps, puis tomba. Pour le coup, il était bien mort. Les années s'écoulèrent, succédant aux années. Le souvenir du saint s'était perpétué, mais il n'y avait trace de ses reliques, quand, trois siècles plus tard, un taureau se mit à mugir précisément là où vient de s'arrêter ma voiture, frappant et grattant la terre de façon obstinée. Le pâtre fort intrigué appela quelques voisins. Chacun aidant, le sol fut remué et bientôt le corps du saint apparut frais et vermeil, comme au jour de la décollation. La piété des fidèles éleva à cet endroit une chapelle où Ramond s'arrêta jadis « frappé de la magnificence du paysage qui l'entourait. » C'est celle que nous voyons aujourd'hui, un peu réparée seulement, car les arbrisseaux croissaient alors sur son pavé. La fresque grossière du martyr en surplis jaune a survécu avec l'inscription qui consacre le saut miraculeux. Malheureusement cet oratoire est fermé, et comme je m'entends moins bien qu'Aventin à ouvrir les portes verrouillées, je dois me contenter d'un regard jeté au travers de la fenêtre sur un modeste autel que couronne une image du saint agenouillé et priant. Du moins on a laissé au dehors la pierre merveilleuse ; je puis vérifier l'empreinte dans le granit. Un bref examen me conduit à cette conclusion que le saint avait un pied de femme, et l'aspect de Castelblancat me raffermit dans la conviction que ses muscles étaient d'un solide acier.

J'entre au village de Saint-Aventin, — une lieue et demie de Luchon. — Le premier être humain que j'y trouve est un vieux bonhomme solennel, sanglé dans un frac de la Restauration, le chef surmonté d'un formidable castor pelé et rougi aux contours. Il semble contempler paternellement une grappe de petits museaux roses suspendus aux tétines d'une laie. Je le prends pour le tabellion du lieu, car cette terre favorisée qui déjà possède un saint, cumule, par surcroît, le privilége d'un notaire royal, impérial ou répucain, selon les temps. Je me trompais. Plus loin, en effet, j'aperçois, debout devant sa porte, un monsieur grand, gros, grave, grisonnant, avec une large paire de besicles sur le nez et une cravate blanche au cou. A ce signalement seul je reconnaîtrais l'officier ministériel : et comment hésiter quand, au-dessus du chambranle qui l'encadre, je puis lire, sur un bel écriteau bleu de perruquier, deux mots révélateurs : « *Sansot, notaire.* » Celui que j'avais d'abord admiré était simplement un magister en retraite.

Outre ces deux curiosités, le village en possède une troisième : son église. Elle est de style roman, et remonte au XIIe siècle. A l'extrémité de la rue principale, je descends de voiture pour grimper la côte qui mène vers le sanctuaire. Me voici au pied même de l'édifice. Il se dresse au-dessus des chaumières et, comme un autre Cazaril, avec ses deux tours d'inégale hauteur, domine fièrement la vallée de l'Arboust. Il convient d'abord de donner un coup d'œil au portail, à ses colonnettes légères, surtout aux sculptures de ses chapiteaux. L'artiste pieux et naïf, plus naïf encore que pieux, qui fouilla le marbre, y a fait revivre sous son ciseau toute la légende du saint. Ici, le bain de pied d'eau bénite qui hâte la délivrance de l'heureuse mère ; de ce côté, la présentation de l'enfant au peuple ; plus loin, l'arrestation opérée par deux sbires dont l'un, moins ingambe que sa victime, est affligé d'une jambe de bois : là enfin, le martyr portant sa tête dans ses mains. Passe pour cela ! mais j'éprouve quelque peine à garder mon sérieux devant l'image vraiment désopilante d'Aventin cédant aux inspirations de l'ange. Le sculpteur y atteint au sublime du comique; il ne visait sans doute point à cet effet. Du reste, le profane s'allie au sacré sur ce revêtement extérieur; car non loin du Père Éternel et des quatre évangélistes qui ornent le tympan, des autels païens encastrés dans la façade rappellent le souvenir de divinités déjà vieilles à l'heure où le Christ naissait. Tous les *compendia*, se copiant les uns les autres, affirment que ces vestiges du paganisme doivent leur intrusion dans les murs saints à une ordonnance de Charlemagne. Je vous donne l'assertion pour ce qu'elle vaut, n'ayant pas le loisir de faire une excursion dans les capitulaires. L'intérieur de l'église se compose de trois nefs blanchies au lait de chaux. Un bénitier antique, aux symboles bizarres, et un bassin de marbre blanc où saint Aventin baptisait les enfants de la vallée, attirent tout d'abord le regard. Mais la merveille qui le captive est une grille de fer forgé, vrai bijou de serrurerie servant de clôture au chœur. Le travail en est curieux, exquis; les panneaux à jour, légers comme une feuille de carton découpé, tournent sur leurs gonds sans effort et sans bruit. Derrière l'autel s'abrite le tombeau de l'apôtre. Une petite porte dissimulée dans la boiserie y conduit. Le bedeau n'aime point qu'on y pénètre, et je le comprends : m'y étant glissé à fins pieuses, je m'aperçois que l'irrévérencieux lévite se sert de ce réduit obscur pour remiser ses porte-bougies, son éteignoir et ses balais. Constatons, à sa décharge, que, depuis longtemps, les ossements précieux distribués entre divers reliquaires ont cessé de reposer dans leur sépulcre de granit. Le rétable en bois doré qui figure des scènes de l'ancien Testament ou de la vie du saint, ne me semble point d'une exécution si remarquable qu'on le veut prétendre. Cependant je n'hésite point à le préférer aux splendeurs de mauvais goût d'un autel latéral bien lourd, bien doré, bien écrasé de marbre :

« Il est tout neuf, » me fait triomphalement observer le jeune gars qui me conduit.

A quoi je réponds : « Je m'en aperçois de reste, mon ami ! »

Et cela dit, je regagne ma voiture au milieu des effluves parfumées que m'apporte l'haleine des vallons, tandis que, sous leurs douces caresses, je me surprends à murmurer : « Fortuné hameau, qui as un saint si agile et un notaire si imposant. »

Cazaux, que nous allons rencontrer non loin

d'ici, est un lieu également célèbre par son sanctuaire. C'est décidément la journée aux églises. Tandis que les maisons du village se groupent à gauche de la route de Peyresourde, le long du versant qui descend du gave, la maison du Seigneur, elle, s'isole à droite, un peu au delà du chemin d'Oo, mélancoliquement assise sur son tertre verdoyant. Il faut aller la chercher, car elle reste en dehors de la route du lac et les guides se gardent de vous y conduire. Tout auprès coule une jolie fontaine aux eaux limpides, qui sort d'un pré, puis se divise en ruisselets murmurants. Le cimetière forme belvédère sur la vallée. La vue s'égare, en face, sur les méandres qui conduisent aux crêtes du Céciré. Ce qui m'attriste dans ces tombes inconnues, c'est leur état d'abandon. Les croix rompues, les pierres disloquées paraissent témoigner d'un souci médiocre des vivants pour leurs morts. La nature heureusement s'est chargée de voiler cet oubli sous des guirlandes agrestes où la mauve s'entrelace aux vipérines et aux pâquerettes. Je ne m'arrête au-dehors que le temps nécessaire à déchiffrer l'inscription d'un autel votif qui surmonte la porte : il y est question d'une certaine Silanie, grande dame de l'époque gallo-romaine, que je me plais à supposer parée de toutes les beautés et riche de toutes les vertus. Il n'importe guère au surplus. Ce qu'on vient voir ici, ce sont des peintures murales du xiiie siècle. Elles en valent la peine. Par malheur, il n'y a plus que deux fresques qui subsistent : les autres, y compris celles de l'abside, ont été badigeonnées sur les ordres d'un prêtre ultra-pudibond qu'effrayaient quelques nudités. Ainsi naguère, à Saint-Pierre de Rome, le général Gémeau, confondant l'indécence avec la naïveté, faisait endosser des tuniques à certains anges de marbre un peu trop terrestres. Ainsi encore S. S. Pie IX, — un grand esprit pourtant, mais sur qui ont dû peser les scrupules de quelques vieilles dévotes racornies, — donnait l'ordre de passer une chemise de fer-blanc peint à cette splendide statue de la Justice qui est couchée sous la chaire du Prince des Apôtres. Il me semble que l'art devrait avoir ses franchises, dussent quelques fausses pudeurs crier pour la forme. Examinons du moins ce que les terreurs du défunt curé ont bien voulu nous laisser.

La première scène, au-dessus de la porte, représente le Paradis terrestre. Tandis qu'Adam s'est endormi au milieu des fleurs, Dieu, la tiare en tête, s'approche de lui et tire de son flanc une Ève aux longs cheveux, fort séduisante en vérité. *Erat autem uterque nudus... et non erubescebant*, dit la Genèse. Notre mère, qui n'a point encore mordu à la pomme, est belle de candeur et d'innocence. Elle prie, agenouillée devant son créateur : et la terre se réjouit, et les oiseaux chantent, et les bosquets semblent exhaler des parfums mystérieux. Quant à Adam, il dort toujours. Comme le réveil lui sera doux!... Telle n'est point toutefois l'opinion de cette méchante langue d'Alphonse Karr, dont la boutade suivante me revient en mémoire :

« A son réveil, d'Éden le premier hôte,
A ses côtés, en place de sa côte,
Vit la chair de sa chair et les os de ses os,
— Et son premier sommeil fut son dernier repos. »

Le second tableau est consacré au péché. Voici l'arbre de la science du bien et du mal. Autour de son tronc s'est enroulé le serpent tentateur qui, pour la circonstance, a pris une tête humaine. L'idée est ingénieuse : seulement, et puisqu'il s'agissait de séduire Ève, l'artiste n'eût-il pas été mieux inspiré, donnant à son dragon l'apparence d'un bel adolescent, non la figure d'une femme? Quoi qu'il en soit, la pomme est cueillie : Adam n'a point encore touché au fruit défendu, mais comme il n'en est pas bien loin, il commence à éprouver des scrupules de vêtements. Aussi, en homme précautionneux, il se munit d'une feuille de vigne. Sa compagne lui tend alors

« ... Cette pomme fort belle
Qu'en langage fruitier de Calville on appelle [1]. »

Et cela si malheureusement — le temps ayant un peu noirci la peinture, — qu'on ne sait trop où va s'égarer la main de notre adorable aïeule. Honni soit qui mal y pense! Il s'agit d'ailleurs bien de cela! Dieu paraît, suivi de l'ange au glaive flamboyant : la sentence d'exil est prononcée. Les deux coupables s'acheminent vers la porte de l'Éden, et, à en juger par leur attitude, ils sont aussi marris de quitter ce lieu de délices qu'embarrassés de la simplicité de leur costume.

Dans une composition voisine à triple com-

---

1. Vers d'un vieux poëme français.

partiment sont groupés les apôtres, les prophètes et les sibylles. Les sibylles! Je les retrouve toutes, ces vierges à la puissance magique que j'ai admirées sur le pavement marmoréen de la cathédrale de Sienne, — toutes, depuis *la Phrygienne* jusqu'à *la Persique*, de *la Samienne* à *la Cumaine* et à *la Tiburtine*. L'heure qui s'écoule m'oblige à me séparer de ces enchanteresses pour donner un coup d'œil aux fresques de la muraille opposée.

Passant rapidement devant un couronnement de la Vierge, œuvre d'une composition assez heureuse, je m'arrête plus volontiers aux détails de la prédication et de l'emprisonnement de saint Jean-Baptiste. J'y retrouve de fort curieuses identités de costumes locaux avec l'époque présente, par exemple les longues capes blanches que les femmes portent encore dans la montagne, et ces gracieux capulets de pourpre ou d'azur dont la coquette fille des Pyrénées encadre si joliment l'ovale de ses traits. Mais la page la plus importante de l'œuvre est la scène du jugement dernier.

Assis dans sa gloire étoilée, Jésus préside à la terrible fonction. Ses pieds et ses mains conservent encore la trace sanglante des clous du Golgotha. Sa mère est à ses côtés, les bienheureux l'environnent, les archanges appellent les morts aux sons de leurs trompettes. Au-dessus du grand justicier, saint Michel, les ailes éployées et la croix en main, pèse les âmes dans sa balance d'or. Malheur à celles qui sont trouvées trop légères! Un bon ange essaye en vain de frauder le diable en se suspendant au plateau le moins chargé : les suppôts de Lucifer, munis de fourches, emportent les réprouvés dans des hottes pendues à leurs épaules et les jettent hurlants dans de vastes chaudronnées de poix bouillante. Tout au fond l'enfer (*hadès*), sous la forme d'un léviathan à la gueule immense armée de crocs, s'apprête à dévorer cette proie. Il y a du souffle dans la conception, presque une étincelle de génie. Le peintre inconnu qui l'a réalisée s'est à coup sûr inspiré de Dante Alighieri; un reflet de la *cité dolente* a glissé sur sa brosse, et, tandis qu'il se livrait aux caprices de son imagination, il a dû entendre, comme un écho, retentir le *lasciate ogni speranza* du sombre Florentin. Sans doute la critique a beau jeu dans le détail : de grandes fautes de dessin peuvent être relevées; le coloris n'est pas toujours heureux; mais le charme de certaines figures, la naïveté de diverses scènes reportent involontairement la pensée vers le *campo santo* de Pise. En contemplant cette œuvre, et l'éloge n'est pas mince, je me suis souvenu d'Orcagna.

A ceux qui, friands d'iconographie, seraient curieux d'avoir sur ces peintures de plus amples détails, je recommande une brochure, avec planches, d'un de mes prédécesseurs à l'Académie des jeux floraux, le savant M. du Mége.

Je reprends mes chevaux, et laissant décidément cette fois la route de Peyresourde, je descends à gauche, au travers de l'agglomération de Cazaux. Que ces villages sont pauvres ! Tous se ressemblent : la misère leur sert de lien commun. De loin, les toits d'ardoise et une sorte de badigeon éclatant leur donnent apparence de petite ville : ce n'est de près qu'amas de murailles aux pierres mal cimentées dont les pignons de bois servent indifféremment de grenier à foin, d'étable ou de logement. La traversée de Cazaux est tortueuse, raboteuse, cahotante : une machine à enrayer y est indispensable, encore ne prévient-elle pas toujours les accidents. On se demande comment, depuis tant d'années, l'incurie de cette commune peut abandonner les choses en tel état. Quelques journées de prestation suffiraient à rectifier un casse-cou où douze mille visiteurs de Luchon s'entassent pendant trois mois d'été. Mais avant qu'on y songe, il est probable que le flot du torrent voisin polira encore longtemps ses galets. La descente se poursuit, rapide, sur une sorte de rampe étroite surplombant des champs de blé où le moindre écart des chevaux vous enverrait rouler. Au-dessous une onde bleue se joue, tout ensoleillée, à travers les arbres de ses rives.

Je ne m'arrêterai point cette fois à l'église d'Oo, assez prisée des archéologues. Ce hameau qui se nommerait plus volontiers le village *des Eaux*, car deux ou trois ruisseaux le traversent à courant vif, m'est surtout cher parce que Sacave y a vu le jour. Sacave, me direz-vous? Oui, Sacave, un brave et digne homme, en plein été de vie, qui a gagné ses galons de fourrier au service de l'Empire, qui lui reste dévoué quand même et qui se ferait mettre en morceaux pour ses coreligionnaires politiques. Il a sa petite maison dans la rue haute, trois ou quatre chevaux dans son écurie, sans compter un modeste train de culture pour l'exploitation de quelques champs. Durant la belle saison, ses pacifiques quadrupèdes s'emploient à hisser le touriste des granges d'Astos au lac d'Oo. Notre connaissance n'est pas d'hier : il m'aime fort. Aussi, entendant des cris joyeux sur mon passage, n'hésité-je pas à me dire : « Voici Sacave! » C'est lui en effet qui, d'autorité, fait arrêter ma calèche, et me serre la main dans l'étau amical des siennes. Je comptais monter à pied, mais il n'y faut plus songer. Et la chaleur accablante ! et les coups de soleil! et l'injure que subirait *mon ami* si je refusais son office! Bref, je cède, et l'honnête montagnard va chercher ses chevaux, tandis que je poursuis ma course : il me rejoindra bien vite. Traversant le torrent, je m'engage dans un chemin ombragé de frênes, ourlé du velours des prairies, qui ne dure point assez pour l'agrément : car bientôt on atteint un vallon désolé, clos de toutes parts de montagnes grisâtres et dénudées. Dans le pli de ce désert l'eau coule tristement parmi les blocs détachés sous l'effort des hivers, tandis que les sommets s'illuminent du pâle feu des glaciers. C'est le *val d'Astos*, ancien lac desséché où la nature a perdu ses droits. La légende veut qu'Aventin ait habité cette Thébaïde désolée plus faite pour un solitaire du viiie siècle que pour un poëte du xixe.

Hâtons-nous donc de gagner *les Granges*. On appelle ainsi trois ou quatre chaumières où s'arrêtent les voitures. D'un côté le val de *Médassoles*, de l'autre celui d'*Esquierry*, défendus tous deux par des contre-forts escarpés qu'il faut prendre d'assaut pour y atteindre. Au fond, le sentier du lac d'Oo, et, sur les pentes voisines, la *Chevelure de Madeleine* épandant ses ondoyantes cascatelles aux parois de la roche humide. La voie carrossable ne va pas plus loin. Nous sommes à douze kilomètres de la ville; l'automédon a gagné la moitié de ses trente francs, tarif de la course. Là se trouve une auberge bien connue des botanistes et des chasseurs d'isards. La vieille hôtesse qui l'exploite me fait admirer sur le mur de la chambre principale un ange de grandeur naturelle crayonné au fusain. Cela est fort beau et vaut un coup d'œil en passant. Je ne sais quel Vernet de Paris traversant ces solitudes et s'y trouvant emprisonné par l'orage, prit un charbon dans l'âtre et jeta, d'un trait hardi, cette esquisse où se trahit la main du maître. Cela importe peu à Sacave qui, arrivant sur ces entrefaites, m'oblige à m'insérer, par un prodige de gymnastique, entre les deux montants d'une espèce de selle turque qu'il a dû emprunter aux écuries du sultan. Et tandis que, de compagnie, nous attaquons le premier des trente-deux lacets qui se déploient des cabanes d'Astos à l'auberge de Séculéjo, la conversation ne languit pas. La dîme une fois payée à la politique :

« Est-ce le même hôtelier qui va nous recevoir? demandé-je à mon compagnon.

— Hélas! oui, monsieur.

— Et sont-ce toujours les mêmes procédés d'exploitation?

— Toujours. Il n'y a pas deux semaines qu'une société redescendant des lacs supérieurs se fit servir une légère collation : une bouteille de vin de Champagne, douze biscuits, quelques tranches de saucisson, un peu de pain et de café, rien de plus. Il y en eut pour cinquante francs. Seulement, le guide Redonnet refusa net de laisser payer cette somme, et on a transigé pour vingt-cinq : beaucoup trop encore !

— A merveille !

— Hier même, trois Anglais s'aperçurent d'une enflure énorme d'addition. Comme ils se plaignaient, l'honnête homme menaça de les assommer à coups de bouteille. »

Je ne puis m'empêcher de sourire à ce dernier

trait, tant il est vrai que l'infortune d'autrui est pour la nôtre le plus doux des liniments. J'ai eu en effet maille à partir l'an dernier avec l'hôtelier en question, et force m'a été de composer. Je dois dire, pour l'intelligence du récit et la gouverne de mes semblables, que la ville de Luchon concède, tous les trois ans, à un fermier le privilége de juguler le voyageur dans la petite posada du lac. Or, personne mieux que le titulaire actuel ne sait user de ce bénéfice. Exemple : Vous arrivez aux Granges, — une lieue en avant de l'hôtellerie, — vous payez un droit ! Vous montez avec des chevaux ; par chaque tête de bête et d'homme, deuxième droit!! Vous mettez le pied sur la rive, vous vous apprêtez à donner essor au lyrisme de votre inspiration, troisième droit!!! Vous plongez votre tasse de nacre dans l'onde transparente, ou bien la fantaisie vous prend de ramasser un caillou : des droits, toujours des droits. Si bien que la note se trouve déjà fort joliment meublée, quand l'estomac reste encore dégarni. Après cela, je vous laisse à imaginer les exigences de la côtelette sur le gril ou les prétentions de la pomme de terre sautée. Quelques rusés apportent leurs provisions ; peine perdue ; car l'*hospitalier* furieux cote alors au taux d'une bonne volaille du Mans l'air que l'on respire et l'herbe où l'on s'assoit. Il en faut passer par ce laminoir. J'en sais quelque chose : n'ayant fait, l'an dernier, que côtoyer le lac pour me rendre au Montarqué, je me flattais d'échapper à la taxe. En conscience je ne me croyais pas plus corvéable, hors du rayon de l'auberge, que l'oiseau qui fend l'air ou que le chamois qui bondit du roc; l'événement devait me désabuser. Le soir même, la nuit déjà close, je fus happé au passage et, sur mon refus de céder à un arbitraire irritant, poursuivi de village en village jusques en Étigny. Je voulais des juges... ah! bien oui! Il y en a à Berlin, et encore, malgré l'apologue, je n'en suis pas convaincu : mais Luchon ne possède qu'un petit magistrat de paix, qui certes n'aurait pas assuré gain de cause au meunier de Sans-Souci. Une jurisprudence invariable, que je dénonce au Garde des sceaux, donne tort au voyageur — eût-il cent fois raison. Si le malavisé persiste, l'ennui du débat s'augmente pour lui des frais de la procédure : voilà ce qu'il y gagne de plus clair. Je pris donc le parti de m'exécuter de bonne grâce.

« Vous êtes un fier gueux! m'écriai-je seulement avec le geste de César de Bazan à don Salluste.

— Monsieur, j'ai des enfants ! » me répondit le drôle avec une mine si piteuse, que je ne pus m'empêcher d'en rire. Je lui donnai une pièce d'or et, depuis ce jour, nous demeurons les meilleurs amis du monde.

Tout en devisant, nous nous élevons rapidement par un sentier assez bon, qui pourrait être meilleur. Un jeune gars faisant office de cantonnier paraît gratter la terre avec ardeur, tandis que vous passez. Belle occasion de vous tendre la main pour récolter une offrande ! Mais ne vous retournez pas trop tôt, si vous tenez à vos illusions; car vous verriez le sybarite s'appuyant sur son pic à défaut de feuilles de roses, ne reprendre l'ombre de son travail qu'à l'approche de l'ombre d'un nouveau grimpeur. Des pins, des rhododendrons égayent un peu l'aridité de ce versant. Bientôt nous dominons le précipice où gronde le torrent, puis nous atteignons des rapides écumeux, furibonds, au-dessus desquels se dressent les mélancoliques bâtiments de l'hôtellerie. Encore un ressaut à franchir, un pont à traverser, et la nappe de Séculéjo se déroule, moirée par les zéphyrs. La première impression est très-favorable. Si brusque a été le changement de décor, qu'on a peine à retenir une exclamation de joyeuse surprise. Le lac d'Oo est une vaste cuve de forme ovoïde, cerclée de bords escarpés, inaccessible en bien des points. Les monts qui l'entourent, nus, herbeux, vert-de-grisés, plongent à pic dans des eaux transparentes dont la teinte semble emprunter ses reflets aux yeux de la Minerve antique. En face bondit, en mugissant, la splendide cascade qui l'alimente. Les hautes cimes du Quaïrat, du Spigeole, du Montarqué, pointent au-dessus d'elle et ferment le tableau. Je ne sache rien de plus sévère ni de plus gracieux à la fois dans toutes les Pyrénées. Le fameux lac de Gaube lui-même est évidemment inférieur. J'y reviens chaque année, et chaque année m'y fait trouver un charme nouveau. Mais admirer du rivage cette coupe de lapis liquéfié ne suffit pas. Tandis qu'on pêche la truite chère aux gourmets, il convient de s'asseoir dans la barque et de se faire bercer sur ces ondes mélancoliques, heureux si l'on a près de soi quelque pâle Elvire pour moduler les strophes de Lamartine. Ce lac, lui aussi, a sa poésie digne d'un luth immortel. Il faut doucement en raser les bords, ou, si le temps presse, le traverser tout au moins. Une dizaine de minutes y suffisent, et cette visite est bien due à sa cascade, l'une des plus belles qui soient au loin. La chute de Gavarnie, seule, la dépasse en hauteur, sans l'égaler en volume. Elle descend des bassins supérieurs et retombait jadis, d'un bond, dans l'eau profonde. Ramond la vit ainsi vers la fin du dernier siècle. Depuis, la capricieuse changeant de lit, s'est brisée à moitié de sa course : du bout de son écharpe elle ne touche plus que la roche nue, et, de là, elle gagne le lac. L'œil y perd, l'effet est moins beau ; encore devons-nous bénir notre sort, puisqu'au dire des savants — que ne disent pas les savants? — la diminution graduelle de la masse aqueuse est telle, que dans cent quatre-vingt-quatre ans la cuvette se trouvera à sec. Vous voilà prévenus : hâtez-vous donc de jouir, amateurs de la belle nature. A l'heure présente, l'épaisseur du cristal liquide est encore de soixante-neuf mètres, chiffre assez respectable, pour qui surtout ne saurait point nager. Durant l'hiver, Séculéjo se congèle et la cascade aussi. Elle coule alors dans un fourreau de glace qui parfois se brise avec un épouvantable bruit. Rien n'égale cette horreur sublime, si ce n'est le spectacle d'un orage en de tels lieux. Ma bonne chance m'en rend le témoin involontaire, mais charmé. J'ai traversé le lac. Plongé dans la froide vapeur de la cataracte, je me suis enivré de vertige, saturé de bruit. Puis, à demi couché sur un lit de cailloux satinés et brillants où la tourmaline noire se mêle aux micas argentés, j'ai ouvert mon Ramond à la page 168[1], et j'ai lu ce qui suit :

« La nature n'était pas ici dans cette tranquillité qui annonce de beaux jours. Le ciel, quoique pur, recélait des orages. Le vent du sud tombait en rafales sur la surface du lac dont les eaux soulevées allaient briser leurs lames contre le môle de roches qui en soutient le poids, et qui le suspend au-dessus du val de Lasto. Je ne sais quelle inquiétude répandue dans l'atmosphère semblait ressentie par la terre et les eaux. Elle agissait non-seulement sur la mobilité des feuillages qui frisent la surface du lac, sur l'herbe flottante qui en couvre les rives et dont les touffes se balançaient sur un écueil qui s'élève au-dessus de ses vagues; mais l'immobile enceinte même du désert en paraissait affectée, et ce sentiment involontaire qui nous fait attri-

---

1. *Observations faites dans les Pyrénées,* MDCCLXXXIX.

buer aux êtres inanimés la connaissance des présages qu'ils nous transmettent, trouvait dans la pâleur de ces monts éclairés par une lumière moins affaiblie que décolorée, de quoi les croire émus du trouble secret de la nature, et sensibles au pressentiment de la tempête. »

Cette description a le sort de tout ce qui est vrai et grand : elle reste debout, en dépit des années. Les mêmes causes me font craindre les mêmes effets. J'ordonne au batelier de regagner l'autre rive de toute la vitesse de ses rames. Il n'est que temps, car à peine avons-nous sauté à terre, que déjà des nuées accourues on ne sait d'où, poussées par on ne sait quoi, s'abattent sur la surface des eaux. Le crépuscule remplace le jour, le paisible miroir se strie de vagues; les roulements sourds du tonnerre se répercutent en longs échos, l'éclair à losanges serrés sillonne cette nuit de ses raies de feu. C'est terrible et c'est beau. Dans ce chaos de salpêtre enflammé et d'ondes furieuses, mille apparitions fantastiques semblent se poursuivre et se combattre. J'en suis à me demander si, nouveau Faust, je n'assiste point à la danse des esprits autour de l'infernale chaudière. La scène se prolonge ainsi une heure durant, puis le voile se déchire, les lambeaux de vapeurs s'envolent au vent et le soleil luit de nouveau sur l'onde apaisée. J'en profite pour solder un compte à peu près honnête et redescendre vers Luchon.

Aux granges d'Astos, une jeune fille m'offre gracieusement des fleurs que je ne connais pas. C'est une sorte de marguerite violette que le pâtre de Médassoles, épris de ses beaux yeux, est allé lui cueillir entre des rocs inaccessibles. L'enfant semble y attacher du prix et elle insiste pour que j'accepte. Je prends la gerbe, et donnant rendez-vous à Sacave pour l'un des prochains jours, — car je médite une ascension au Perdiguères, — je me sépare de ces braves gens. Une heure plus tard j'atteins la ville avec les premières ombres de la nuit.

Et puis, après un excellent dîner à l'hôtel des Bains, je m'accorde le congé d'une douce flânerie. Je flotte du kiosque de la musique aux arbres d'Étigny, recevant et rendant des poignées de mains, atterrissant un peu partout, mais ne m'arrêtant nulle part. Pourtant, quand dix heures sonnent, je me surprends à sourire encore au boniment d'un guignol qui, chaque soir, en face des chalets Spont, bat sa femme, rosse le commissaire et pend le bourreau, le tout à la satisfaction des bonnes et des enfants. J'aime Guignol, je l'avoue, surtout s'il a de l'esprit. Que de fois, à Naples, confondu avec les lazzaroni, je me suis oublié à entendre son babil le long du quai de Sainte-Lucie ! Il paraît que j'en fais autant ce soir, car tandis que je demeure dans l'ombre, appuyé contre un vieux tilleul, je sens une main amie se poser sur mon épaule. C'est celle du conseiller E., qui semble chercher aventure.

« Qu'attendez-vous là, me dit-il?

— Moi? je regarde les marionnettes.

— En vérité? » Et mon irrévérencieux interlocuteur de rire, comme s'il avait une *pratique* dans le gosier.

Guignol, en effet, vient de partir sur le dos du diable, le théâtre sur celui de son propriétaire, et la foule avec eux. Seulement, derrière le théâtre évanoui, une fenêtre du chalet reste ouverte toute grande, et, dans les découpures de la baie lumineuse, se détache une blanche silhouette. Noyée sous les flots de dentelles de son peignoir, la belle marquise de G. aspire les vagues senteurs d'une nuit d'été dans la montagne. Telle Marguerite, au tableau du jardin. Gageons que le conseiller a cru le poëte rivé au charme de cette vaporeuse apparition? Il y a des magistrats si indiscrets et des jugements si téméraires!

SEPTIÈME JOURNÉE.

L'Aster Pyræneus. — La Pique. — Le vieux Michot et le flacon de rhum de M. Lézat. — Le Port de Vénasque. — Sauvegarde. — Souvenirs de la ville de Vénasque. — Deux mots sur Malibierne et le Posets. — Les isards. — Le Trou du Toro : nouvelle route pour l'escalade du Néthou. — La Picade. — La vérité sur l'Entécade. — Les pâturages de Campsaure. — Coups de soleil et moyens de s'en préserver.

Debout! debout! l'aube qui frange le bord de mes rideaux m'invite à secouer la paresse. Il est convenu qu'en cas de ciel pur, Redonnet m'enverra des chevaux et un guide. J'entends sur les allées un galop de bon augure; c'est en effet Jean qui, devançant le soleil, arrive au rendez-vous. Tout dort encore à Luchon : seul, Fourcade, mon voisin, s'étire devant les planches de sa boutique. Esclave de la science, il s'apprête à presser entre deux feuilles de papier gris les simples qu'il a récoltés la veille. Je le hèle par la fenêtre :

« Ohé! maître Fourcade, vous pour qui la

nature n'a point de secrets, connaissez-vous cette plante? »

Et en même temps je lui lance le bouquet un peu fané que m'a remis hier la fillette d'Astos.

A cette invocation solennelle, le savant barbu lève la tête et tend les bras, juste à point pour recevoir la gerbe. Il croit à une plaisanterie. Mais bientôt le sourire ébauché se nuance d'étonnement, puis, selon une gamme rapide, la surprise devient admiration. Des sons inarticulés s'échappent de ses lèvres. Je crois, par Lhomond! qu'il parle latin, tandis que ses jambes, prises d'un mouvement nerveux, semblent s'agiter comme pour le prélude de quelque gigue écossaise. Deviendrait-il fou, d'aventure? En tout cas, joyeuse est sa folie, si j'en juge par le rayonnement subit dont s'illuminent ses traits.

« *Aster Pyræneus!* s'écrie-t-il enfin : c'est l'*aster Pyræneus* », et il jette en l'air sa casquette de loutre.

Je descends pour avoir le mot de l'énigme. La chose est bien simple. Il paraît que, sans m'en douter, j'ai mis la main sur le merle blanc des plantes, sur cet aster fameux que des botanistes cherchent parfois toute leur vie sans le rencontrer jamais. L'instinct de la jeune fille qui voulait m'être agréable ne l'avait point trompée : en guise de souvenir, elle m'avait donné un trésor. Je garde une tige pour mémoire de la belle enfant, puis je fais hommage du surplus au voisin Fourcade qui en enrichira ses herbiers. Mais non content de cette aubaine, l'insatiable collectionneur veut aller demain affronter les rocs de Médassoles où le pâtre a cueilli la gerbe. Le moindre échantillon valant un napoléon, il espère, à son tour, faire sa moisson d'or. Et moi, d'avance, je réponds qu'il en sera pour ses frais. Il faut avoir dix-huit ans, le diable au corps et l'amour au cœur, pour réussir de telles entreprises.

L'aiguille du clocher marque six heures. Nous sommes en selle au premier coup de l'horloge, et, d'un élan rapide, nous dévorons une route dont chaque arbre et chaque pierre me sont connus. Le programme du jour ne permet d'ailleurs guère de muser aux buissons : le port de Vénasque, le pic de Sauvegarde, le trou du Toro, la Picade, sans compter l'imprévu ! Nous entrons avant le soleil dans l'épaisse forêt de *Charuga*. Devant nous se profile, avec son triangle aigu, la déchirure schisteuse qui, de sa forme, a pris le nom de *Pique*. Elle nous domine et semble nous jeter le défi. Nous ne le relèverons pas, s'il lui plaît. L'ascension en est périlleuse, ce qui ne nous intimiderait point; mais en outre elle est illusoire, attendu que, de sa pointe dominée de toutes parts, la vue ne garde qu'un champ fort limité. Son escalade est affaire d'amour-propre, bonne tout au plus à tenter le caprice d'un anglais splénétique. C'est M. Lézat, aidé du vieux Michot, qui eut les prémices de sa virginité. Tout ne fut pas rose pour eux dans cet assaut. Ils durent contourner la pyramide et l'attaquer sur trois de ses faces avant d'arriver à la quatrième, celle du midi, seule accessible. Là, tout près du sommet, se suspend sur l'abîme un sentier de chèvres dont la viabilité laisse à désirer. Malheur à l'imprudent qui y est parvenu sans avoir fait pacte avec le vertige ! Nouvelle machine d'Athwood, il court risque d'aller, à quelques cents mètres plus bas, vérifier l'exactitude des lois de pesanteur. La Pique d'ailleurs est plus effrayante que mauvaise : elle n'a point encore eu sa victime, à moins qu'on n'élève à ce rang le grimpeur dont M. Lézat m'a conté l'amusante aventure.

La première fois que l'auteur du plan en

relief fit flotter son drapeau sur cette cime, il avait avec lui un flacon d'excellent rhum préparé pour les libations du triomphe. Il le coucha sous un roc, dès l'arrivée, puis tout entier aux émotions de l'escalade, un peu aussi peut-être aux préoccupations de la descente, il l'y laissa intact. Déjà, regagnant Luchon, il se trouvait à mi-chemin de la pyramide, lorsqu'il s'aperçut de son oubli.

« Bah! nous sablerons notre bouteille à l'ascension prochaine », dit-il gaiement à Michot, et il n'en fut plus question.

A peu de jours de là, un ami de M. Lézat, jaloux de ses lauriers, veut aussi s'attaquer à la Pique. Il vient préalablement demander quelques renseignements que l'habile ingénieur ne lui refuse pas ; même celui-ci ajoute :

« Vous aurez chaud, quand vous arriverez là-haut ; un cordial ne sera pas de trop pour vous refaire. Mais ne vous chargez point d'un bagage inutile ; j'ai oublié, sous une pierre, certaine bouteille de vieux rhum dont vous me rapporterez des nouvelles. Buvez à ma santé, et bonne chance ! »

L'ami accepte, remercie, puis part avec Michot. Il opère son ascension sans accident, mais non sans labeur, arrive haletant, le front humide, le gosier sec, et, toutes choses cessantes, court à la cachette indiquée. O stupeur! voici bien le contenant, mais de contenu point! Le flacon est vide, aussi vide que le cœur de Madame ***. Or, comme il demeure avéré que sur cette pointe inaccessible aucune lèvre humaine n'a pu venir le tarir, hormis celle de l'isard dont la tempérance est connue, le nouveau Tantale entre dans une grande colère contre M. Lézat qu'il accuse d'avoir voulu le mystifier. C'est alors que Michot, auditeur muet de ce monologue de tragi-comédie, entre en scène. Il s'avance tout contrit et avoue naïvement qu'il est l'auteur du méfait. Hélas! oui : il se trouvait un jour au pied de la Pique, assez mal en train, avec une colique qui le tourmentait fort. « Si j'étais là-haut pourtant! se disait-il à lui-même, jetant un œil de convoitise vers la terrible cime : je rencontrerais de bon rhum, j'en boirais, et je serais guéri. » — Il paraît qu'en ses indispositions le rhum lui tient lieu d'infusion des quatre fleurs. Tout en se faisant cette petite confidence, il cheminait dans la direction de l'attrayant tafia. Tout à coup il s'aperçoit qu'il a déjà franchi les deux tiers du parcours; il arri-

verait vite maintenant, s'il le voulait... et ma foi !
le voilà arrivé. Il met le tire-bouchon au goulot,
déguste à petits traits le sirop de Jamaïque, et
la colique s'évanouit comme par enchantement.
L'anecdote ainsi contée parut plaisante à celui
qui en demeurait pourtant la victime. Plein
d'admiration pour un malade capable de conquérir le remède au prix d'un tel effort, l'ami de
M. Lézat n'eut plus le courage de se fâcher. Il
but de l'eau de pluie dans le creux d'une roche,
rit de bon cœur et fut désarmé, sinon désaltéré.

A quelques centaines de mètres avant l'hospice
nous entendons un grand bruit :

« Alerte ! alerte ! — Or çà, quel ouragan fait rage ?
. . . .
. . . . Soudain un nuage a crevé
Gros de hennissements, de cris et de poussière.
Du fouet à grelots d'or la bruyante lanière
Siffle, éclate et fend l'air comme un losange en feu.
Du fer de vingt coursiers jaillit sous le ciel bleu
L'étincelle ; le sol tremble ; l'écho répète
De crêtes en ravins la folâtre tempête
Qui passe, entremêlant parmi ses tourbillons
Les panaches flottants et les gais carillons.
C'est une cavalcade et rieuse et fantasque,
Ce sont joyeux dîneurs qui s'en vont à Vénasque,
Et puisqu'ils nous font signe, en route ! suivons-les.

Quelle aimable folie à tenter Rabelais
Sème de son paillon la route parcourue !
Celui-ci se cramponne à sa bête qui rue ;
Cet autre, de la voix, du genou, du bâton,
Gourmande, tout en nage, un *pur-sang* de carton.
J'aime cet Écossais des rives de la Seine
Qui se drape d'un plaid, comme un acteur en scène,
Portant superbement au revers du toquet
Trois plumes de faisan qu'attache un nœud coquet ;
Mais je ne puis non plus refuser mon suffrage
A ce fier rejeton du sang abencérage
Dont la botte empruntée aux héros d'opéras
Éperonne un genêt issu de Carpentras[1].

Après avoir payé à l'hospitalier le tribut d'avoine que nos chevaux mangent... ou ne mangent pas, nous franchissons le pont du torrent et grimpons à la file, le long des rocs dénudés. Qu'ils semblent interminables ces lacets, se dépliant et se repliant cent fois sur eux-mêmes ! Il est vrai qu'ils mènent au *Port de Vénasque* ; or Vénasque, pour la jeunesse dorée d'Étigny, autant dire les colonnes d'Alcide. M. Taine en fait une description dantesque et les bonnetiers de la rue Saint-Denis qui l'affrontent une fois, par-

---

1. *Verger d'Isaure*, p. 155.

lent toute leur vie des périls qu'ils y ont courus. L'excursion, dans cette partie du moins, n'est en réalité que mortellement ennuyeuse. Ainsi qu'au noble jeu de l'oie, quelques stations avec l'anecdote obligée la récréent bien de loin en loin. Ici la roche du *Culet*, fertile en avalanches; là, un bloc faisant illusion et qui, à raison de sa forme, s'appelle *l'Homme;* plus loin, *le Trou des chaudronniers*, baptisé par le trépas de neuf malheureux Auvergnats qui, s'y étant engloutis un soir d'hiver, eurent le loisir jusqu'au printemps suivant de blanchir leur peau sous la neige; puis, tout en haut, quatre ou cinq petits lacs superposés dont l'eau se déverse d'un bassin à l'autre, en affectant des colorations multiples depuis le brun foncé jusqu'au bleu d'outremer. N'importe! cela n'est, à mon humble avis, que de la mesquine et aride nature :

« L'hospice est dépassé... sur les flancs de la Pique,
Brûlant, dans les frimas, des ardeurs du tropique,
La caravane monte. En sinueux replis
Se roulent ses anneaux le long des blocs polis,
Tandis que près des lacs où dort une eau saumâtre,
De loin en loin le chant monotone du pâtre
Répond au cri de l'aigle et joue avec l'écho.
— Halte! Plus imposants que ceux de Jéricho,

Deux murs se dressent; mais la trompette sacrée
N'aura point à sonner pour frayer une entrée;
La roche se déchire et, par ce trou béant,
De la Maladetta surgit le front géant[1]. »

En deux bonds nous franchissons l'entaille faite jadis à la montagne par la Durandal de quelque Roland en fureur, à moins que ce ne soit par la pioche d'un comte de Comminges, et nous voici sur le sol d'Aragon. Nous n'avons mis qu'une heure de l'Hospice au Port.

La vue dont on jouit brusquement par cette déchirure est incomparable; l'impression qu'on en ressent ne saurait se définir. La Maladetta nous apparaît d'un coup, étalant, dans sa splendeur, sa poitrine bossuée de glaciers.

« Et vite les pâtés, les fruits et le champagne!
Car le souffle embaumé qui leur vient de l'Espagne
Rappelle au plus actif, comme au moins diligent,
Que si la gloire est d'or, l'appétit est d'argent.
On s'assied; le velours des lichens sert de nappes;
La gaîté qui préside aux rustiques agapes,
Des coupes où s'endort le souvenir des maux
Fait déborder la mousse et couler les bons mots.

1. *Verger d'Isaure.*

Le sel gaulois scintille en manières d'épices :
On raille les sommets, on rit des précipices,
Encelade est traité de fat et de poltron
Et l'on dirait son fait à l'avare Achéron[1]. »

Tandis que mes compagnons improvisés s'asseyant près d'une source glacée procèdent aux apprêts de leur agape champêtre, pendant que Jean débride les chevaux pour les laisser pâturer en liberté, j'attaque le pic de Sauvegarde. Une pancarte clouée à un poteau indique, dès les premiers pas, que le droit fixe d'un franc est dû par tout animal, bipède ou quadrupède, dont le pied ou la patte se posera sur ce sol réservé. La redevance appartient à l'Espagnol qui habite la hutte voisine. Rien de plus juste. C'est lui qui a entrepris le chemin à ses frais. Par son initiative le roc a sauté sous la poudre, tandis que le fer achevait l'œuvre. Pourquoi seulement l'essai demeure-t-il isolé? pourquoi ne multiplie-t-on pas de semblables voies? Le louable effort d'un jour n'a point eu de lendemain ; loin de là, on ne sait même guère entretenir ce qui existe. Le chemin était autrement beau il y a une dizaine d'années, lorsque je le vis s'ouvrir pour la pre-

---

1. *Verger d'Isaure.*

mière fois sous le pic du mineur. Il commence à se dégrader par places, et nul ne songe à le réparer. Grâce à lui, malgré tout, l'action de se hisser à l'une des crêtes les plus élevées des Pyrénées est désormais jeu d'enfant. Il suffit de trois quarts d'heure à la besogne. La plus timide bachelette, la Parisienne la moins aguerrie peut tenter l'aventure sans danger et presque sans fatigue, tant les pentes ont été habilement ménagées! Les chevaux même y atteignent. Pourtant, alors que la terrible Maladetta ne compte qu'un accident suivi de mort d'homme, Sauvegarde a eu son double holocauste : une religieuse, aux jours de la Terreur, un archidiacre de Cambridge en 1859. Il est vrai que l'une, — Mademoiselle de Cirès, — périt de fatigue, de froid, peut-être même de faim pour échapper à la brutalité des radicaux de l'époque, pendant que l'autre, — M. Charles Harwich, — défiant imprudemment le génie de l'abîme, s'aventurait en escarpins vernis sur d'effroyables pentes qui le déchirèrent. On peut voir encore, au musée Lézat, le chapelet à grains bleus et à croix de cuivre vert-de-grisé de la nonne patricienne dont Nérée Boubée, Lambron et Daunic content à l'envi l'émouvant trépas.

Le sommet déchiqueté du pic forme dos d'âne; les guides y ont élevé deux tours en pierres sèches. De ces rocs aux reflets de cinabre et d'ocre qui dominent la plaine de près de 2,800 mètres, la vue est splendide. La palette de Théophile Gautier n'aurait pas trop de teintes pour en reproduire les merveilles. Que de détails fondus dans une universelle et merveilleuse harmonie ! En face, le massif des Monts-Maudits avec son manteau de glaces éblouissant que strient des crevés bleuâtres, que frangent des aiguilles de granit dont le Néthou est le roi ; plus bas, des rocs dénudés semés de troncs éventrés par la tempête, près desquels une plaque neigeuse laisse deviner la Rencluse; plus bas encore, le val de l'Esséra fuyant devant l'œil comme un ruban de moire à travers les gazons et les sapins, tandis que, bien loin à l'horizon, bleuissent des plaines ondulées qui courent jusqu'à Saragosse. La ville de Vénasque, cachée dans le pli d'un contre-fort, n'apparaît pas; mais derrière elle se profile une longue chaîne de roches calcaires, arides, grisâtres, mornes, funèbres : c'est le Cotieilla, montagne inconnue du touriste français, où sir Russel Killough fut prestement dévalisé, certaine nuit d'été, par une troupe de bandits aragonais. En deçà, sur un axe identique, scintillent les glaciers du Posets, ce Mont-Rose des Pyrénées, et, par devant eux, le Perdighero déploie sa robe blanche mouchetée de taches luisantes et de crevasses vertes fort peu rassurantes pour le pied qui s'y risquerait. Citerai-je encore? Les pics se pressent sous le regard, comme les mots sous le crayon. Voici la tusse de Maupas, l'Arbizon, le pic du Midi, le Sacroux qu'on toucherait de la main, la Glère, Céciré et Superbagnères reliés par leurs pentes gazonnées, et le Montné, et l'Antenac... Voici les soulèvements granitiques de l'Ariége et de la Catalogne, le haut de la vallée d'Aran avec son damier de plaques jaunes et noires. Beaucoup plus près, l'Entécade élève son front modeste dans le voisinage de la Pique, tandis que la Mine nous fait pendant de l'autre côté du Port, moins fière assurément depuis que M. Lézat, ce don Juan des cimes, lui a ravi l'oranger de sa couronne.

N'omettons enfin, parmi tant d'autres, ni la Fourcanade qui darde ses pointes aiguës au-dessus de sa cascade de glace, ni le trou du Toro blanchissant là-bas, au fond du plan des Aigouailluts, sous les bouillonnements d'écume d'un fleuve qui va naître.

Pour comble de féerie, le soleil a mis des paillettes d'or à toutes ces roches, à toutes ces neiges, à toutes ces ondes. Que l'œil s'égare de Luchon à Montréjeau ou qu'il plonge dans les vapeurs transparentes de l'Aragon, même splendeur, même éblouissement. J'aime surtout les petits lacs du Port incrustés à mes pieds, comme des fragments d'émeraude, et qui semblent le joujou coquet de cette sauvage et grande nature. Mais la science, elle aussi, a ses droits, ne l'oublions pas. J'ai hissé avec moi un superbe baromètre anéroïde acheté naguère à Paris, chez Secrétan. Lui aidant, j'ai la prétention de vérifier la hauteur de Sauvegarde. Il va de soi, d'ailleurs, que j'ai consulté mon instrument au départ. Je l'extrais solennellement de son étui de cuir jaune, je l'assois de mon mieux sur une pierre plate, je déploie à ses côtés mes tables hypsométriques basées sur la formule de Laplace; j'y joins les coefficients de Ramond, et, cela fait, je me plonge dans un calcul profond qui peut se figurer ainsi :

$$A = 18382 \cdot \log \frac{762}{B} + \frac{1}{r}\left(18336 \cdot \log \frac{762}{B}\right)2.$$

Ah! bien oui : après m'être suffisamment cassé la tête, j'aboutis à une différence de près de 100 mètres avec les données de tous les algébristes qui ont relevé cette altitude. Comme je n'ai pas la fatuité de croire que j'en sache plus que les savants, je suis sur le point de me tenir battu, quand la Providence envoie tout exprès à mon secours un ami et ancien collègue de la Chambre, D-P..... C'est un élève de l'École, lui; il me tirera de peine. Je le prie de m'éclairer. Il se gausse d'abord un peu de mon embarras : il ne serait pas polytechnicien sans cela. Puis, se montrant bon prince, il aligne des chiffres et des lettres, égrène un chapelet d'x, de $+$ et de $-$ deux fois long comme celui de la religieuse... le tout pour arriver exactement au même résultat que votre serviteur. Rires de ma part, colère de la sienne. Nous recommençons ensemble les opérations sans plus de succès. Nous nous regardons alors à la manière des augures. Par un accord tacite, il nous plaît de reconnaître que le baromètre est mal gradué; nous tenons pour bonne la hauteur de 2,736 mètres attribuée généralement à Sauvegarde, et, grâce à ce concordat, notre honneur demeure sauf. Quoi qu'il en soit, je ne m'amuserai plus à traîner par-dessus les monts un engin si peu réglé dans ses oscillations.

Mes expériences d'arme à feu me donnent plus de satisfaction. Je m'amuse à décharger les six coups d'un revolver Devismes sur des fragments de bouteilles oubliées qui volent au loin en poussière. La sûreté du tir reste la même; seulement, je constate, avec les physiciens, le faible éclat de la détonation. C'est la loi de la pression atmosphérique diminuée.

Pendant que je me refais ainsi la main dans la région des aigles, de nombreux visiteurs nous arrivent : des femmes, des enfants, des abbés, il y a un peu de tout — des abbés surtout, ceux-ci voyageant beaucoup en ce moment. Un négociant de la rue du Cherche-Midi m'a vu consulter le baromètre : il m'interroge à son tour. Du ton le plus sérieux du monde il me demande si un âne ou un mulet peut atteindre le sommet de la Maladetta : je lui réponds, non moins sérieusement, que cela dépend de l'âne ou du mulet. Un jeune *gommeux*, qui semble le prendre en une pitié profonde, sourit et lui dit : « Que vous importe la Maladetta? vous voici à Sauvegarde : quand vous aurez vu la vallée du Lys, le lac d'Oo et Bosost, vous connaîtrez à fond les Pyrénées. » Et le digne Arthur est de bonne foi. Que de touristes lui ressemblent !

Je redescends avec le camarade D-P..... qui a laissé sa gracieuse femme au Port, en nombreuse et gaie compagnie. Nous retrouvons tous ces amis achevant de donner un beau coup de fourchette. Assis au bord d'une flaque d'eau gelée, abrités du vent par la cabane de l'ermite, ils déjeunent, en vrais sybarites, des provisions apportées et ne me semblent pas d'humeur mélancolique. Ils m'offrent une aile de volaille et un verre de champagne que je n'ai garde de refuser. En reconnaissance de quoi je leur fabrique, au dessert, avec de la neige, du sucre en poudre et de l'anisette, des sorbets qui sont trouvés dignes de ceux d'Arnative. L'une des jolies dîneuses manifeste le regret de n'avoir pu se rendre à la ville de Vénasque. Je tâche de la consoler par le récit des mésaventures dont je payai, il y a une dizaine d'années, mes imprudentes aspirations vers cette capitale.

« Si vous voulez visiter Vénasque, madame, lui dis-je, deux jours vous sont nécessaires, et même deux longs jours. Vous descendrez d'abord un sentier que voici, brûlant pour le pied et fatigant pour l'œil : c'est la *Peña blanca*.

Puis ayant payé le droit de passe aux *carabineros* de l'Hospitalet dont la cheminée fume là-bas, cinq ou six heures durant il vous faudra suivre, au pas de votre cheval, les méandres de la vallée de l'Esséra. Il y a là de beaux points de vue assurément, des défilés et des moraines, d'admirables cascades, des cimes superbes. Vous remarquerez notamment sur la gauche l'établissement thermal de Vénasque, grand bâtiment plaqué aux flancs de la montagne, qui semble tombant des cieux s'être arrêté là tout exprès sur le rebord d'un roc, aux trois quarts de sa chute. Ses sources passent pour merveilleuses : il n'y manque qu'un chemin d'accès et le confort absent. Vous saluerez ensuite, au passage, l'entrée du val de Malibierne et l'ouverture de la vallée d'Astos que découpe l'arche hardie du pont de Cubère ; puis, si vous n'avez pas succombé à une insolation dans le trajet, vous entrerez dans la ville avec le crépuscule. Vous n'aurez plus occasion de faire passer sur votre album la charmante citadelle d'opéra-comique qui dominait Vénasque : le génie espagnol, démolisseur comme tout génie qui se respecte, a jugé convenable d'abattre ses tours et de raser son donjon. Vous verrez, en revanche, la petite cité telle encore que je l'ai connue, suffisamment noire, et sale à miracle. Achetées dans le Poitou pour être revendues au centre des Sierras, les mules y sont en nombre triple des habitants. Elles y ont droit de bourgeoisie avant les citoyens *caballeros*. Là, tout semble fait pour les bêtes, rien pour les hommes. Ne vous risquez donc point, la nuit, dans le boyau tortueux des rues : le balai y est inconnu, mais non les balayures. Les blancheurs immaculées de vos jupes risqueraient fort, madame, de n'en point sortir à leur gloire. Rendez-vous plutôt tout droit à l'hôtellerie, la seule du lieu. Vous y trouverez bon accueil, mais souper médiocre composé de quelque méchant morceau de mouton bouilli, d'une *olla podrida* au safran, et d'un plat de riz à la mode de Valence. Après quoi, munie d'une chandelle non raffinée, la maîtresse de céans vous introduira avec son gracieux sourire dans une chambrette peinte en bleu dont le lit constitue l'unique mobilier. Il est vrai qu'il ne vous en faut pas davantage pour le moment, — sans compter que vous attend la surprise de couvre-pieds en damas de soie frangés de guipures et des draps fort propres : or vous appréciez sans doute, en voyage, les priviléges d'une couche inhabitée. Vous dormirez donc, madame, à moins que la fatigue ou la peur des contrebandiers ne vous tienne en éveil. Le lendemain matin, vous jetterez un coup d'œil sur l'église et la *calle mayor*. Dans l'une, assez richement décorée, pourvue de huit lampes et d'autant de prêtres, vous remarquerez, venant à la messe, de sveltes señoras qui dardent sous leur mantille l'éclair de leurs yeux noirs, car le sang est beau à Vénasque, si les rues y sont laides; vous découvrirez dans l'autre, sombre et mal odorante, quelques vieilles maisons aux bas-reliefs curieux, aux écussons traversés de devises. Elles appartiennent à des muletiers cossus qui se piquent parfois de servir leurs hôtes en vaisselle plate et d'éclairer le repas avec des chandeliers d'argent massif. Pour vous, madame, qui n'avez point de lettres d'introduction près de ces matadors, vous rentrerez à la posada où vous serez régalée d'une tasse de chocolat parfumé à la cannelle (*chocolate con canela y tostadas*). Vous solderez ensuite une note plus lourde à digérer que ce déjeuner frugal, et, disant adieu aux eaux torrentueuses de l'Esséra, vous quitterez la province de Huesca non sans avoir fait provision de castagnettes de buis pour la main de vos danseurs et de jarretières en cannetille pour la jambe de vos amies. »

Tels sont à peu près les termes dans lesquels je déduis à ma jolie curieuse les détails de son itinéraire. Cette narration la relève du péché de convoitise, et je l'en félicite. Toute pointe vers la ville de Vénasque me semble un onéreux caprice. La course est longue, fatigante, dispendieuse, sans grand dédommagement. En vérité, la farce ne vaut point la chandelle qu'on vous y brûle. Vainement un *carabinero* à qui, par distraction, je donnai vingt francs pour vingt sous, m'y traita-t-il tout le temps d'*excellence,* harmonie assez douce à l'oreille d'un réactionnaire. Il ne me reste de cette bourgade qu'un souvenir vraiment agréable, celui de m'y être évanoui de fatigue dans la boutique d'un épicier où je faisais emplette, et d'avoir été rappelé à la vie par les soins de sa femme, brune Aragonaise très-accorte, ma foi. Je ne conseillerai donc Vénasque à personne, à moins que l'excursion ne soit le moyen, non le but.

C'est là en effet qu'il faut coucher, si l'on veut explorer Malibierne ou tenter l'escalade du Poset, deux splendides courses fort recommandées aux naturalistes et aux coureurs de montagnes. Malibierne, sœur d'Esquierry, est une vallée pleine de parfums et de fleurs, d'insectes rares, de précieux minéraux, où les isards courent plus nombreux que les fourmis sur l'émail des gazons. Fourcade en manqua un, l'autre jour, à cinq pas; ces savants n'en font jamais d'autres. Quant au Posets, pic encore peu fréquenté, puisqu'on n'y compte guère plus d'une quinzaine d'ascensions, il donne à qui l'emporte d'assaut la légitime satisfaction de s'asseoir sur la seconde pointe de toutes les Pyrénées — 3,367 mètres au-dessus du niveau de la mer. La vue y est incomparable, supérieure même à celle du Néthou. Seulement, dans ce cas, il convient de s'adjoindre Michot et Barrau, les seuls guides de Luchon qui, avec le jeune Barthélemy, connaissent bien cette cime. Il faut ensuite exiger que l'attaque ait lieu par le côté de Vénasque. L'ascension est ainsi beaucoup moins pénible, puisqu'on peut arriver, sans quitter le cheval, à moins de deux heures du sommet. Ajoutons, pour ceux à qui le roi Midas n'a pas légué son secret, que la dépense y égale la satisfaction. L'ascension du Mont-Blanc est moins coûteuse.

Ces renseignements fournis, je fausse compagnie à mes *luncheurs* acharnés qui parlent maintenant de sieste. Je n'ai pas le droit de me reposer. Le trou du Toro que je ne connais point encore rentre dans le cadre de mon programme : Jean va m'y conduire. Nous laissons pâturer en liberté les chevaux qu'un enfant nous ramènera du côté de la Picade, et nous partons à pied, d'un bon pas, courant plutôt que marchant. Le dos tourné à Vénasque, nous suivons de flanc les pentes tour à tour gazonnées et rocailleuses de la Peña Blanca. Foin des lacets du sentier ! mon habitude est de couper au court. Aussi exécutons-nous plus d'une glissade ; mais la pique ferrée nous sauve de toute chute sérieuse. D'Aragon nous passons en Catalogne ; nous côtoyons un petit lac aux ondes noires qui s'écoule dans le plan des Aigouailluts ; il s'en dégage un reflet mélancolique dont l'âme reste atteinte. Voilà le fond du vallon. De toutes parts des cadavres d'arbres, des roches allongées qui ressemblent à des sépulcres. Un ruisseau y court dans l'herbe rude, s'arrondissant parfois en flaques sombres. Au bord de l'une d'elles, nous rencontrons deux voyageurs qui descendent de la Rencluse, ayant accompli, le matin, l'ascension du Néthou. Il leur est advenu seulement une mésaventure assez habituelle à cette course, celle de ne plus retrouver leurs chevaux au retour. Ils nous en demandent des nouvelles : nous leur en promettons, si nous joignons les fugitifs. Il va sans dire que nous ne les rencontrons pas et que les pauvres cavaliers mis à pied devront, clopin-clopant, regagner Luchon. Je propose à Jean de nous engager dans le lit du torrent pour arriver plus vite au Toro; mais celui-ci lève les bras en l'air, attestant le ciel que nous ne nous tirerions jamais des blocs et des cascades qui hérissent, paraît-il, ce chemin aquatique. Force nous est de gravir une côte assez roide plantée de sapins et de la redescendre ensuite, en trébuchant à travers les cailloux et les racines d'arbres. Au bout de cinq quarts d'heure, — depuis le Port de Vénasque, — nous atteignons une petite plaine herbeuse où s'est assis, adossé à la montagne de Salenques, un campement de chasseurs. C'est celui de Charles, le Bas-de-Cuir pyrénéen, du garde général Sicard et de quelques autres intrépides en quête d'isards. Deux tentes en toile fixées à des piquets, des peaux d'ours, des toisons de brebis, divers ustensiles de cuisine, une outre gonflée de vin et quelques bouteilles de lait constituent à la fois l'installation et l'approvisionnement. En l'absence des tireurs, deux hommes gardent le camp, et, pour utiliser leurs loisirs, font bouillir une vaste marmite dans laquelle ils préparent une soupe odorante avec des épinards sauvages fort abondants en cet endroit. Je les interroge. Leurs compagnons ont tué hier un isard; eux en ont vu trois, ce matin, à portée de leur fusil, mais ils n'ont pas voulu faire feu dans la crainte de déranger le trac. C'est ce qui s'appelle lâcher la proie pour l'ombre.

Il ne faut pas croire d'ailleurs qu'il soit bien facile de loger une balle dans le flanc d'une de ces jolies chèvres à la robe fauve, au poil net et lustré. Le regard de l'aigle et la rapidité de la foudre y sont nécessaires. Les beaux yeux de l'isard, brillants comme l'escarboucle, portent loin en effet. Aperçoit-il l'ennemi, tandis qu'il broute le gazon ou qu'il se désaltère dans la neige? ses fins jarrets se détendent soudain à la manière d'un ressort, et il bondit, courant avec même facilité sur la pierre polie ou sur les lames des glaciers. Chaque troupeau possède d'ailleurs son éclaireur chargé de faire le guet. Comme nos généraux auraient eu besoin d'étudier à cette école! A la première alarme, un coup de sifflet strident part, et voilà toute la bande hors de vue. Aussi cette chasse exige-t-elle une série d'aptitudes que le seul Charles possède réellement dans le pays. Les Russes le savent bien. Fort amateurs de telles émotions, ils font un pont d'or au hardi montagnard pour s'attacher son concours. Le comte Branicki, sans parler des autres, l'emmène souvent à des battues qui lui coûtent un millier de francs l'une. Pointeur habile, il tire quand il voit et tue quand il tire, ce qui n'empêche, tout calcul fait, que chaque pièce touchée ne lui revienne à quinze napoléons en moyenne. Je ne parle pas du bouquetin dont les cornes noueuses ne s'admireront bientôt plus que derrière la vitrine des naturalistes. Ce coup de fusil est coté à part. Nous sommes loin de l'âge d'or où cerfs et sangliers peuplaient en tel nombre les forêts de Luchon, que les comtes de Comminges, par une charte expresse, s'étaient réservé « *es parts qui leur compètent, à savoir: la hure du sanglier et la jambe gauche du cerf, sur tous ceux qui seraient occis à Bagnères et autres lieux.* » Les nobles suzerains, s'ils revenaient en ce monde, trouveraient leurs crochets mal pourvus.

Cent mètres à peine nous séparent encore du
précipice dissimulé derrière un petit mur en
pierres sèches. D'un bond nous franchissons la
barrière... Comme je continue de courir, Jean
m'arrête rudement par le bras; un pas de plus,
et j'irais faire avec le vide une connaissance trop
intime. Il est là, en effet, ce bassin fameux, avec
son cortége de splendides terreurs. A droite,
une muraille grise, à pic, de plus de cent mètres
de haut, couronnée de sapins qui semblent défier
l'abîme; sous mes pieds, le *trou du Toro*, cuve
de géant aux bords escarpés. Des anfractuosités
bizarres, des cavernes semblables à des bouches
du Tartare s'y multiplient pour l'effroi des yeux.
Une belle cascade tombe en face, mais non
directement, dans le gouffre où elle ne se rend
qu'après un ou deux circuits. Cette eau sombre
qui jamais ne déborde, en dépit des orages, et
qui semble dormir au fond du barathre infernal,
glisse silencieusement sous la terre à travers les
entrailles du Pouméro, pour devenir bientôt la
Garonne à sa sortie du Goueil de Jouéou. Quel
sera le hardi plongeur qui révèlera un jour les
mystères de cette route souterraine? Ce qui se
voit est déjà bien beau; il faut nous en contenter.
Autour de nous, le pic de Pouméro, le pic de

Salenques, aigu comme le Cervin, l'admirable Néthou avec son pont de Mahomet reconnaissable à la déchirure de ses rocs noirs, tout un amoncellement de glaciers que Sauvegarde ne laisse pas même soupçonner, constituent un spectacle à la fois sauvage et grandiose.

Sir Russel pense, sans l'avoir risqué pourtant, qu'en venant coucher au trou du Toro, on pourrait tenter avec succès, par ce côté, l'ascension du géant des Pyrénées. C'est aussi mon opinion. La difficulté gît dans le redressement extrême des couches inférieures du glacier : mais avec les bons piolets des grimpeurs de Zermatt, des cordes solides et des guides éprouvés, on triompherait, je crois, de ce premier obstacle qui, une fois éludé, livrerait une route infiniment plus courte et facile.

Nous contournons le gouffre. Pour le toucher de près, nous descendons des pentes émaillées d'iris, de thym et de serpolet. Je voudrais, ambition folle, arracher son secret au monstre. Mais un diadème de nuages commence à ceindre le front de la Maladetta ; et puis le temps fuit... bon gré, mal gré, il faut renoncer à la contemplation de cette scène de titans. Nous reprenons la route déjà suivie, et, après deux heures d'une marche âpre et pénible sous un disque de feu sans merci, nous atteignons la fontaine de la Picade où nous buvons avec avidité. Les chevaux nous attendent au col. Qu'ils soient les bien retrouvés! De ce port creusé à coups de pic du temps de la guerre d'Espagne — d'où le nom de *Picade* — nous jetons un dernier regard au groupe des monts Maudits, puis nous regagnons l'hospice par le *Pas de l'Escalette*. Que les amazones qui, à cette crête escarpée, ne sont pas absolument sûres de leur tête ou du pied de leur monture, se gardent de rester en selle! J'y ai vu rouler, à mes côtés, un cheval et son précieux fardeau. Encore un endroit où quelques journées de prestation ne gâteraient rien! De cette muraille naturelle dont on suit le faîte, le regard plonge à la fois sur le petit lac de la Fresche, la vallée de l'Hospice, les monts de la Pique et les hautes cimes de la vallée du Lys d'une part, — de l'autre, sur les découpures bleuâtres de l'Ariége et sur ce vallon d'Artigues-Tellin où la forêt, l'Ermitage, l'œil de Jupiter (*Goueil de Jouéou*) ont des droits à la visite du touriste. De cet œil, en effet, ou plutôt de ces yeux à la glande lacrymale fortement surexcitée, sortent, en bouillonnant, les eaux que nous avons vues tout à l'heure s'engloutir au Toro. Toujours modestes, les Languedociens font couler leur chère Garonne de la paupière même du père des dieux! Mais il faut une journée pour cette seule course, et nous n'avons à nous qu'une ou deux heures de lumière. Par cette raison, il ne m'est guère plus loisible de monter à l'*Entécade*, sommité que j'ai là à bonne portée et dont on peut, à toute rigueur, joindre la visite à celle du port de Vénasque, de Sauvegarde et de la Picade, sous les seules conditions de partir de bon matin, de rentrer à nuit close, surtout de posséder des chevaux sûrs et une cravache éprouvée. Des prairies où je suis parvenu, soixante-dix à quatre-vingts minutes suffiraient à l'ascension.

L'*Entécade* est un pic aigu, à pente fortement redressée, dernière projection vers la Maladetta d'une arête qui a la Pales de Burat pour contre-poids du côté de la plaine; avec Bacanère, le Poujastou et Couradilles comme renflements intermédiaires. L'Antenac, le Montné, le Céciré, Bacanère, Sauvegarde, sont, à mon humble avis, autant d'excursions préférables à celle-ci : et pourtant, l'Entécade est en faveur. Elle voit plus de *ladies* et de *frauleins* en une semaine que toutes les sommités précédentes en un mois. Pourquoi? Parce que elle a, pour qualité première, la facilité de l'exécution. Elle est douce aux chevaux non moins que rémunératrice au guide, et le guide, plus soucieux de l'intérêt de ses bêtes que des plaisirs de l'étranger, y mène invariablement son client. Celui-ci n'y perd pas tout, bien évidemment. De ce belvédère qui pyramide dans le vide, il a une incomparable vue du Néthou : sa main y touche presque, tandis que suspendu sur le val d'Artigues-Tellin et la vallée d'Aran ouverte jusqu'à Viella, il peut compter à ses pieds quinze ou seize villages espacés dans les plis d'un ruban d'argent. Mais c'est tout, et ce n'est pas assez, si l'on n'a que peu de jours à dépenser au pays de Luchon. Voilà la vérité *vraie* sur l'Entécade. J'en puis parler d'expérience, y ayant été entraîné quatre fois par le hasard des parties. Je ne saurais pourtant sans ingratitude me plaindre d'une dernière visite accomplie en 1871, avec mon cousin le général baron de L... et ses charmantes filles. Le soleil nous brûla d'abord jusqu'aux moelles, les nuées nous trempèrent ensuite jusqu'aux os. Nous avions du vin d'Espagne pour nous réchauffer, mais le porteur ayant heurté les bouteilles qui se brisèrent, nous dûmes renoncer à l'espoir de ce calorique interne. Le début ne promettait guère : je ne crois pas, malgré tout, avoir jamais autant ri. Nous avions fait vœu de gaieté; les échos diront si nous y fûmes ou non fidèles! Un vieux chambertin échappé aux maladresses des guides nous consola du malaga répandu. Nous attaquâmes, comme une autre Malakoff, les redans d'un pâté de Tivolier; nous mîmes à mal les viandes froides de l'hôtel Bonnemaison, tandis que nous assaisonnions notre dialogue d'un andalous javanais que n'eût pas désavoué Gil-Pérès. *Señor, Señora* et autres vocables sonores se croisaient et faisaient feu dans l'air; on demandait des *refrescos;* on requérait une aile de poulet ou un verre de vin avec ce dialecte de couleur locale :

« ¿Usted gusta un vaso de vino?

— Gracias.

— Acepte usted un plato de patatas.

— Deme usted un ala de *pouletas grassas* trufadas!

— A los piés de usted, señora. »

Et ainsi de suite, pendant que des bergers espagnols, drapés dans leur peau de mouton, accouraient au bruit de nos joyeusetés, implorant pour leurs chiens quelques os desdits *pouletas* qu'ils broyaient parfaitement eux-mêmes sous l'étau de leurs dents plus blanches que le lait.

Ces souvenirs me reviennent à point pour me faire prendre en patience les interminables longueurs des pâturages de Campsaure. L'iris et la vipère y pullulent; on y trouve le poison sous toutes ses formes, sans compter les coups de soleil qui y fleurissent mieux qu'en aucun pays du monde. Je n'y ai jamais passé sans en cueillir pour le moins un. Avis à la lectrice soucieuse de son épiderme! Elle a le choix, pour s'en préserver, entre une large couche de poudre de riz ou un léger masque en papier blanc, les voiles de gaze n'étant qu'un préjugé percé à jour, d'un usage aussi incommode qu'inutile. Enfin, après avoir cheminé, de lacet en lacet, comme sur les barreaux du gril de saint Laurent, j'arrive, cuit à point, vers une jolie forêt qui précède l'Hospice de quelques centaines de pas. Les ombres du soir m'y rejoignent durant la courte halte que j'y fais au bord de la fontaine, et il y a longtemps déjà que la nuit a déployé son manteau d'étoiles quand je traverse les quinconces pleins de lueurs et d'harmonies.

« On ne saurait faire de plus belle course »,
écrit Russel qui s'y connaît. C'est ma conclusion.
Aussi, après une journée de la sorte remplie,
j'ai bien gagné mes droits à l'oreiller — et j'en
use.

HUITIÈME JOURNÉE.

L'Église de Benqué-dessus et la légende du beau damoisel. —
La vallée d'Oueil. — Le cimetière de Mayrègne.

Un causeur impitoyable a envahi ma matinée. J'ai fait de la politique, en dépit de mes serments. Aussi ai-je les nerfs tendus et la tête malade, — ce qui n'est que justice. J'aspire à la paix de quelque vallée silencieuse :

... O qui me gelidis in vallibus Hæmi
Sistat, et ingenti ramorum protegat umbrâ !

Un reflet de la vallée d'Oueil traverse ma mémoire. Il n'en faut pas davantage pour qu'après déjeuner je m'assure du concours de Verdalle et de sa calèche. Verdalle est mon cocher favori, comme Jean Redonnet mon guide de prédilection. Je les recommande à ceux qui aiment mieux l'étrille pour les chevaux que pour les gens. Par eux ils seront toujours servis, jamais volés. Je n'adresserais pas le même compliment à tous leurs confrères.

Donc, vers onze heures, je traverse dans un nuage de poussière l'allée des Soupirs et le pont de Mousquères. Encore un peu fatigué de ma course d'hier, j'éprouve un indéfinissable bien-être à voir fuir, de chaque côté des roues, sans qu'il m'en coûte un effort, les riantes bordures de prairies, de ruisseaux, de forêts et de montagnes qui encadrent les premiers kilomètres de la route thermale. Déjà j'ai dépassé la chapelle de Saint-Aventin qui marque une lieue depuis Luchon. Quelques pas encore, et nous laissons la route de Peyresourde à gauche, pour suivre celle de la vallée d'Oueil ouverte devant nous comme l'allée ombreuse d'un jardin. Une colonne de marbre blanc s'élève à l'entrée, portant cette inscription en lettres d'or :

« Souvenir, hommage et reconnaissance a l'Empereur Napoléon III et au Préfet Boselli, pour le bienfait d'une route a voiture dans la vallée d'Oueil, 1865. »

Jusque-là, les habitants du riche vallon n'avaient que des sentiers de chèvres pour communiquer avec la ville. L'initiative généreuse du souverain, secondée par le zèle de l'administrateur, les a dotés d'un chemin magnifique ; et — chose extraordinaire — ils ne leur en gardent pas rancune ! Une fois par hasard la reconnaissance se sera élevée à la hauteur du bienfait. Tandis que l'orgie sanglante de la Commune jetait bas le bronze d'Iéna et d'Austerlitz, cette modeste colonne restait debout, et debout aussi subsiste au cœur de ces braves montagnards le souvenir de Napoléon. Serait-ce donc que l'air pur des montagnes préserve l'âme comme le corps de toute contagion ?

La voiture s'élève lentement, la rampe est accentuée. Pendant ce temps, l'œil se repose au milieu des prairies qui tapissent le vallon. Le hameau de Sacourvielle forme point de vue en haut d'une éminence. Des moissonneurs armés de faucilles coupent le blé couleur d'or le long des versants rapides qui en descendent, et, près de moi, une légion de petits argus à l'aile de nacre et d'azur danse sur une flaque d'eau du chemin. Ils ont raison les uns et les autres : ceux-ci de s'ébattre dans un rayon de ce soleil, car ils n'en verront peut-être pas luire un second ;

ceux-là d'amasser péniblement, à la sueur de leur front, le pain des hivers, car Dieu leur promet de longs jours.

Je traverse le hameau de *Benqué-dessous* où je laisse un instant ma calèche pour suivre, à travers champs, un étroit sentier qui conduit à *Benqué-dessus*. Ce n'est pas le village qui m'attire, malgré un renom d'ancienneté, mais bien son église ou plutôt, dans son église, une fresque. Ce sanctuaire consacré à saint Éloi domine la vallée, faisant face à Sacourvielle qui le regarde de l'autre côté. Une terrasse gazonnée s'arrondissant en hémicycle escarpé lui dessine un cimetière coquet, si toutefois les deux mots peuvent être accouplés. La vue s'étend de là jusqu'aux monts de la Pique qui, brillants comme des fragments de micaschiste, aiguisent leurs dents de scie entre Superbagnères et Couradilles. Saint-Paul forme pendant, à l'opposé. J'aborde une jeune paysanne en train de se chauffer au soleil, pendant que des grains d'orge épanchés par elle sur une tombe finissent de sécher. J'ai eu la main heureuse : c'est la fille du sacristain.. Elle m'ouvre la porte de la petite église dont la coupe ogivale n'offre d'ailleurs rien de très-curieux; mais j'ai hâte d'admirer des peintures soi-disant admirables. Hélas! elles ont pu l'être; dans l'état, elles ne le sont plus guère. Qu'elles remontent au xve siècle, c'est ce dont on ne s'aperçoit que trop. Les trois quarts de l'œuvre ont disparu sous le badigeon, et l'humidité a si bien ruiné le reste, qu'il faut un peu d'imagination et beaucoup de bonne volonté pour restituer une scène que je me représente ainsi:

Un cavalier est là, avec son cheval. Le cavalier porte ce costume italien plein d'élégance que le pinceau d'Orcagna a jeté sur les épaules de Castruccio et de ses compagnons dans le *Triomphe de la Mort*. Quant au cheval, il s'est déferré en route. Vive contrariété du damoisel songeant que la belle châtelaine le guette aux créneaux de son donjon, et qu'il va manquer l'heure du rendez-vous. Heureusement, et tout à point, il vient de découvrir une échoppe, et, dans l'échoppe, un maréchal à qui il conte sa mésaventure. Celui-ci n'a point chaussure au pied du coursier. Déjà l'amant se désespère, quand survient un inconnu, lequel n'est autre que le grand saint Éloi lui-même, premier ministre du bon roi Dagobert et orfévre à ses moments perdus. Saint Éloi qui, ce jour-là, se trouve en belle humeur, offre son concours:

« Je vous crois fort pressé, mon beau seigneur, dit-il, et ce maladroit ne me semble guère en état de vous servir.

— C'est bien vrai, répond le sire.

— Je voudrais t'y voir, vieille barbe blanche ! grommelle le maréchal.

— Ah ! tu voudrais m'y voir, reprend le saint qui n'a rien perdu de l'*a parte:* eh bien, c'est tout vu. Je vais ferrer la bête en quatre coups de marteau, et sans me gêner encore. »

Sitôt dit, sitôt fait. D'une main, Éloi détache tranquillement un pied de derrière au cheval qui n'en reste pas moins debout sur trois jambes, et prenant un fer de l'autre, il le soude à la corne froide, puis remet le membre à sa place dans moins de temps qu'il ne m'en faut pour le dire. Le maréchal demeure stupide ; on le serait à moins ! Quant au damoisel, en véritable amoureux qui n'a pas même le loisir de s'étonner d'un miracle, il se dispose à gagner, d'un temps de galop, la tiède alcôve qui l'attend.

De ci, de là, des figures de saintes apparaissent encore aux voûtes, costumées à la manière des dames de l'époque. Il n'en reste guère que les linéaments. Le surplus des murs de la chapelle est fruste. Signalons pourtant, au passage, un humble retable surmonté d'une image de saint Éloi. Deux bienheureux veillent de chaque côté, rutilants d'or et de vermillon. A part ce qui subsiste de ce coin un peu éloigné, l'église est très-misérable et simplement blanchie à la chaux.

Je regagne ma calèche et Saint-Paul avec elle, après avoir franchi la Neste sur un petit pont. Au dernier tournant de la route, les glaciers commencent à apparaître. Je suis la longue rue du village bordée, de chaque côté, de cabanes à toits de chaume ou d'ardoise. Un vieux château flanqué d'une tourelle garde des vestiges de sa grandeur première. Ce débris féodal donne sans doute asile à quelque *vilaine*; passe encore si elle est jolie! Une nuée d'enfants sort de la poussière, m'offrant des touffes d'œillets cueillis aux vergers prochains. La rue traversée, — et elle ne compte pas moins de mille mètres de long, — je m'arrête à la petite place qui la termine. Devant moi s'ouvre, pour toute perspective, un long couloir à pente inclinée, herbeux d'abord, puis dénudé, qui monte jusqu'à des croupes chagrines. Un torrent coule au fond. Mais si je me retourne, quelle magnifique chaîne de glaciers! D'abord les Gours blancs, à droite, avec leur manteau de neige bordé de moire bleuâtre et scintillante; puis le Quaïrat, un coin des Crabioules, la tusse de Maupas tout entière, Boum, « bloc de granit sur la mer de Baffin[1] », le Malbarrat dominant les glaciers des graouès de Castillon, le Malplanat, le Malpintat, le Sacroux, le massif des monts Maudits qui s'accuse derrière Superbagnères; enfin, pour clore cette barrière d'éternels frimas, le menaçant profil du Pont de Mahomet.

Beaucoup de promeneurs s'arrêtent à cet endroit; ils ont tort. Le véritable point de vue est un peu plus loin, au premier coude de la route qui conduit à Mayrègne. De là, en effet, le seilh de la Baque apparaît, immense, et le Néthou entier, et Sauvegarde profilant sa masse noire sur cette hermine. De là aussi, Saint-Paul suspendu sur la prairie forme un premier plan délicieux. Tout autour ce ne sont que gazons entrecoupés d'arbres, argentés de ruisseaux bondissants. Des forêts de pins aux troncs droits, vigoureux, sévères, voilent les coteaux voisins de leurs impénétrables ramures.

J'ai mis pied à terre, et aspirant à pleins poumons un air embaumé, j'arrive à Mayrègne,

---

1. Russel Killough.

ancienne résidence seigneuriale. C'est le hameau le plus riche de la vallée. Là s'arrêtent, avec la route du préfet Boselli, les grandes voitures à quatre chevaux. Plus loin là voie est belle encore, mais praticable seulement aux cavaliers et aux petits chars. Je croise, dans les rues, des attelages de bœufs pesamment chargés. Des gerbes dignes de celles que Joseph vit en songe s'appuient contre les murs des granges, prêtes à être battues sur l'aire. Un joli chemin ombragé continue la rue du village, tandis que, sur les pentes de droite, des femmes armées de faucilles coupent les épis pesants. Le chaume brûlé du soleil colore en jaune vif les pentes dénudées. A gauche, un ruisseau transparent murmure sur les cailloux. Plus haut se déroulent des pâturages peuplés de brebis (*ovis*) à qui la vallée doit son nom : encore plus haut, ondoie sous l'haleine fraîche des vents un ample voile de forêts que respecte la cognée. Ainsi fuit, en serpentant, cette heureuse Arcadie qui sème tour à tour sur ses flancs les pittoresques villages de Caubous, de Cirès, de Bilourtède, de Bourg d'Oueil enfin, dont une inscription gravée au portail de l'église atteste l'antiquité. Ce groupe de maisons est le dernier. Plus loin les pentes se relèvent, et l'on voit, sur la droite, s'arrondir la croupe du Montné. Fermée d'un bout par cette montagne, par les rocs étoilés de rides que la Pique dresse de l'autre, la vallée d'Oueil, entre ce double mur, semble isolée du reste de l'univers. *O fortunatos nimium...* heureux, cent fois heureux les possesseurs d'une telle solitude! Que pourraient-ils désirer de plus? ils ont le bois pour construire leurs maisons et chauffer l'âtre; ils ont le blé qui donne le pain, la prairie qui nourrit les cavales, le bœuf qui traîne le fardeau; d'elle-même la pente se couvre, au printemps, d'une herbe chère à la dent du mouton. Leurs greniers ploient sous le faix des moissons, l'eau pure des fontaines étanche leur soif, le lait des génisses et des brebis fournit aux besoins de l'été, tandis que le porc s'engraisse à l'étable, ressource assurée des longs hivers. Et puis, tout à l'entour des chaumières, entre les haies vives de l'enclos, voici croître les légumes plantureux égayés par la hampe fleurie de la rose trémière ou par les corolles ensoleillées de l'œillet d'Inde. Aussi, chez ces mortels fortunés entre tous habite l'urbanité, fille de l'aisance. N'ayez peur qu'un chapeau d'homme reste sur la tête, quand vous passez! Les femmes vous saluent d'un mot aimable, les jeunes filles d'un sourire à trente-deux perles. On croirait que sur ces physionomies en belle humeur le paysage a reflété quelque chose de sa fraîcheur et de sa gaieté.

On est pieux d'ailleurs, dans cette vallée bénie de Dieu. Des croix de marbre ou de granit fouillées avec élégance se dressent à l'entrée des villages, comme pour inviter le passant au recueillement. Les églises sont modestes, mais bien entretenues. Autour d'elles les familles vivent patriarcalement. La pierre du foyer est large, et, le soir, quand le sapin y flambe en petillant, tout étranger peut s'en approcher sans crainte.

Je me suis longtemps arrêté au cimetière de Mayrègne, assis dans l'herbe parfumée. Cet asile du repos est une terrasse verdoyante. L'église l'abrite, et il domine à son tour les enchantements d'un site alpestre. Pour lui, la Maladetta elle-même perd de son âpreté; elle ne garde, à cette distance, que le reflet des teintes si chères aux peintres dont la brosse excelle à placer les glacis. Plus d'une fleur y émaille le sol, plus d'une tige y embaume l'air. Des papillons au vol diapré se jouent parmi les tombes. Tout auprès, un chêne centenaire livre son feuillage à la tribu des oiseaux gais chanteurs. Il doit faire bon dormir en ce coin de terre consacrée.

Le chanoine Laurens, sur le marbre duquel je m'appuie, a donné une preuve de goût en se choisissant cet asile. Il n'y a que les chanoines pour ces aubaines. Je me suis fait conter son histoire. C'était un enfant de Mayrègne, né dans le lit d'une paysanne avec les instincts du grand seigneur et des manières de cour. Au sortir de brillantes études et la prêtrise reçue, son mérite le mit rapidement hors de pair. Mgr de Clermont-Tonnerre le choisit pour secrétaire, puis l'éleva au canonicat. Ainsi l'abbé Laurens vécut doucement sa longue vie couronnée d'honneurs et parfumée de vertus. Un jour, il sentit que Dieu l'appelait à lui; mais, avant de le rejoindre, il eut une pensée pour le pays natal. Il voulut retourner, mort, dans ce vallon qu'il avait chéri, vivant. Tous les hameaux voisins assistèrent à ses obsèques; les sanglots furent la pieuse harmonie du cortége. On eût dit d'un père conduit par ses enfants à sa demeure dernière. Aujourd'hui, une simple dalle taillée dans le grain brillant du Saint-Béat recouvre sa dépouille. Une croix la surmonte, et cette inscription se lit au-dessous :

« *Ci-gît l'abbé Laurens, ancien aumônier de M*gr *le comte de Clermont-Tonnerre, chevalier du Christ, doyen du chapitre de la métropole de Toulouse : décédé le 23 juin 1870, à soixante-dix-huit ans. Prêtre modèle, d'une rare distinction, ami de Dieu et des hommes.* »

Et moi, l'ayant lue, tandis que mon regard errait du ruisseau à la prairie et de la prairie à la forêt, j'ajoutai tout bas : « Repose en paix, voyageur qui nous a quittés la veille du grand désastre, soldat du Christ qui n'as connu ni les revers de nos armées, ni les hontes de la patrie, ô prêtre trois fois heureux qui t'es endormi dans le Seigneur sous le linceul de tes vertus ! »

Si douce soit-elle, il faut s'arracher à la rêverie. Je ne m'éloigne pas cependant sans donner un coup d'œil à l'église. La porte en est toujours ouverte : le soupçon est banni du seuil. On ne se défie de personne en cette terre de l'honnêteté. Elle est bien petite la maison du Seigneur, et son ornementation plus que modeste. Quelques saints de bois doré, deux tableaux, une lampe d'argent et un bénitier de granit en composent tout le luxe. Mais on y respire comme une odeur de sainteté, et je réponds qu'à travers son humble voûte la prière monte plus droit et plus vite au ciel, qu'elle ne le fait sous les riches coupoles de nos basiliques.

Puis, à petits pas, en voluptueux qui sait faire durer le plaisir, je reviens vers Saint-Paul où m'attend l'automédon. Je rencontre, à mi-chemin, un essaim de jolies baigneuses et d'enfants à têtes bouclées qui s'est abattu sur le bord d'un pré. La bande folâtre me paraît très-sérieusement occupée à goûter de fruits, de gâteaux et de café à la crème. L'endroit est bien choisi. Je le recommande aux sybarites qui aiment à jouir sans fatigue d'un beau site, avec toutes les aises de la vie. On y a pour *triclinium* un gazon épais et moelleux comme un tapis, pour *velarium* l'ombre d'un groupe de frênes, pour musique le frôlement d'ailes des zéphyrs ou le gazouillement de deux ou trois ruisseaux bavards qui se jouent dans le pré et finissent par confondre leurs eaux en une même cascatelle. Ce coude de route, dont j'ai parlé plus haut, est l'entrée d'un étroit et verdoyant vallon qui aboutit aux pentes de l'Anténac. De là, par-dessus les prairies et les bois, se déroule la vue lointaine, mais complète, des glaciers du

Lys et des monts Maudits, depuis les Gours blancs jusqu'au Néthou. C'est un vrai paysage suisse, une échappée de l'Oberland. J'imagine que le cadre qui servit à l'églogue de Tityre et de Mélibée ne valait pas celui-là. J'ai fait serment de me bâtir un chalet à cet endroit le jour où la France se sera relevée de ses ruines. Je crains d'attendre quelque temps.

La descente est rapide de Saint-Paul à Luchon. Une heure suffit au retour. Jamais je n'ai moins regretté trente francs que ceux que je donne à Verdalle, pour prix de sa course. La journée m'a tellement ravi, que j'en fais une description émue à ma blonde voisine, madame de G.

« Que serait-ce, me dit-elle en souriant, si vous aviez pu contempler cette vallée par une belle nuit d'été ! C'est pour le coup, ô poëte, que vous donneriez carrière à votre lyrisme. »

Une inspiration traverse mon esprit.

« Eh mais ! m'écriai-je, qui vous empêche d'essayer la comparaison ? En été, nous y sommes, et les splendeurs du jour promettent une soirée sans nuages. Dans une heure la lune se lèvera. Chargeons des nuits « l'inégale courrière » de nous accompagner. J'ai vu le soleil se lever au Ventoux, au Righi, au Mont

Blanc; je ne serais pas fâché d'assister à la toilette de l'astre-roi sur la cime du Montné. »

Rapidement faite, la proposition est agréée de même. Mme L. présente à l'entretien y souscrit : M. de G. n'y met pas son véto. Il est convenu que nous emploierons ces dernières heures aux préparatifs de l'expédition. Nous partirons vers minuit.

NEUVIÈME JOURNÉE.

Le Lever du soleil au Montné.

Dès minuit, les chevaux sont prêts. Estrujo les a fournis. Son écurie et celle de Prince passent pour les meilleures de Luchon. Au quart, nous partons. M. et Mme de G., Mme L., deux guides et moi formons la petite caravane. Étigny dort bourgeoisement. Pourtant, devant l'hôtel d'Arnative, un reflet lumineux qui n'est pas celui de Sirius raye soudain l'allée. Il s'échappe d'une fenêtre qu'on vient d'entr'ouvrir, et nous entendons une voix enrouée s'écrier : « Huit !

— Neuf ! » répond une autre voix non moins enrouée, mais plus victorieuse.

Ce sont de beaux fils qui aux émotions de la nature préfèrent celles du baccarat. Comme nous, ils verront lever l'aurore ; en seront-ils plus vertueux pour cela ? J'en doute. En tout cas, je gage qu'au matin nos figures seront moins plombées que les leurs. Aucun bruit dans la petite ville, tandis que nous la traversons. Les honnêtes négociants aux côtés de leurs épouses rêvent des bénéfices du jour, et celles-ci supputent dans leurs songes de combien de centimes il faudra surtaxer la livre de sucre ou frapper le paquet de bougies pour s'offrir une robe de soie à la Noël qui vient. Quelques chiens hurlent à notre passage ; les chats interrompent un instant leur flirtage de gouttière. En face de l'hôtel de ville nous réglons ainsi l'ordre de la marche, sauf à l'intervertir parfois au profit de conversations plus intimes : guides en avant, cavaliers à l'arrière, dames au milieu. J'avoue d'ailleurs avec humilité que M. de G. et votre serviteur ont totalement négligé de mettre le double pantalon et la double chemise dont le prudent Boubée leur imposait la loi.

Une allure rapide nous a vîte entraînés vers la Saunère. La nuit est enchanteresse, une de ces nuits où le jaloux Obéron se met avec les sylphes et les lutins à la poursuite de Titania. La *perle éternelle* de Dante s'est levée dans un ciel tout sablé de diamants. A sa lueur, les crêtes des montagnes prochaines se découpent à vif, noires silhouettes, sur un azur sans nuages, tandis qu'au loin les grands sommets semblent se fondre en teintes plus blanches et plus adoucies. Ce sont les mêmes lieux que je parcourais seul, il y a quelques heures, et tout semble changé cependant. Le pic est plus élevé, le ravin plus perdu, le gave plus majestueux, la forêt plus profonde... tant la reine Mab, en courant dans son char ailé à travers nos cerveaux, sait changer d'un coup de baguette les proportions de la nature ! Mollement bercés sur nos selles, laissant flotter les rênes au cou des chevaux, nous suivons, silencieux, la belle route de Peyresourde. Un mot, une exclamation, un regard suffisent à traduire nos impressions. Il semble que nous ayons peur de perdre un parfum de la prairie, un écho du torrent. La lune, qui de ses lueurs tremblantes enveloppe amoureusement les tailles de nos amazones, allume parfois des paillettes d'or à leur chevelure, et, sur leurs blanches haquenées, les fait ressembler aux châtelaines de quelque conte fantastique. Elles-mêmes, tout entières aux étonnements de ce milieu presque surnaturel, oublient la causerie chère à leur sexe ou l'éclat de rire perlé de la vingtième année. Leurs yeux se noient dans la demi-transparence des bleus horizons. Leur pensée galope à la suite de Mab sur les grands chemins de l'imagination. Saint Aventin renouvellerait son saut périlleux tandis qu'elles passent auprès de sa chapelle, qu'elles ne s'en étonneraient point. De plain pied elles sont entrées dans le monde des merveilles. Leur âme ouverte à toutes les impressions vibre comme la corde d'un luth ; il ne manque que le coup d'archet du maître divin pour en tirer de suaves harmonies. O nuit étoilée, tiède nuit d'août traversée par les visions, où les pelouses scintillaient de vers luisants, où les brises avaient des caresses d'amante et les prairies l'haleine même des fleurs, non certes je ne t'oublierai pas !

Si Luchon dort à minuit, je laisse à penser ce que doivent faire Saint-Paul et les hameaux, ses frères, entre une heure et deux du matin. Nous traversons leurs rues dans ce calme lourd des premiers assoupissements, si bien rendu par le poëte latin : *tempus erat quo prima quies...* Du lit à l'étable, bêtes et gens ruminent le *papaver somniferum*. Voici un village pourtant qui ne ressemble point aux autres. Son silence n'appartient point au sommeil : c'est celui de la mort. Un soir du dernier automne, l'incendie a passé par là. Les langues de feu, en se retirant, n'ont laissé que des murs disjoints, des pierres calcinées : Caubous n'est plus. Seule, l'église demeure debout, comme si celui qu'on y adore avait dit au fléau : « Tu n'iras pas plus loin ! » Tandis que nous traversons ces ruines, une flamme bleuâtre sort de terre et court devant nos chevaux. Nous la suivons quelque temps de l'œil, puis nous la voyons disparaître dans une touffe de bruyères, au bord d'un ruisseau. En vrai savant, M. de G. nous explique qu'il y a, dans les environs, une caverne pleine d'ossements, de débris humains ; des gaz imprégnés de phosphore s'en dégagent, qui, s'allumant au contact de l'air, voltigent ensuite à travers la vallée. Ce follet, selon lui, n'est qu'une bulle d'hydrogène phosphoré.

« Non, non, lui dis-je, mon cher ami ; laissez-moi croire que vous vous trompez. La chimie n'a que faire ici. Vous n'avez point oublié sans doute que, l'an dernier, dans le désastre de cet incendie nocturne, un petit enfant disparut. Resta-t-il enseveli sous les solives fumantes, ou si son ange gardien l'a emporté au ciel ? Personne ne l'a su, pas même la jeune mère qui, prise d'un affreux délire, succomba quelques jours plus tard.

— Eh bien ?

— Eh bien, cette lueur légère que les pâtres

ont vue plus d'une fois, durant les nuits d'été, est l'âme en peine à la recherche de celui qu'elle a perdu. Dieu la fit errante pour un temps, en punition de quelque faute qui doit être rachetée ; mais l'enfant, elle le retrouvera, soyez-en sûr, et ce soir-là, deux flammes monteront ensemble, comme deux étoiles, aux sphères où ceux qui s'aiment ne seront plus séparés. »

Le savant a beau secouer la tête, j'ai évidemment rallié nos compagnes à mon opinion. La causerie ainsi engagée suit son cours. Chacun, à tour de rôle, produit son histoire de goule ou de vampire ; le décor y prête, l'heure aussi. Seul je me suis tu.

« Et vous, me dit Mme de G. avec un sourire encourageant, vous qui ne soufflez mot, monsieur le rêveur, vous devez bien avoir trouvé quelque part votre revenant.

— En effet, madame.

— J'en étais sûre. Contez-nous donc cela !

— Volontiers. Je vous demande seulement de prendre mon récit très au sérieux, car, sur mon honneur, ce que j'ai à dire est la vérité. »

Par un brusque mouvement les deux jeunes femmes se sont serrées l'une contre l'autre, en se rapprochant de nous. Sans avoir l'air de le remarquer, je continue ainsi :

« Il y a une quinzaine d'années de cela, dans toute la fleur alors de la première jeunesse, je parcourais l'Europe à la façon de Joconde, avide d'aventures, voulant du nouveau, n'en fût-il plus au monde. Vous allez voir que le destin me servit à souhait. J'étais depuis peu de semaines en Allemagne, lorsqu'un soir je m'arrêtai à Ulm. La ville n'est pas gaie d'aspect, il s'en faut! On y aspire le moyen âge par tous les pores. Rien n'a dû y changer depuis que Freinshemius éditait Quinte-Curce. Une seule voiture, — mais quelle voiture! — se trouvait à la sortie de la gare. Vaste, lourde, majestueuse, elle avait bien sûr servi au général Mack, lors de sa capitulation. Je montai dedans, n'ayant pas le choix, et me laissai cahoter à travers un dédale de rues obscures, jusqu'à l'hôtel possesseur de cette relique. Le *Gasthaus* me parut à la hauteur du carrosse : grand, sombre, imposant. Les fenêtres étaient cloisonnées de barreaux arrondis en corbeilles, et une large enseigne à la mode antique faisait grincer au vent je ne sais quelle cigogne rouillée. L'hôtelier, le bonnet à la main, me reçut cérémonieusement au bas d'un escalier de bois. La rampe, droite et roide, était plus noire encore que tout le reste. Il monta, je le suivis. Arrivé à la dernière marche, je me trouvai dans un long corridor sur lequel ouvraient les appartements. Je ressentis, à ce moment, une vive douleur au bras. Par mégarde, j'avais heurté du coude le portrait en pied d'un chevalier armé de toutes pièces. Le cadre oscillait à la muraille, les yeux du guerrier semblaient chercher les miens. Sans attacher d'autre importance à l'incident, je gagnai ma chambre, me couchai et m'endormis. Les horloges d'Ulm avaient, depuis quelque temps déjà, sonné les douze coups de minuit et le veilleur jeté son cri accoutumé, quand il me sembla entendre un léger bruit vers le corridor. Je crus à quelque voyageur attardé, et j'essayai de me rendormir. Mais le bruit augmentait… c'était une sorte de gémissement accompagné d'un frôlement d'étoffes, puis un cliquetis d'acier. Sauter hors du lit pour entre-bâiller la porte fut l'affaire d'un instant. O stupeur ! que vis-je alors ? Le chevalier en personne descendu de son cadre vide, agitant les pièces de son armure et me jetant de flamboyants regards. »

J'en suis là de mon récit, quand deux touristes lancés à fond de train nous rejoignent et nous dépassent. Nos compagnes poussent un cri suraigu, se croyant déjà la proie du chevalier d'Ulm.

« Rassurez-vous, mesdames, nous dit l'un de nos guides, beau parleur de sa nature; ce sont deux jeunes *gentillommes* de Carcassonne qui vont aussi voir lever le soleil au Montné. »

N'importe! fussent-ils de Carcassonne, et même gentilshommes avec ou sans *s*, avec ou sans *h*, ils devraient se garder d'inspirer de telles frayeurs aux dames.

« Et votre apparition? reprennent en chœur mes belles curieuses, dès qu'elles sont remises d'une alarme si chaude.

— Eh bien, elle disparut à mon premier appel, et je la retrouvai le lendemain matin dans son cadre, aussi noire et aussi pleine de toiles d'araignées que si elle ne se fût pas donné un peu d'air quelques heures avant. J'interrogeai le maître, j'interrogeai les valets: personne ne sut ou ne voulut répondre. Mais rien qu'à leur mine embarrassée j'aurais parié que quelque scène insolite s'était passée dans l'hôtel, si d'ailleurs un de mes voisins de chambre n'avait vu les mêmes choses. Je quittai cette maison hantée, sans avoir pu éclaircir le mystère. »

Avec ces derniers mots, le silence se fait. Rien ne trouble plus le recueillement de la petite caravane sinon, de loin en loin, le bruit des glissades de nos chevaux sur la rampe pavée de Bourg d'Oueil. Chacun semble occupé à diriger sa bête, mais évidemment la pensée est ailleurs. A ce moment, la lune disparaît derrière les cimes qui se sont relevées. Nous n'avons plus pour nous guider que

« Cette obscure clarté qui tombe des étoiles. »

Après avoir trébuché vingt fois dans un infernal passage que je recommande à la sollicitude de M. l'agent voyer de Luchon, nous quittons le dernier hameau de la vallée pour attaquer des pentes suivies de pelouses perfides où le sabot du cheval ne mord guère. Le plus sage est de laisser l'animal se tirer seul d'affaire, et c'est à quoi nous nous résignons. Tout à coup de furieux hurlements éclatent sur nos têtes. Nous approchons d'une cabane de pasteurs ; les molosses, gardiens des troupeaux, nous souhaitent ainsi la bienvenue. Nul doute que leurs formidables crocs ne nous traitassent en loups dévorants ou plutôt dévorés, si la menace de nos bâtons ferrés ne les maintenait en respect. C'est là le dernier obstacle que la montagne oppose à sa conquête. Quelque chose nous dit que nous avons quitté la région des humains. L'air plus élastique, plus diaphane, décharge nos épaules d'une partie de son poids. Il nous semble qu'en nous élevant ainsi nous laissons toute la terre derrière nous, que bientôt nous allons flotter dans le vide. Cette sensation touche au vertige. Aussi mettons-nous pied à terre pour franchir le ressaut final, et, à quatre heures un quart, nous foulons la cime du *Montné*.

Là nous attendent nos deux gentilshommes gravement occupés à braquer leur lunette sur les étoiles. Espèrent-ils saisir le passage de Vénus sur le disque solaire? Leur prétention ne va pas si loin. Ils attendent simplement qu'il plaise à Phœbus-Apollon de poser devant leur objectif. Qu'ils s'arment donc de patience, et nous aussi : car le Dieu à l'arc d'argent, ami des siestes déjà plus longues, ne quittera guère sa couche avant une heure d'ici. Ces cent vingt secondes, nous les dépensons en gymnastiques diverses pour combattre les fraîcheurs du matin. A grands pas nous arpentons cette crête caillouteuse, verdie par quelques poignées d'une herbe courte et dure qui, dans un étui, remplacerait avantageusement l'aiguille. Des fraises se sont ingéniées à mûrir sur ce sommet inhospitalier. Trahies au parfum, elles ont l'heur d'être croquées par les soixante-quatre plus jolies dents de la colonie.

Cependant l'aurore a entr'ouvert les portes de l'orient. Le cercle des monts qui nous entourent s'estompe peu à peu dans la nuit vaincue. Une légère vapeur blanche l'enlace de son écharpe qui s'épaissit et se solidifie... Pendant quelques instants nous pouvons craindre que le rideau ne tombe sur une mise en scène ardemment espérée. Il n'en est rien, Dieu merci ! La brise souffle sur ces menaces et les emporte d'un coup d'aile. Un trait de pourpre raye l'horizon pâle d'abord, bientôt tout en feu. Une caille des montagnes passe sur nos têtes, saluant de ses notes joyeuses la promesse du jour; de grosses mouches diaprées bourdonnent à nos oreilles; la lumière coule à flots plus pressés... Le voici enfin, le voici le flambeau du monde, le roi-soleil ! Rapidement il s'élève derrière un rocher noirâtre. Il n'a pas encore ses rayons: ce n'est guère qu'un globe lumineux, comme la perle éternelle, mais déjà plus resplendissant. Bientôt de l'astre qui monte jaillissent des milliers d'étincelles; sa

chevelure s'enflamme, et à peine s'est-il paré
d'irradiations brillantes, que ses premières caresses sont pour la Maladetta. Il semble que, dans
sa toute-puissance, il veuille consoler la sublime
foudroyée de la malédiction qui pèse sur elle.
Les neiges du Néthou se nuancent pour un instant de teintes roses qu'elles ne retrouveront plus
de tout le jour. Puis c'est le tour des pics moins
superbes. Chacun d'eux, à l'envi, allume ses
cristaux à ce foyer céleste : d'abord les steppes
du Lys, celles du port d'Oo ensuite, et Gavarnie
dont les assises s'étagent au loin, et le mont
Perdu blanchi de frimas, et le Vignemale, et
Néouvielle aux murs de glace, et l'Arbizon abrupt,
et le pic du Midi, ce joyau de l'écrin de Bigorre.
Arrau resplendit sous nos pieds, au bout de sa
vallée, tandis que par-dessus la petite ville
miroite, comme un lacet d'argent, le chemin qui
mène au col d'Aspin. Et les lointains sont si
accusés, et si pure est l'atmosphère, que villages, manoirs, bois et ruisseaux se peuvent
compter dans les riches plaines de Toulouse et
de Tarbes. Mais ce magique spectacle ne dure
pas. Le soleil, poursuivant sa course, noie les
détails dans son intensité croissante; il n'y a que
les hauts sommets qui demeurent avec leur

majesté, le Néthou dominant tous les autres. Image du monde moral où les vraies grandeurs seules subsistent et resplendissent plus vives à travers le temps, alors que les réputations d'un jour se fondent, comme un clinquant de faux aloi, sous les lueurs vengeresses de l'histoire!

Loin de moi la prétention de relever, en chroniqueur servile, les pics, les vallées, les glaciers, les lacs ou les cascades qui, du haut de ce balcon jeté sur l'abîme, se découvrent à l'œil ébloui. Un chapitre n'y suffirait pas, puisque, de Perpignan à Bayonne, le regard embrasse la chaîne entière des monts de Pyrène baignant l'un de ses pieds à la Méditerranée et l'autre à l'Océan. Les premiers plans nous agréent davantage. Il y a surtout une coupe d'émeraude qui, sous le nom de lac de Pierrefitte, se partage avec la cascade de Séculéjo le tribut de notre admiration. Puis, c'est jour de marché à Arrau, et nous nous plaisons à voir les capulets des filles de la vallée s'agiter sur la place publique, semblables à ces hémiptères rouges ponctués de noir qui rampent, l'automne, au tronc des tilleuls.

Mme L., pour sa part, est tellement absorbée dans la contemplation, qu'elle ne s'aperçoit pas du péril. Elle s'est assise sur un talus de gazon fort incliné. Au moindre faux mouvement, elle roulerait de plusieurs centaines de mètres pour rebondir à pic jusqu'à la cabane des molosses. En vérité ce serait dommage, et je me hâte d'arracher l'imprudente aux chances d'une glissade sur l'herbe, plus dangereuse, on le sait, que sur la glace : Scribe l'a dit et Auber l'a mis en musique. Quant à Mme de G., lasse d'admirer, elle s'est endormie. Pourquoi seulement ces deux jeunes gens errent-ils ainsi d'une façon inquiétante autour d'elle? A qui en ont-ils? Hélas! ils en ont à leur sacoche sur laquelle repose une tête blonde; car dans la sacoche est le déjeuner, et ils ont faim. Le Prince Charmant, à leur place, eût déjà réveillé la belle endormie, et de galante façon! Mais sous l'*Adolphat* de M. Thiers, les choses ne se passent plus comme au temps des fées. Ils attendent donc patiemment, et cette patience de bon goût me prouve que, selon l'expression du guide, nous avons mis en effet la main sur de vrais *gentillommes*. Leur mine famélique m'inspire pourtant de la pitié: je touss e fortement, le sommeil s'envole, et la sacoche bienheureuse est rendue à ses propriétaires. L'usage qu'ils en font nous ramène du ciel sur la terre. A notre tour nous attaquons le pâté de foies de Toulouse et le Perrier carteblanche. Qu'ajouter encore? Les jours heureux, si rares dans la vie, n'ont pas d'histoire. Après plusieurs heures données aux douceurs du *far niente* et une tentation, non suivie d'effet, d'explorer la vallée d'Aure qui nous tend les bras, nous reprenons simplement le chemin déjà parcouru. Rien ne nous pressant d'ailleurs, pas même les menaces de l'orage qui lentement s'amasse, nous savourons le charme du retour. Les sapins de Bourg d'Oueil nous enchantent; ses prairies et ses moutons nous font rêver de Mme Deshoulières. Fleurs et coups de soleil, nous cueillons un peu de tout. Phœbus prend plus volontiers à partie Mme de G. qui en rougit outre mesure. J'ai beau lui affirmer que les coquelicots n'ont jamais déparé les épis d'or, la pauvre ensoleillée ne reste qu'à demi convaincue. Gare au miroir, quand elle le consultera! Mais bast! les nuages descendent pour éteindre toutes ces effervescences. Le tonnerre commence à gronder; de larges gouttes de pluie trouent la poussière de l'allée des Soupirs, tandis que nous la traversons. Il n'était que temps de se rapatrier. A peine arrivons-nous, que le ciel s'entr'ouvre et que des torrents s'en échappent. Voilà le temps gâté pour la soirée. Aucun de nous ne le regrettera, j'imagine. La musique du kiosque eût tristement grincé à nos oreilles, au souvenir de la divine harmonie dont les Elfes et les sylphes de l'air nous ont bercés toute la nuit.

DIXIÈME JOURNÉE.

L'Antenac. — Cazaril. — Les Bouts-rimés du conseiller E...... — Aventures d'une vieille fille, d'un chat et de trois chanoines. — Histoire d'une boîte de cigares.

L'Antenac, depuis quelque temps, fait une désastreuse concurrence au Montné. Toute femme qui se respecte n'aurait pas quitté Luchon, il y a vingt ans, sans gravir de nuit la cime consacrée. Mais les guides, toujours inventifs quand la bourse est la timbale à décrocher, se sont dit qu'au lieu de ces expéditions nocturnes, il serait plus doux à eux et moins dur à leurs chevaux de dormir au lit ou de s'étendre sur la litière, si d'ailleurs les bénéfices n'en souffraient pas. Là était la difficulté. L'Antenac s'est offert tout à point pour la résoudre : l'Antenac, un bon petit belvédère, beaucoup plus proche à atteindre, bien autrement facile à gravir! Donc, leur éloquence intéressée a fini par persuader le commun des touristes de cette double vérité, d'abord que, sur les montagnes, le soleil ne se lève pas autrement qu'ailleurs, ensuite que, si l'on tient à surprendre l'astre-roi en déshabillé du matin, l'Antenac vaut le Montné : deux hérésies pour une.

Tout frais impressionné par l'un de ces monts, tenant en défiance mes souvenirs de l'autre, je me fais seller un cheval après mon déjeuner, et je pars, vers onze heures et demie, à fin de vérification. C'est la troisième fois, depuis deux jours, que je reprends cette route d'Oueil ; je ne m'en effraye pas cependant, car elle est de celles dont on ne se lasse point. D'ailleurs une surprise m'attend à l'entrée de Saint-Paul. Le village est en liesse ; il célèbre sa fête patronale, et les paysans de la vallée arrivent de tous côtés, les uns sur des bidets, les autres à pied. Une bonne odeur de pain chaud et de brioche qui sort du four, caresse agréablement l'odorat. Ni mâts de cocagne, ni tourniquets, ni tirs en cible, ni généraux républicains avalant des sabres, ni dictateur haranguant du haut d'un balcon, ni pître dévorant des étoupes, ni femme sauvage croquant des cailloux ; la danse elle-même est proscrite, de par l'ostracisme de M. le curé. Le plaisir, pour les fillettes, consiste à se promener sur les grands chemins dans leurs beaux habits du dimanche, en se renvoyant, d'un groupe à l'autre, quelque chant de la montagne. Quant aux hommes, ils ont, comme partout, la dive bouteille pour se réjouir, et plusieurs que nous rencontrons semblent lui avoir déjà fait de fréquentes caresses. La vraie fête se passe d'ailleurs au ciel : le bon Dieu est en train d'y faire resplendir les rayons de son soleil, en attendant qu'il y accroche, le soir, toutes les étoiles disponibles du firmament.

J'abandonne la vallée d'Oueil à la sortie de Saint-Paul, et coupant sur la droite par des pelouses qu'argente la parnassie des marais, je commence l'ascension. Bientôt la prairie cesse, et je me trouve entre deux côtes pelées où n'apparaissent plus que quelques rares genévriers, des bruyères roses ou des raisins d'ours. Un ruisselet qui coule au fond, babille près de moi et me fait compagnie. Je dépasse des cavernes chères aux fauves : me voici au col de la Serre. Je découvre, de là, de riantes perspectives sur les villages de la Barousse, la Haute-Garonne et l'Ariége. Puis, je redescends vivement pour remonter de même un mamelon qui n'est autre que l'*Antenac* (1,990 mètres). J'y atteins à deux heures.

Mon étonnement est grand de trouver sur cette sommité une cabane qui n'y existait pas jadis. Doit-on s'en féliciter? je ne sais trop. C'est un prétexte à impôt, une manière d'extorquer cinq francs pour cause d'avoine privée et de limonade plus ou moins gazeuse. L'herbe parfumée, l'eau du torrent suffisait jusqu'ici : mais le progrès! Il s'incarne, à ces hauteurs, sous les formes vivantes d'un jeune drôle de douze ans qui, dans Saint-Paul, quand je passais, a bien voulu s'arracher aux délices de la tarte chaude et du petit vin bleu pour me courir sus avec sa bourrique. En conscience, je lui dois un dédommagement. Je goûte à son orangeade : j'attache mon cheval devant un picotin répandu dans l'auge de bois, et je m'étends mollement sur le gazon pour me repaître de la vue. Est-ce l'éclat d'un jour sans nuages qui m'enchante? Est-ce le souvenir de l'avant-dernière nuit qui me porte à l'indulgence? Le fait est que je n'avais point gardé si bon souvenir du panorama.

Assis en face de la Maladetta, rien ne me pressant d'ailleurs, je puis dresser à loisir l'inventaire des beautés naturelles qui se déroulent sous mes yeux. D'abord, à ma droite, derrière le Montné, surgit le Pic du Midi de Bigorre. Je reconnais ensuite l'Arbizon, les glaciers de la vallée d'Aure, le Néouvielle, — qu'une friande de ma connaissance compare assez heureusement à une corne de nougât brun trempant dans la crème fouettée —, le mont Perdu, les montagnes de Troumousse, les monts du port de Plan, le port de Clarabide semblable à une escarpolette bleuâtre sur laquelle se balancerait le Posets; puis, voici les montagnes d'el plan de Gistain, la chaîne complète des Gours blancs, le val de Gouaoux qui mène à Montségut, le pic Néré, le val. Esquierry, le haut de la gorge de Médassoles, le cirque de Séculéjo marqué par l'écume des rapides qui s'échappent de son lac, les glaciers du Seilh de la Baque et du Portillon qui se donnent la main, le Montarqué, le Perdighero, grande muraille noire qu'une brèche semble fendre en son milieu, le col de Litayrolles, le Quaïrat, toujours unique par sa forme pyramidale, Crabioules avec toutes les crêtes et toutes les glaces de son beau massif, la Tusse de Maupas, Boum, les Mal-Barrat, Planat et Pintat, le pic du Port-Vieil, le Sacroux, la sommité des montagnes de Malibierne faiblement entrevues, le groupe des monts Maudits, dans leur immensité, faisant ressortir sur l'éblouissement de leurs neiges les sombres escarpements de Sauvegarde, inaccessible de ce côté. Enfin les crêtes du port de la Glère, les monts de la Catalogne et de l'Ariége légèrement saupoudrés de frimas vers leurs sommets, complètent, avec le mont Vallier au fond, cette portion d'horizon, proie d'un seul regard. Que si l'on veut continuer à suivre le développement panoramique, il faut se retourner, et successivement apparaissent les hauteurs du val d'Aran, l'Entécade, le Poujastou, Bacanère, la Pales de Burat, aiguë d'ici et rougeâtre comme un porphyre de l'Estérel, puis tous les hameaux du versant opposé de la vallée de Luchon, depuis Gouaux, Artigues et Sodes... jusqu'à ce joli bourg de Cierp perdu dans la verdure, où vient se relier la route de Saint-Béat. De ce côté, le pic de Gar clôt la série des montagnes vraiment dignes de ce nom. Ce ne sont plus, après lui, que mamelons et taupinières se fondant peu à peu dans la plaine qui, elle-même, avec ses bois, ses champs, ses villages et ses châteaux, disparaît par dégradations successives sous une large bande de brume rosée. J'ajoute — et j'ai fini — que sur la gauche, rejoignant le Pic du Midi et fermant ainsi l'anneau ininterrompu de ses splendeurs, s'ouvre la Barousse, riante oasis dont les méandres, parallèles à ceux de la vallée de Luchon, n'en demeurent séparés que par un empâtement de roches boisées au pied, nues au sommet.

Cette crête de l'Antenac se prolonge vers Luchon, faisant pendant à Bacanère. On a pu voir comment on y arrive en pente douce, grâce à des sentiers creusés par l'eau du ciel ou par l'ongle des troupeaux. L'accès en serait moins facile du côté de la plaine. Là, le roc est à pic. Émaillé de bruyères et de gentianes, le gazon s'avance jusqu'à l'abîme. S'assied-on au bord, on reste suspendu, les pieds dans le vide, sur un petit val qui aboutit à Cier. Voilà pourquoi une chute, de cette cime, ne serait guère hygiénique; voilà pourquoi aussi ce point constitue un observatoire excellent. Ce qu'un tel balcon offre de précieux, c'est que selon l'orientation qu'on y adopte en pivotant sur place, on a la vue âpre des hauts sommets et des glaciers ou la gracieuse perspective des monts de second ordre, des vallées et de la plaine. Le Monné de Cauterets présente aussi ces diversités et peut venir, en ordre utile, dans une comparaison, — mais non celui de Luchon dont la place, s'il s'agit d'un lever de soleil, s'impose toujours au premier rang. Que le voyageur ne se laisse donc point aller aux adjurations des guides, et qu'à leur insistance en faveur de l'Antenac, il réponde résolûment par le Montné.

Cette réserve faite, il est peu de cimes que je préfère à celle où je me repose en ce moment. Sauvegarde et Céciré, par exemple, ont des premiers plans infiniment plus grands, plus sauvages, plus beaux : l'un l'emporte par la perspective des Monts Maudits, l'autre par l'ensemble des glaciers du Lys : mais le champ de la vision y est moins étendu. Si l'âme y goûte une volupté plus farouche, en revanche l'œil ne s'y noie point dans une mer d'horizons aussi variés. De cette vue on ne se lasserait jamais. Longtemps j'y reste attaché, buvant à flots l'air et la lumière. La fumée des feux de pâtres montant vers le ciel en colonnes d'azur, le son des cloches du dimanche qui s'échappe du campanile des vallées, ajoutent encore à la poésie de la contemplation. Je laisse flotter ma pensée avec mon regard sur la plaine, fourmilière d'hommes qui, striée de teintes vives, simule le manteau d'arlequin de cette collectivité. Avec une forte lunette et un peu de bonne volonté je pourrais découvrir Montréjeau, Saint-Gaudens, Toulouse. Que m'importe? je retrouverai bien assez tôt les cités et leurs bruits. Je préfère suivre dans leur course vagabonde ces nuages dorés par le soleil qui, gagnant les hautes cimes, tempèrent la crudité d'un éther trop éblouissant. Mais la gaze bleue tendue au-devant des montagnes commence à brunir; quelques ombres se forment : le Néthou prend ces tons de laque délicieux, avant-coureurs du soir. Il faut songer à la retraite sous peine d'être surpris par la nuit qui déjà vient plus vite en cette saison.

Je m'arrache donc à ce lieu de délices. Voulant seulement varier l'itinéraire, j'opte, au retour, pour le chemin de Castelblancat et de Cazaril. Il est plus long, plus ardu, mais fertile aussi en dédommagements. Je le conseille aux gens fermes en selle ou aux bons marcheurs. Il faut, dans ce cas, infléchir à gauche et côtoyer quelque temps le précipice ouvert du côté de Luchon. Sous le sabot du cheval la pelouse égrène les grappes rosées de ses bruyères. Des *apollons*, enfants perdus de leur race, y voltigent encore, en compagnie des *morios* vêtus de deuil et des *tabacs d'Espagne* nacrés de perle. Je laisse, bien au-dessous de moi, Saint-Paul que de grands troupeaux de génisses et de brebis rejoignent au bruit sonore de leurs clochettes : les bergers les ramèneront pour cette nuit à l'étable, désireux aussi de mordre au gâteau de fête. Je donne un dernier regard à ce berceau de verdure de la vallée d'Oueil où tout respire la paix et le bonheur, puis je descends les pentes rapides d'un petit vallon qui aboutit à Sacourvielle. Le sentier dans lequel je m'engage, sans souci de la charte que lui octroya, en 1315, Bernard, comte de Comminges, laisse ce village à droite et suit à flanc de montagne la vallée. En dévot de saint Aventin, je visite la tour de Castelblancat, et dépassant Trébons par de jolies haies verdoyantes et fleuries, j'aboutis au cimetière de Cazaril. Son église du XIIe siècle, son clocher si pittoresque, ses vieux souvenirs romains mériteraient une visite moins précipitée. C'est un hameau privilégié, quelque chose comme un coin de la Provence transporté en pleines Pyrénées. La nature l'a placé sur son roc tel qu'Andromède attendant le monstre, et le monstre ici n'est autre que le dieu du jour en personne. Du matin au soir, il y vide son carquois. Aussi, à l'abri des vents du nord, la pêche et l'abricot mûrissent-ils sur cette côte, fruits inconnus des vallées voisines. Quand mai secoue sa chevelure embaumée, l'apollon y éclôt par centaines, et, dans toutes saisons, un cristal limpide s'échappe de mainte source. Mais c'est surtout la vue qui est enchanteresse. Des rues de Cazaril, comme d'une galerie aérienne, le regard enveloppe Luchon, ses vertes allées, son petit lac, ses chalets et ses villas. Je m'étais inspiré d'une si riante perspective en écrivant ces vers :

« ... vois... sous ce mont escarpé :
C'est Bagnères la belle, ou plutôt c'est Tempé !
Sur un lit de gazon que voile le platane,
Mollement étendue ainsi qu'une sultane,
La coquette s'éveille... Oubliant leur courroux,
Deux gaves apaisés rampent à ses genoux
Et de leur blanche écume argentent sa ceinture ;
Les pins altiers lui font une ample chevelure
Que les pleurs du matin sèment de diamants ;
Sa couronne est de rocs ; les zéphyrs, ses amants,
Lutinent, dans leurs jeux, sa robe où se marie
L'or pâle des maïs aux fleurs de la prairie ;
Le cristal de son lac lui sert à se mirer,
Tandis que, se penchant pour la mieux admirer,
Cazaril, tout épris d'une telle conquête,
Des pampres du coteau sort à demi la tête. »

DIXIÈME JOURNÉE.

Décidément, voici la nuit. En vingt minutes, par un étroit sentier, sorte de casse-cou à pierres roulantes, je rejoins la route de Peyresourde, un peu au-dessus de la Saunère, puis, de là, mon logis.

Tout en soupant, la pensée me vient que, depuis bien des soirs, je fais infidélité au salon de Mme Fabre. Je veux aujourd'hui m'y offrir une visite, en guise de dessert. Je descends donc vers neuf heures, et je trouve nombreuse compagnie autour des abat-jour roses. Les femmes y sont en beauté, les hommes très en veine de gaieté et d'esprit. Le dé de la conversation appartient au conseiller E......, de Toulouse, qui d'ordinaire le fait bien rouler, quand il tient le cornet. Dans un coin de sa vaste mémoire il a logé Musset, son poëte favori : du premier vers au dernier, il vous réciterait les *Contes d'Espagne* ou les *Nuits*, sans leur faire tort d'un hémistiche. Sa spécialité est le bout-rimé. Il le manie avec esprit, il eût défié pour la vitesse de Pradel en personne. Quand il improvise, on suit chez lui, à la contraction des muscles, l'effort instantané du cerveau. Son front se plisse, ses épais sourcils se rapprochent : vous diriez que la pensée va en jaillir sous une forme tangible. La ville de Clémence Isaure a gardé le souvenir d'un quatrain fameux que le spirituel magistrat *commit* dans les salons du maréchal Niel. On avait bien dîné, le vin d'Aï pétillait dans les verres : on voulut des rimes, à défaut de raison. Un badin donna les quatre suivantes : *moutarde, clairon, outarde, pantalon.* Sans broncher, au milieu du silence, notre troubadour visant la belle maréchale, lui décocha un madrigal... d'un trait un peu vif, mais d'un tour fort galant. Demandez plutôt à ceux qui l'entendirent. Plusieurs éventails s'en brisèrent, tant les Fiammettas présentes, sous couleur de rougir, mirent d'empressement à se réfugier derrière la fragile muraille de nacre et d'ivoire. Mme Niel ne se fâcha pas. Quelle femme, pour vertueuse qu'elle soit, s'est jamais irritée d'inspirer une tentation? Quant à l'illustre guerrier, homme d'esprit par surcroît, il fut le premier à rire — sous sa moustache.

Je veux citer deux exemples de cette prodigieuse facilité.

Le duc de Parme, l'autre soir, jeta devant moi, sur la marge d'une feuille blanche, des mots dont l'accouplement bizarre ne promettait guère la fécondité : *poule, Styx, roule* et *Cadix.*

DIXIÈME JOURNÉE.

Saisissant le crayon qui courait moins vite que sa pensée, E...... les compléta ainsi :

« Dieu créa-t-il d'abord ou l'œuf ou bien la poule?
Nous le saurons après avoir passé le Styx ;
Car la philosophie, hélas! n'est qu'une boule
Qui roule vainement de Paris à Cadix. »

Voilà le quatrain philosophique : voici pour le huitain régence. On était au fond d'un vieux manoir de la Bourgogne. On devisait, les pieds sur les chenets de la cheminée féodale. La charmante comtesse de L. y appuyait coquettement le bout d'une mule aristocratique que le conseiller dévorait de l'œil. Pour le distraire de son occupation profane, la châtelaine lui glissa brusquement dans la main un papier où elle avait embusqué ce casse-tête chinois : *zèbre, algèbre, drageoir, rasoir, puce, astuce, hoqueton, molleton.* Coup pour coup, à brûle-molleton, l'inspecteur des pantoufles de vair répondit :

« Pour courir après vous, je voudrais être zèbre,
Et sous vos jolis doigts me changer en drageoir ;
Mais — inflexible autant qu'un problème d'algèbre —
Le temps sur mon front chauve a passé son rasoir.

Je n'en songe pas moins au bonheur de la puce
Qui pourrait, d'un berger quittant le hoqueton,
S'élancer à vos pieds, puis, ô piquante astuce !
Poursuivre son chemin sous votre molleton. »

L'histoire ne dit pas ce que répondit la comtesse.

Aujourd'hui, captif dans un cercle de jupes, notre improvisateur est en train de traiter le chapitre qui plaît surtout aux dames, celui de leurs attraits : il noue, pour chacune, le bouquet à Chloris. L'une d'elles voulant le prendre sans vert, lui a imposé la rime d'*omelette*. Déjà elle le croit très-embarrassé de tirer la Muse de la poêle où sa jolie main l'a plongée. Ah ! bien oui ! Au moment où j'entre, une voix convaincue scande ce remarquable alexandrin :

« Vous faites de nos cœurs une vaste omelette. »

Et tous de rire ! Sans doute cette production à la seconde n'est pas plus la poésie, qu'un trait au crayon n'est le dessin ou l'ébauche un tableau. Il faut cependant y reconnaître un don spécial de nature développé par l'habitude. Cela vaut mieux en tout cas pour les dames que la lourde conversation de nos diplomates de chefs-lieux : aussi s'en montrent-elles particulièrement charmées. Mais le conseiller est coquet : il ne serait pas poëte sans cela. Je ne sais si l'arrivée d'un maître ès jeux de sa bonne ville de Toulouse l'intimide. En tout cas, il se refuse obstinément à *travailler* davantage.

Heureusement, dans le salon Fabre, *uno avulso, non deficit alter*. Que la toge le cède à l'habit brodé de chêne! Le forestier de Bayonne se trouve au poste, et son sac d'anecdotes ne sonne pas le creux.

« Allons, mon inspecteur, contez-nous quelque chose! » demande Mme Fabre, très-soucieuse que la conversation ne languisse pas chez elle.

Interpellé par argument direct, l'aimable fonctionnaire qui jouit de cette vertu propre aux vrais talents, de ne jamais se faire prier, tousse, se mouche et commence ainsi :

« Je vais vous conter une histoire de chats. Elle a le mérite d'être vraie, et, se trouvant toute neuve, de n'avoir pas encore servi. Dans l'antique cité parlementaire de D...., trois chanoines et une vieille fille habitent le même immeuble. Pierrette est le nom de la demoiselle : comment se nomment les membres du chapitre, il n'importe guère. Sachez seulement que les chanoines possèdent un chat qu'ils appellent « leur neveu ». Je ne pourrais dire à quel vocable répond un autre matou, propriété de Pierrette. Ce que j'affirme, c'est que les deux pauvres bêtes, suivant l'exemple de leurs maîtres, *se fréquentaient* volontiers : moins chastement toutefois. Le toit de la maison était le lieu, la nuit, l'heure du rendez-vous. Les bons ecclésiastiques s'offusquèrent de ces conversations intimes et firent part de leurs scrupules à Pierrette qui, dans sa complaisance, les partagea. Mais comment empêcher les rencontres? On avait beau fermer portes et fenêtres, les enragés trouvaient toujours moyen de se rejoindre. Après bien des tentatives infructueuses pour surprendre leur secret, l'un des chanoines s'aperçut que la communication s'établissait par une lucarne mitoyenne. Aussitôt une maîtresse bûche fit justice de l'ouverture; pour plus grande sûreté, les interstices furent tamponnés avec des linges. Depuis ce temps la conduite des raminagrobis était exemplaire, et leurs propriétaires se réjouissaient du stratagème. Cette joie devait être de courte durée.

Une nuit de la semaine dernière, tandis que la paisible ville de D.... se livrait aux douceurs du sommeil, un horrible carillon retentit dans la maison. Les cloches y sonnaient, comme si le diable se fût pendu à chacune d'elles. Un premier chanoine s'arrache de son lit, puis un second, et bientôt le troisième. Ils tiennent conseil dans le salon commun, tandis que demoiselle Pierrette, se risquant en déshabillé galant, s'écrie par la fenêtre de la cour :

— Qu'y a-t-il donc, messieurs les chanoines?

— Ce qu'il y a, ce qu'il y a... nous vous serions bien obligés de nous le dire, ma chère demoiselle, répondent ceux-ci : nous croirions assez volontiers à un tremblement de terre.

— Impossible, messieurs, reprend Pierrette : ma batterie de cuisine n'a pas bougé. Je pense plutôt que c'est *le malin*.

— Le malin, riposte l'un des chanoines, c'est sans doute l'ouvrier qui, en posant les sonnettes, il y a quelques jours, nous aura joué un tour de sa façon. Regagnez votre oreiller, mademoiselle Pierrette; j'éclaircirai le fait demain. »

Le lendemain, en effet, la première visite des chanoines, après leur messe, fut pour le serrurier.

« Qu'avez-vous donc mis à vos sonnettes? lui demandent-ils du plus loin qu'ils le voient.

— Mais, des fils de fer, messieurs, je suppose. Ne marcheraient-elles point, par hasard?

— Bien au contraire!

— De quoi vous plaignez-vous, alors?

— Qu'elles marchent trop, vraiment. Elles sont en branle toute la nuit, sans qu'on les en prie.

— C'est que ces messieurs y auront sans doute introduit de l'électricité.

— Allons donc!

— En tout cas, c'est la première fois qu'on me fait un pareil reproche. »

Les trois chanoines haussèrent les épaules et revinrent à la maison, n'en sachant pas davantage.

Dame Pierrette, elle, était plus avancée. Elle avait dépensé sa matinée en recherches fécondes et dégagé l'inconnue du problème. Se doutant qu'il y avait du chat sous roche, elle avait visité le grenier et promptement constaté que la communication se trouvait rétablie. Les deux pauvres séquestrés ne pouvant se résoudre à une séparation, s'étaient si bien ingéniés à travailler des griffes, l'un poussant, l'autre tirant, que les linges étaient tombés et la bûche venue bas.

Celle-ci avait heurté dans sa chute le mouvement général des sonnettes : de là un carillon rival de celui de Dunkerque. Elle conta le tout aux chanoines, ajoutant avec un certain embarras pudique :

« Aussi, pourquoi empêcher ces pauvres bêtes du bon Dieu de se fréquenter? Si c'était un chat et une chatte, je comprendrais encore ; mais deux matous?

— Sachez, mademoiselle, répondit sévèrement le premier chanoine, que notre *neveu* est eunuque..., et alors, c'est tout comme. »

Pierrette, qui ne comprit pas trop, s'inclina néanmoins, et la lucarne est aujourd'hui murée. Mais ce qu'on ne peut murer, c'est la langue de la femme. L'aventure arriva aux oreilles de Mgr de D.... qui en a ri aux larmes, et, le soir, tandis qu'il chantait vêpres, le chapitre eut, dit-on, plus d'une distraction causée par le souvenir des *fréquentations* interrompues du neveu des chanoines et du chat de mamz'elle Pierrette.

« Bravo, inspecteur! m'écriai-je. J'aime vos chats, vos chanoines, et je ne déteste pas le déshabillé galant de la vieille fille; mais ne pourriez-vous, descendant des hauteurs de la gouttière, nous conter quelqu'une de ces piquantes anecdotes de ménage que vous contez si bien ? »

De faibles protestations se produisent, plus semblables à un encouragement qu'à une défense : il est évident que j'ai été l'organe de la majorité. Ce que voyant :

« Je vous dirais bien l'histoire d'une boîte de cigares.... insinue doucement le rival de Sheherazade.

Un regard sévère de sa femme l'arrête au début. Nous n'en insistons que plus fort.

« La boîte à cigares ! la boîte à cigares ! » répétons-nous en chœur.

Devant une manifestation aussi imposante du suffrage universel, il n'y a qu'à se rendre : c'est ce que fait le conteur, de fort bonne grâce d'ailleurs.

« Donc, mesdames, dit-il, il y avait une fois, en Bretagne, un jeune homme du petit nom de Lyonnel, beau comme les amours, qui recherchait en légitime union une jeune fille non moins douée. L'épine de cette rose était la mère, elle-même superbe encore, mais acariâtre comme un démon et portant écusson à la place du cœur. On la voyait à tout propos chevaucher

sur ses trente-six quartiers de noblesse. Du mari, bien qu'il existât, il n'était guère question, car pour échapper un peu à la domination de son envahissante moitié, le pauvre homme s'était arrangé une vie de chasseur : il habitait un appartement écarté dans une aile du château. Est-il besoin de dire que le prétendant, bien qu'agréé, n'eut pas toutes ses aises? Entre autres choses désagréables, il lui fut fait inhibition expresse de fumer dès qu'il aurait franchi le seuil du manoir. « Je ne veux pas d'un gendre qui fume », avait dit la terrible belle-maman, et à cela il n'y avait rien à répliquer. Aussi, Lyonnel ne répliqua-t-il pas. Il caressait une idée. Le jour solennel arrive, la cérémonie s'accomplit dans la chapelle, et, le soir, les deux époux sont enfin livrés à eux-mêmes...
— Au matin, quand la jeune mariée vient embrasser sa mère, celle-ci demeure toute surprise de l'air reposé et dégagé de sa fille. Elle ne lui souffle cependant mot. Peut-être se trompe-t-elle dans le diagnostic? Même remarque le lendemain et le surlendemain. Les jours se suivent, les semaines s'écoulent : à certaines questions habilement posées, qui provoquent de vraies réponses d'Agnès, la belle-maman

acquiert, à n'en pouvoir douter, la conviction que son enfant n'a pas perdu un seul bouton de sa couronne d'oranger. Ce respect prolongé est attentatoire à l'honneur de la famille : c'est du moins l'avis de l'impérieuse maîtresse du château. Elle mande donc son gendre, et, d'un ton sévère, l'interroge ainsi :

« Qu'est-ce à dire, monsieur ? notre fille manquerait-elle d'attraits ?

— Assurément non.

— D'où vient alors l'inconcevable... négligence dans laquelle il vous plaît de la tenir ? Ne niez pas !

— Mon Dieu ! chère madame, j'aime mieux vous faire ma confession. Votre fille est adorable, et je ne demanderais pas mieux que de l'environner de toutes les adorations, mais...

— Mais ?

— Fumer pour moi est un si impérieux besoin, que cette fonction arrêtée...

— Continuez !

— Arrête en même temps toutes les autres, si bien que...

— C'est assez, monsieur, n'en dites pas davantage ; je n'ai que trop compris. »

Et sur ce, la châtelaine tourne les talons.

Longtemps elle réfléchit, pèse, repèse, puis, après plus d'un combat livré :

« Ma fille, dit-elle enfin à la jeune épouse, ton mari a des habitudes... déplorables, je le reconnais, mais enfin des habitudes. Je crois m'apercevoir qu'il souffre extrêmement de la privation du cigare : dis-lui que je lui permets de fumer ce soir. »

Le soir en effet, notre marié, assis à son balcon, s'enveloppait, comme une idole, des nuages bleus d'un encens de la Havane.

La nuit passe, et plus d'une chose avec elle. Au déjeuner, la clairvoyante souveraine remarque les paupières battues et l'embarras joyeux de sa fille :

« Ah ! maman, dit tout bas celle-ci en se jetant dans ses bras, que Lyonnel est donc bon pour moi, et comme tu as bien fait de l'autoriser à fumer ! »

Sur cette exclamation naïve *maman* sort, puis rentre quelques minutes après, tenant une boîte de londrès à la main :

« Tiens, chère fille, dit-elle, porte ces cigares à ton mari et... et, en passant, n'oublie pas d'en déposer quelques-uns dans la chambre de ton père. »

Le mot de la fin met les dames en fuite. Je ne répondrais pas pourtant que plus d'une, ce soir, ne permît, en manière d'essai, une cigarette supplémentaire à son époux.

ONZIÈME JOURNÉE.

Le Val de Burbe. — La Vallée d'Aran. — Bosost : l'hôtel de France. — Lez. — Le Pont du Roy et la roulette : nouvelle manière de lever l'impôt en Espagne. — Saint-Béat : le Pic de Gar, les carrières de marbre, les cheveux d'anges.

L'anecdote de la boîte à cigares ne nous a pas mis si vite en fuite, hier soir, que nous n'ayons eu le temps de risquer un projet d'expédition pour ce matin. Il a été convenu que nous envahirions en masse la vallée d'Aran, les uns avec le désir d'affronter l'œillade de quelque brune manola de Bosost, les autres dans le dessein prémédité de faire sauter la banque au pont du Roy. Rendez-vous a été pris pour huit heures : l'hôtel Bonnemaison est le point de départ.

A l'heure dite, tous et toutes répondent à l'appel, malgré les menaces d'un ciel couleur de muraille plus propice à l'amoureux qu'au touriste. « Choisissez un temps nuageux », dit Boubée : nous sommes dans les conditions, j'ai même peur que nous n'y soyons trop. Les chevaux sanglés, les gourmettes vérifiées, nous nous ébranlons en cavalcade moins ordonnée que tumultueuse, nonobstant les poses solennelles des trois guides qui prennent la tête, égrenant, de droite et de gauche, le chapelet de leurs coups de fouet. L'itinéraire est largement tracé. Nous irons à Bosost par le Portillon, puis des calèches parties de grand matin, du côté de Cierp, nous trouveront l'après-midi au village espagnol et nous ramèneront à Luchon par Saint-Béat. Belle et *chère* course vraiment, car chaque cheval nous coûtera *sept* francs et chaque voiture *soixante*, non compris les guides tarifés comme quadrupèdes, les droits de passe, et le reste. Mais, que nous importe? cette dépense, la roulette la payera. L'un des nôtres possède une martingale infaillible : gare aux desservants du tapis vert! nous allons tailler des croupières aux croupiers.

Ce n'est pas qu'au fond je partage beaucoup ces illusions. Le double zéro est un capricieux qui manque souvent de galanterie. Quant à trouver une perle andalouse dans le fumier de Bosost, j'y fonde encore moins d'espoir. Ce taudis ne m'a jamais montré qu'une femme digne de ce nom... elle était Écossaise!

Enfin, vaille que vaille, nous trottons vers l'Espagne et nous nous embranchons au chemin de Saint-Mamet. Laissant à gauche l'église et son clocher pointu, nous traversons, d'une folle allure, ce village créé pour les perspectives lointaines, fort peu séduisant à l'analyse. « Ses habitants sont vifs, polis, pleins d'une urbanité particulière », écrit un auteur : c'est sans doute pour cela que les enfants nous y saluent, au passage, d'une grêle de projectiles. Les dernières maisons franchies, la route se poursuit d'abord entre des prairies et des champs cultivés, dominée par des blocs de gneiss ou de granit dans les fentes desquels croît la bruyère. A gauche, la hutte de nuit d'un douanier, Castelvieil à droite. Au travers des rocs sombres ou empourprés, nous nous élevons par une pente facile jusqu'à la *cascade Sidonie,* humble chute qui, vers la fin d'août, ne fait guère qu'épancher des larmes. Son onde rare, mais pure, n'est pas plus éblouissante que l'épaule de celle dont le nom lui reste. Sidonie S... était le charme des fêtes, l'orgueil de la vallée ; hélas ! « elle aimait trop le bal... », et aujourd'hui, si elle danse encore, ce n'est plus qu'aux pâles rayons de la lune, dans la ronde vertigineuse des willis.

Ce lieu faillit, il y a peu de jours, consacrer une autre mémoire. Une jeune amazone arrêtée devant la cascade et perdue dans sa rêverie, — peut-être songeait-elle à la morte, — ne s'aperçut pas que sa monture reculait; or aucun parapet ne défend la route fort étroite à cet endroit, et le précipice la borde. Soudain l'animal perd pied : cheval et femme disparaissent dans un nuage de terre et d'herbes arrachées. Un pâtre voisin qui accourait, les crut anéantis. Heureusement, à deux mètres en dessous la roche fait saillie. Tandis que le cheval affolé se débattait sur cette étroite plate-forme avant de rouler à quatre-vingts pieds plus bas pour s'y briser, l'amazone sut se dégager de l'étrier, et, par un effort suprême, se cramponner aux branches d'un arbuste qui ne rompit point. On vint la délivrer de cette suspension aérienne… dans quelle fièvre d'émotion? je le laisse à deviner. Ce fut, pendant toute une semaine, l'histoire de Luchon. Bien que quinze jours aient passé dessus, nos aimables compagnes n'ont point encore oublié l'aventure, car je les vois tirer sur la rêne, au risque de se rafraîchir dans l'écume de Sidonie.

Un peu plus loin le vallon s'élargit entre une double haie de fougères et de bruyères roses.

Nous côtoyons des prairies, véritable Éden qu'arrosent deux ruisseaux. Leurs eaux limpides courent sur des pelouses ombragées de bouquets d'arbres dont parfois les branches se rejoignent en berceau. Quelques cabanes se cachent à demi dans la verdure, refuge des mois d'hiver pour le pâtre et pour les génisses. Les unes brouteront alors cette chevelure des prés qui nous embaume; l'autre, moins fortuné, vivra de laitage, de pain dur et de pommes de terre. Des noisetiers nous tendent leurs rameaux chargés de fruits; mais nous n'avons pas le loisir de nous amuser à cueillir l'aveline. Les nuages s'épaississent au-dessus des escarpements boisés de cette riante oasis qui serait Tempé, si elle n'était le val de Burbe. Nous pressons le pas de nos chevaux, en gagnant le fond de la gorge qui de nouveau se resserre. Vers la droite surgit une magnifique paroi de rochers dont les diverses assises, se surplombant l'une l'autre, servent de point d'appui à des pins étagés. Un écho puissant y sommeille, que Redonnet réveille de sa voix de stentor. Nous entrons, à ce moment, dans une belle forêt de sapins, de hêtres et de chênes dont quelques-uns, évidés par les ans, semblent n'avoir plus pour troncs qu'une écorce. Des ruisselets traversent le chemin, désormais caillouteux et mauvais : force nous est de prendre la file dans cette montée plus rapide. Nous entendons un bruit de clochettes : ce sont des troupeaux nonchalamment couchés sous les arbres, qui nous regardent passer avec leurs grands yeux étonnés. Encore un effort, et nous voici à 1,308 mètres d'altitude, atteignant le *Portillon*, limite de la France et de l'Espagne.

Avant de mettre le pied sur le sol ibérien, nous laissons souffler nos bêtes en face de quatre arbres verts qui ont leur célébrité. Ce groupe remplace, dans la langue du pays, l'ancien *treizième arrondissement* de Paris. « Ils se sont mariés sous les sapins du Portillon ! » dit-on plaisamment des couples qui, pour s'unir, négligent les formules du maire et la bénédiction du curé. Les dames de notre caravane leur jettent, en passant, un regard indulgent. Est-ce pour les en punir que la nuée crève? Je ne sais, mais la pluie se met à descendre en même temps que nous vers Bosost. Plaids et imperméables s'enroulent autour des épaules : les voiles s'imbibent, la paille des chapeaux s'affadit. Déjà le drap des amazones commence à mouler les formes, tandis que nos feutres font gouttière. Pour vilains, nous le sommes! Ceux qui avaient des prétentions à conquêtes en paraissent chagrins. Comment parer à cette malechance? Pousser un temps de galop, il n'y faut point songer, tant le sentier pavé de dalles glissantes, hérissé de cailloux aigus fait peu d'honneur à la vicinalité des Cantabres! C'est déjà beaucoup de ne point embrasser sa mère à la façon du premier Brutus. Le plus sage nous paraît de prendre l'eau du ciel en patience, jusqu'à ce que nous ayons atteint le poste des *carabineros*. Là du moins, une agréable surprise nous est ménagée. Nulle tête basanée ne sort à notre approche pour nous demander, dans la langue de Michel Cervantès, nos papiers d'abord, la pièce ensuite. Point de droits de passe à débourser, point de vexations à subir. Le poste est abandonné pour cause de prudence. L'arrivée d'un détachement de carlistes a fait fuir les honnêtes carabiniers : non moins honnêtes, les rôdeurs de montagne en ont profité pour enfoncer la porte de la maisonnette, briser les vitres et mettre à mal le pauvre mobilier. Par bonheur, le toit a été respecté : nous n'en demandions pas davantage. Nous voilà, bien qu'un peu tard, garés de l'ondée qui continue à sévir.

17.

Au bout d'une demi-heure, le brouillard s'humanise. La pluie ne tombe plus qu'en gouttelettes fines et rares : *une pluie sèche,* eût dit le chevalier de Rostang, resté célèbre dans la Drôme par des mots de cette hardiesse. Nous nous risquons à continuer la descente. Deux chemins conduisent d'ici à Bosost : l'un récent et meilleur; l'autre, ardu, glissant, dangereux, mais plus court. C'est la voie qu'adoptent, à l'unanimité, celles qui, depuis la bourrasque, ne peuvent que par un abus de galanterie, passer pour la plus belle moitié du genre humain. Au risque de se casser le cou, elles ont hâte de sécher. Affreux par un beau jour, cet escalier branlant devient indescriptible sous la pluie. A chaque pas les chevaux glissent, menaçant de nous rompre les os : on dirait, à les voir, qu'ils ont pris des leçons de grand écart en quelque cirque forain. Enfin, de faux pas en génuflexions, tant bien que mal, ils nous amènent à un roc qui domine le pays d'Aran presque tout entier. Comme s'il n'eût attendu que cet instant, le soleil fait effort et commence à se taillader des crevés bleus dans son pourpoint de nuages. Grâce à lui, nous pouvons saluer la Garonne qui court entre les peupliers, pareille à un ruban vert lamé d'argent. De ce point, comme sur le relief de M. Lézat, nous saisissons la bifurcation de la vallée, dont l'une des branches forme Artigues-Tellin, pendant que l'autre fuit jusqu'à Viella. Un peu sur la gauche, presque à nos pieds, Bosost mire ses toits d'ardoise et ses maisons de bois dans le flot roux du torrent. Plus loin, sur la même rive, se montre Lez, puis, de l'autre côté, Canéjan, suspendu telle qu'une chèvre aux buissons de sa montagne. Le pont du Roy se devine en dessous, dans la gorge étroite qui l'enserre. Ce tableau qu'un seul regard embrasse est marqué au coin de la tristesse, mais aussi de la grandeur, car les pics, dont l'ombre s'étend sur Aran, mesurent tous 1,800 et 2,000 mètres d'altitude.

Une course intéressante, très-facile d'ici, serait de descendre à droite dans la vallée qu'on suivrait jusque vers son chef-lieu. Cinq ou six heures suffisent. Sans valoir Séville ou Grenade, Viella exerce mieux l'hospitalité que Vénasque. Les maisons au cachet antique y sont aussi plus curieuses avec leurs *miradores* à réjouir les donneurs de sérénades et

« A faire damner les alcades
Du Tage au Guadalété. »

On pourrait, le lendemain, reprendre l'embranchement de la vallée d'Artigues, remonter au travers des sapins jusqu'à l'ermitage, boire, en passant, aux sources du Goueil de Jouéou, rejoindre les pâturages de Campsaure, au-dessous du pas de l'Escalette, rentrer enfin à Luchon par l'Hospice. Et si cette excursion est faite le 8 septembre, anniversaire de la fête patronale, le plaisir n'en sera que plus vif, puisqu'au charme du paysage s'ajoutera l'intérêt de la danse et des costumes.

Nous avons notre tâche pour le moment, celle d'arriver à Bosost. Grâce au temps et au sentier, meilleurs tous deux, nous ne mettons que trente minutes à atteindre l'entrée de ce bourg. Je le reconnais à ses rues étroites, fangeuses, nauséabondes, dont le nom pompeusement s'étale sur de magnifiques plaques de porcelaine vernie, dignes des plus grandes cités : *calle Mayor, calle Real....* — « CALLE INFEC-TADOS ! » ajoute un de nos compagnons, en se pinçant le nez.

« Ces messieurs iront sans doute à l'hôtel de France ? interrompt l'un des guides.

— Gardez-vous-en ! » m'écriai-je avec horreur. Et alors, je conte à la caravane de quelles exactions M. de G. et moi fûmes victimes, l'an dernier, en cette posada coupe-gorge. La gargote est tenue par un long et maigre hidalgo — l'alcade, je crois — flanqué d'un gars bien en graisse, quelque chose comme Don Quichotte et Sancho Pança. Le poing en avant, ces honnêtes détrousseurs exigeaient vingt francs d'une tranche de pain mouillée d'un verre d'ignoble piquette. Et comme nous disçutions, un peu vivement, j'en conviens, ils firent mine de lever sur nous leur navaja. Je voulais trouer Sancho d'un coup de revolver : M. de G. m'en détourna, sous prétexte que cela nous causerait des désagréments avec le corrégidor, — ce qui est fort possible. Nous payâmes et nous partîmes. Mais j'ai juré, et je me tiens parole, de recommander l'Hôtel de France : avis à ceux qui ne veulent être ni empoisonnés, ni détroussés, ni jugulés !

Sur mon conseil, la caravane s'arrête devant l'hôtel rival. Le patron, son bonnet à la main, se multiplie pour nous servir. Un grand feu est allumé dans une cheminée à rôtir un bœuf. Nous nous retirons par discrétion, tandis que nos compagnes, semblables à Aphrodite qui sort de l'onde en tordant ses cheveux, s'y présentent de face, de dos et de flanc. Je le présume, du moins, n'ayant garde d'interroger la serrure. Un miroir cassé, que trois clous tiennent au mur, leur sert à réparer l'outrage de la tempête, plus clément, Dieu merci! que celui des ans. O jeunesse, printemps de la vie! Elles reparaissent bientôt, le sourire aux lèvres, assez bravement pavoisées. Une vaste friture de petites truites du torrent et un immense plat de pommes de terre sautées achèvent de leur rendre la belle humeur. Cette collation est arrosée d'un rancio étranger aux alambics de Cette. Ainsi lestés, nous pourrons patiemment attendre le festin que nous nous promettons de Saint-Béat. Puis nous nous disséminons dans Bosost, au gré de notre fantaisie. Les dames traversent la place ombragée d'arbres séculaires et se rendent à l'église, moins pour y prier, je crois, que pour voir des chapeaux à la Basile et entendre une sonnerie de clochettes dont une roue met en mouvement tout le carillon. Les chercheurs d'aventure s'égarent dans de ténébreux carrefours d'où ils ne rapporteront qu'une forte odeur d'écurie. Les amis de la belle nature se dirigent vers le fleuve et je me mets avec ces derniers. Nous remontons lentement le long de la Garonne, dans un échiquier de pièces de terre moissonnées, vers le petit ermitage qui émerge d'un bouquet de peupliers. Notre lot n'est pas le meilleur. Une troupe d'enfants nous a avisés et pris pour victimes. « Un petit sou, monsieur ! » sont les quatre seuls mots qu'ils sachent de notre langue, mais ils les savent bien. Déjà nos amis ont vidé leurs poches, et les voilà à la merci des jeunes drôles qui les enveloppent d'un cercle glapissant. J'accours fort à propos avec ma réserve de billon. Je leur jette au loin une poignée de mitraille et tandis que, couchés sur terre, ils se superposent en grappes humaines pour se disputer ma libéralité, nous nous disposons à opérer une retraite savante. Mais nous n'avons point agi assez rapidement. Nous sommes rejoints au bord de l'eau et de nouveau assourdis. Il faut en finir. Je rassemble mes derniers gros sous et les lance en pleine Garonne. Prompte comme l'éclair, la bande met habit bas et plonge, d'un élan, à leur recherche. C'est sur quoi comptait ma cruauté. Nous prenons la fuite, abandonnant nos persécuteurs aux divinités vengeresses du fleuve. Le reste de la compagnie nous rejoint sur le pont du Casino, augmenté d'une pacotille de foulards en soie et de jarretières à devises galantes : la boutique de l'unique *comerciante* y a passé. Devant nous se dresse le temple du jeu sous la forme d'une guinguette badigeonnée de blanc. La porte en est fermée. Le dieu tient aujourd'hui ses assises au pont du Roy où nous allons lui porter notre or, à défaut de myrrhe et d'encens. Je retrouve d'ailleurs nos aventureux flâneurs en pleine déconvenue. Là où ils croyaient voir briller une prunelle noire ou s'arrondir une jambe aragonaise, ils n'ont rencontré que jupons sales et bonnets de laine graisseux sous lesquels de vigoureux gaillards ou de grandes dessalées ne craignent pas de demander l'aumône. Ici, on ne doit pas attendre d'autre fortune, sur semaine du moins. Le dimanche offre un peu plus de relief. On y danse parfois, et si la jeunesse n'est point disposée à baller, quelques pièces blanches habilement distribuées ont raison du scrupule. Déliez votre bourse, ils délieront leurs jambes.

J'ai assisté jadis à un 15 août de Bosost. C'était alors notre grande fête nationale : c'est toujours celle de ce bourg. Je vois encore garçons et fillettes, les uns en culotte de velours noir et ceinture de laine écarlate, les autres en jupe courte et fichus aux couleurs éclatantes, s'avancer sous le regard paternel des anciens qui président aux divertissements. A un signal, sous les accords d'une musique primitive, les couples se livrent à une sorte de bourrée qu'on décore pompeusement du nom de *fandango*. Puis, après trois quarts d'heure de cette gymnastique enragée, ils s'arrêtent sur un nouveau signe. Alors apparaît un grand ballon de verre blanc à long col, assez semblable aux cornues de nos vieux alchimistes. Rempli bord à bord d'un vin couleur de topaze, le vase circule à la ronde : chaque lèvre s'y appuie à son tour, et les baisers du pays sont conciencieux, si j'en juge par ceux-là. Le fandango reprend ensuite de plus belle, les choses continuant de la sorte tant qu'il reste des muscles aux jambes et du vin dans les outres.

Bosost n'a plus de voluptés à nous offrir. Nous prenons congé de nos guides qui vont rentrer à Luchon par la montagne, et nous nous entassons dans les trois calèches qui nous attendent. La douzaine de chevaux qui les amena nous remmène par une belle route tracée entre la montagne et la Garonne. Nous traversons *Lez*, village en tout semblable au précédent. Il possède un établissement d'eaux thermales que Cromwell eût fort appréciées, car on les dit souveraines contre la gravelle. La Rouge et la

Noire y fonctionnent aussi, à certaines heures de la semaine; mais, comme à Bosost, le Casino fait relâche aujourd'hui en faveur de son voisin. Passons donc à toute vitesse devant le château de M. Tron, ce marquis de Carrabas qui a un pied sur tous les territoires, et franchissons l'unique lieue qui nous sépare du *pont du Roy*.

Rien de plus sauvage que le défilé où s'entrelacent les croisillons de ce fameux pont de bois. Tel est, à cet endroit, l'étranglement de la vallée sous l'étreinte des montagnes, qu'il n'y a place que pour la route et le fleuve : encore la route a-t-elle eu besoin de la poudre pour fendre le roc, et l'onde doit-elle, impatiente, bouillonner en écume avant de reprendre son libre cours. Le passage est neutre : un Horatius Coclès déterminé suffirait à le défendre contre une armée. Au delà s'élèvent deux établissements : l'un emplit l'estomac — assez mal, l'autre vide la bourse — très-bien; j'ai nommé l'hôtellerie et le Casino. Ce dernier est de fraîche date : il remonte à trois mois tout au plus. L'entrepreneur des jeux l'a collé au roc, sur la rive espagnole. Un petit pré vert s'étend devant et descend en pente douce vers la Garonne. Rendons hommage à celui qui a disposé les choses. Une roulette au bord d'un torrent est le chef-d'œuvre de l'humanité. Le joueur décavé qui perd la tête avec son dernier écu, garde la ressource de plonger sous deux mètres d'eau. Nous sautons hors de nos véhicules avec l'entrain de néophytes. Franchir le pont de bois et entrer dans la salle est l'affaire d'un instant. Nous avons hâte d'essayer la fameuse martingale. Les instruments de ce tripot ressemblent à tous ceux de leur espèce : une longue table habillée d'un tapis vert strié de colonnes et constellé de numéros : au milieu, le bassin où court la bille d'ivoire : des siéges tout autour. Çà et là scintillent des rouleaux éventrés ; des liasses de billets soyeux frissonnent au vent du rateau. Rien d'ailleurs qui rappelle les splendeurs de Monte-Carlo : la simplicité de l'ameublement est extrême, et nulle musique ne rompt le silence fiévreux des joueurs, hormis la voix monotone de celui qui annonce le coup. Notre entrée provoque le sourire des croupiers : « Voilà des pigeons à plumes fournies », semblent-ils se dire. En quoi ils se trompent, car nous avons fait une masse commune destinée au sacrifice, après quoi nous ne risquerons pas une piastre. Pour ma part, j'ai passé procuration à M. de G..., homme habile à pointer la carte. En fait de jeu, celui des physionomies me plaît davantage. J'utilise mes loisirs à le suivre. Jobards et grecs, hétaïres et grandes dames, il y a un peu de tout dans ce pandémonium des affamés du métal jaune. C'est dire que j'y retrouve la variété bien connue du monsieur qui n'ayant rien mis, prétend retirer quelque chose, ou celle encore du ponteur qui, sous prétexte de surveiller son argent, se presse amoureusement contre l'épaule de la jeune femme assise devant lui. La duchesse de L.-B. arrive en même temps que nous, avec sa chevelure de lionne ondoyant sur ses épaules de marbre. Elle ne paraît pas très-familiarisée avec les détours de l'antre, et ressort bientôt ayant, mais en vain, provoqué la fortune qui déteste les jolies femmes. Nous ne tarderons sans doute guère à la suivre, car nos fondés de pouvoir, barbotant en pleine déveine, abusent de notre confiance au point de fatiguer le râteau de l'administration.

Mais quel est ce bruit de pas précipités le long de l'escalier de bois? Tandis que la bille, lancée d'une main sûre, vole autour de son anneau de cuivre et que déjà le préposé a prononcé sa phrase sacramentelle : « rien ne va plus ! » la porte s'ouvre violemment. Un Espagnol, le fusil à l'épaule, le couteau catalan à la main, apparaît sur le seuil. Quatre estafiers le suivent, armés jusqu'aux dents. Les hommes s'étonnent, les dames s'évanouissent, les croupiers sautent sur la caisse et s'enfuient, épanchant dans leur course folle une nouvelle rosée de Danaé. Mais le chef de la bande envahissante, par un jeu intelligent de son arme, modère toute cette fuite. Nous nous croyons victimes d'un acte de banditisme, et déjà nous armons nos revolvers... Tout s'explique cependant. Nous ne faisons qu'assister à un mode de perception assez habituel, paraît-il, à cette paisible vallée. Quand, pour édifier une église ou réparer un chemin, le juge de Viella manque d'argent, il a un moyen aussi primitif que sûr de battre monnaie. Les Northmans le pratiquaient jadis, et les gentilshommes des Abruzzes ne le dédaignent pas aujourd'hui ; seulement, le Brid'oison ibérien y ajoute la *fô-ôrme*. Il prend le premier garde-champêtre qui passe, le munit d'un acte portant pleins pouvoirs avec pas mal d'alguazils et de carabines à la marge. Ce *Missus dominicus* ainsi pourvu fait une descente dans les roulettes de la frontière, opère paisiblement sa recette, puis se retire après avoir tiré le *sombrero* à l'honorable compagnie. Parfois on compose avec MM. les publicains ; la tolérance, en ce cas, s'obtient à des prix assez doux, la banque se rédimant pour une cinquantaine de pièces d'or. Je recommande le procédé à l'honorable préfet de Toulouse, lors des basses eaux budgétaires de son département.

Quoi qu'il en soit, cet épisode plein de saveur nous est plus à gain qu'à détriment. Par son intervention pittoresque, il nous économise tout ce que nous aurions encore perdu. Nous quittons le temple d'où l'on vient de chasser les vendeurs, et nous mettons le cap sur *Saint-Béat*. C'est jusque-là une succession de jolis villages tels que Fos et Arlos, une sorte de jardin naturel qu'entrecoupent des prairies et des forêts buvant à même le flot de la Garonne. Nous entrons dans la petite ville. Son blason — une clef d'or surmontée d'une fleur de lis en champ de gueules — rappelle l'ancien nom de « clef de France » que justifie sa position. Une rue et un torrent, voilà Saint-Béat. Ses maisons plaquées au roc d'un côté, baignent, de l'autre, leur pied verdi dans le courant du fleuve : mais le roc ici est du marbre et le fleuve semble charrier de l'or. Un millier d'âmes peuple ces habitations quasi lacustres. Nous descendons devant l'hôtel du *Commerce*. Il a pour lui sa cuisine, qui est bonne, et sa jolie terrasse à balustre de fer découpé qui plonge sur l'humide élément. Des chambres, il n'en faut point parler. Nous commandons le dîner, le meilleur et le plus prompt possible, avec *cheveux d'anges* à l'entremets. Ce qu'entendant, une jeune fille minaudière porte la main aux siens, comme si on voulait les lui couper. C'est de la prétention. On nous demande une heure et demie pour le tout : accordé. J'aurai ainsi le temps de visiter les carrières situées hors la ville, sur le chemin de Cierp.

Nous grimpons, en passant, par une sorte d'escalier rustique, à un petit pèlerinage que la photographie a souvent reproduit. Cambon l'envierait pour un de ses décors. Sur la plate-forme sont encore debout les ruines d'un burg du xiie siècle. La tour principale en a été appropriée aux besoins de la chapelle toute moderne qui s'y élève : elle sert à la fois de clocher et de beffroi. Au bout de ce terre-plein, une sainte Vierge colossale repose sur un piédestal de marbre. C'est la gardienne de la vallée, comme l'indiquent les trois mots en lettres d'or que n'ont pu effacer les orages : *posuerunt me custodem*. De ce point, on suit volontiers les méandres de la Garonne dont la ceinture flexible enveloppe amoureusement la cité. Il y a là un horizon de montagnes un peu tristes, parmi lesquelles la Pales de Burat joue le rôle de maîtresse cime. Les premiers contre-forts ne sont qu'un empâtement immense de marbres voilés d'arbrisseaux dont les Romains tiraient déjà profit. Ils exploitaient un filon de brèche nankin abandonné aujourd'hui. Voilà ce que je désire examiner de près. La société n'étant point de mon avis, je la laisse sous une touffe d'acacias à la contemplation de cette verte et poétique nature. J'en agis ainsi avec d'autant moins de scrupules, qu'en mon absence les distractions ne lui manqueront pas. Les mûriers sauvages sont couverts de fruits et la table du sacristain d'images pieuses, de médailles ou de chapelets : il y en a pour l'âme et il y en a pour le corps.

La route macadamisée de marbre à grain étincelant brille comme un miroir. Phœbus, lavé par la pluie, s'est doré de nouveaux rayons. A une demi-lieue environ de Saint-Béat, je fais halte au pied du *Mont-Arri*, devant un amoncellement de blocs énormes, bruts, informes, d'où sortiront plus tard, au caprice du sculpteur, le dieu, la table ou la cuvette. C'est à cette montagne, exploitée à mi-hauteur, que le tranchant de l'acier vient demander ce beau marbre statuaire, rival de celui de Carrare. Je monte à la carrière par un sentier en lacets à peine indiqué parmi les arbustes et les buissons sauvages : vingt minutes d'une ascension rapide m'y amènent. La vue dont je jouis alors suffirait pour me dédommager de la peine.

En face de moi surgit le *Pic de Gar*, géant aux sept pointes, consacré jadis à la divinité. Bien que d'ordre secondaire (1,787 mètres), il a grande mine pourtant, semblable à ces hommes de moyenne taille, mais de proportions heureuses, qui surfont. Son roc grisâtre, marqué de taches de rouille, s'élance, comme d'un jet, vers le ciel qu'il déchire à arêtes vives. On dirait d'un mur immense, absolument vertical. Il est cependant moins inaccessible qu'il n'en a l'air. Ses flancs, qui récèlent aussi le marbre, se prêtent volontiers à l'escalade : il faut seulement attaquer par le versant opposé, en partant du village de *Chaume*. Les très-gracieuses filles de

M. Boileau, le chimiste, sont arrivées à cheval jusqu'à son sommet. On y découvre une belle vue de plaine : or, comme ce n'est point précisément là ce qu'on cherche dans les Pyrénées, il en résulte que la course est rarement faite. Les guides de Luchon y demeurent étrangers ; mais on trouve, à Chaume, dix paysans pour un disposés à vous conduire.

Aux pieds de ce colosse abrupt et dénudé, quatre hameaux s'étagent en amphithéâtre, avec leurs toits rouges et noirs à demi perdus dans les arbres. Ils égayent une côte verdoyante que la Garonne lave de son flot. Celle-ci n'a point encore perdu ses allures de torrent et bruit à travers les peupliers, courant à la rencontre de la Pique. Plus près de mon regard, de longues bandes de champs cultivés viennent doucement mourir au bord de la route. A gauche, bleuissent les montagnes de la vallée de Luchon, avec une échappée sur Montréjeau : à droite se devinent les premières maisons de Saint-Béat. Tout cela est joliment agencé et bien en scène.

Par un étroit passage suspendu sur le roc, j'arrive à l'excavation, but de la grimpade. Elle ressemble d'en-bas à la gueule d'un four : de près, elle égale en hauteur la voûte d'une cathédrale. Depuis cent ans on y travaille, et pourtant, si l'on compare cette brèche à la masse ambiante, il faut bien avouer que la paroi de la montagne semble à peine grattée. Huit ou dix ouvriers sont occupés en ce moment à détacher un bloc gros comme une maison. Tels que le geindre battant le pain, ils gémissent et s'excitent de la voix. Leurs procédés d'extraction me paraissent d'ailleurs assez élémentaires : la poudre à mine, les burins, les coins et les pinces sont les seuls engins qu'ils emploient. Aucun outillage perfectionné. Pour eux, la mécanique n'a pas marché depuis la première Révolution. À ce train, la montagne sera en voie d'exploitation au jugement dernier. Les blocs, une fois coupés, sont poussés à main-d'homme, puis précipités par une sorte de couloir à avalanches semé d'éclats, jusqu'à la base de la montagne où ils s'arrêtent d'eux-mêmes. On les façonne ensuite sur place, ou bien on les expédie. De ce magnifique chantier à ciel découvert sont sorties les lourdes colonnes monolithes de l'établissement thermal de Luchon. Un des ouvriers m'apercevant, se détache du groupe et vient m'offrir de beaux échantillons de marbre blanc comme le sucre, à pâte serrée et brillante, puis quelques fragments plus gris avec dépôt de soufre ou filons de cuivre, d'autres enfin pénétrés d'ophite et teintés d'un vert superbe. Je reconnais cette offrande par deux ou trois pièces de monnaie qui le rendent tout joyeux, et ses compagnons de s'écrier : « Nous boirons à votre santé ! » C'est que le 4 Septembre ne leur a point été favorable. Depuis cette date néfaste, l'ouvrage ne donne guère, le marbre statuaire n'est pas de défaite. La république a si peu de grands hommes à tailler dans le paros ! Si d'aventure ses héros sont *coulés*, ce n'est assurément point en bronze.

Je redescends par un chemin que j'improvise en appuyant fortement sur la droite. Grâce à cette *spéculation*, comme dirait Topffer, j'arrive en un quart d'heure à Saint-Béat. La compagnie s'est déjà installée le long de la terrasse du bord de l'eau où l'on a dressé le couvert sur une nappe étincelante. Je la trouve en train de planter la cuiller dans une odorante garbure aux choux qui est une des renommées de l'hôtel.

Les conserves de canard, la gibelotte épicée, les volailles rôties sont tour à tour saupoudrées de gaieté et arrosées d'un vin doux d'Espagne qui prépare l'entrée triomphale des *cheveux d'anges*. Le voilà le plat fameux aimé des gourmets! L'hôtesse l'apporte elle-même en grande pompe, et chacun et chacune de tirer avidement sur son assiette des fils de cet or rouge fumant. Ce ne sont pourtant que des carottes préparées au sucre : oui, mais de quelle façon? C'est le secret de la maison. On se refuse absolument à nous le livrer. Par fortune, se trouve dans nos compagnes une aimable fourchette qui, en matière friande, rendrait des points à Grimod de la Reynière, voire à Brillat-Savarin. Elle a expérimenté la chose en son particulier, et, après diverses tentatives infructueuses, est arrivée tout d'un coup à la perfection. La bonne âme, entre deux coupes de champagne, consent à trahir pour moi le mystère de son laboratoire, en échange de quoi je lui décerne le titre de « fée aux carottes ». Sans esprit de monopole, je livre sa formule à prix d'emplette :

Vous prenez des carottes courtes, rouges et bien sucrées, espèce particulière qui croît abondamment dans la Haute-Garonne. Vous les découpez en fines lanières, dans le sens de la longueur. Une fois préparés, vous mettez vos légumes dans une casserole avec de l'eau et du sucre, puis vous laissez mijoter trois heures durant sur un feu doux. La grande difficulté de la réussite gît dans la cuisson : c'est une question de mesure. A ce moment, l'eau doit être complétement évaporée et la masse fort réduite. Vous additionnez alors de petites tranches d'écorce de citron cru ou mieux encore de cédrat confit : un quart d'heure après, vous dressez et servez bouillant. — *Nota bene :* pour que l'opération soit satisfaisante, les carottes doivent rester très-tendres et le sirop ne former qu'un glacé enveloppant le fil.

Gare aux friands qui entrent au paradis après quelques années de purgatoire! Une rechute de gourmandise leur sera facile, si les chérubins portent de telles perruques.

Commencé aux dernières lueurs du soleil couchant, le souper s'achève à la clarté des lampes. Déjà les calèches sont attelées et les chevaux hennissent devant la porte. Nous réglons les comptes, et puis, au revoir! Il est huit heures. Sous un ciel étoilé qui a souci de nous faire oublier ses caprices du matin, nous regagnons Luchon à grande vitesse. Nous passons ainsi, au galop, devant les joncs du petit lac de *Stagnaou*, baignés par un rayon de lune.

Je ne sais quel industriel a imaginé d'y installer des bains sulfureux sous des échoppes de bois : je ne crois guère au succès de l'entreprise. Nous traversons le délicieux village de Marignac, dominé par une tour sarrasine et égayé par son frais vallon que ferme la Pales de Burat ; puis nous nous engageons dans la rue étroite de Cierp. Les seize derniers kilomètres sont rapidement franchis. Ils nous semblent d'autant plus courts, que notre ami le forestier les pimente de ses histoires aussi amusantes qu'invraisemblables. Vers neuf heures et demie, après une dernière poignée de main échangée à l'anglaise, nous nous séparons et allons nous coucher sous l'impression d'une bonne journée de plus à joindre aux fastes de notre vie.

Nous coucher, ai-je dit ? prétention vaine, en ce qui me concerne du moins. Je trouve sur l'escalier un compatriote qui, las de m'attendre, allait rentrer chez lui. C'est Gaston Joliet, le fils d'un ancien maire de Dijon. Jeune, ardent, bien découplé, il est l'amant de la belle nature à tous ses degrés : les courses périlleuses le tentent, les sommets vertigineux l'attirent. Depuis une semaine, il rêve *Perdiguères*, et j'ai promis de l'y suivre. Promesse imprudente dont il vient demander l'exécution : et pour demain, encore! Or, demain est presque aujourd'hui, puisqu'il s'agit de partir à une heure de la nuit, quand l'horloge en marque déjà dix. Je discute, je parlemente, je trouve des objections : peine perdue. Le traître a tout prévu, tout ordonné, et la voiture qui nous conduira aux granges d'Astos, et le guide qui nous montrera le chemin du terrible sommet. Moi qui me berçais déjà, en imagination, d'un sommeil capitonné de jolis songes! Enfin je me rends. Pour étouffer toute velléité de mollesse au moment critique, je revêts le costume de montagne, puis je me jette entièrement équipé sur mon lit. Je reposerai du moins une couple d'heures. Ah! tout n'est pas roses dans le métier de touriste, encore moins dans celui d'ami.

DOUZIÈME JOURNÉE.

Ascension du Perdiguères. — Le vieux Michot. — Lacs d'Espingo, de Saousa, du Coum de l'Abesque. — Un mot du Quaïrat. — Lac du Portillon. — Le Tuc de Montarqué. — Le Lac glacé d'Oo. — La plus belle vue de sommet. — Cascade Lambron. — Labeur de cette course effectuée en vingt-deux heures.

Paulo majora canamus. Voici une course de sommets qu'un homme ne doit entreprendre qu'à bon escient, et dont une femme — si elle n'est Marphise ou Bradamante, — fera sagement de s'abstenir. La Maladetta offre peut-être des risques moindres et moins de fatigue à coup sûr.

Dès une heure du matin, je suis debout. J'ouvre ma fenêtre et j'interroge l'horizon. La promesse d'un beau jour me console de ma nuit perdue : une pluie d'étoiles inonde le ciel. Il faut donc procéder en hâte aux derniers préparatifs. A ce moment on frappe un coup discret à ma porte, et, sur mon invitation, une ombre se glisse tout d'une pièce. Ce n'est rien moins que Michot, le doyen des guides de sommets, celui qui, avec M. Lézat, eut le bonheur d'escalader le premier la plupart des pics réputés inaccessibles : c'est Michot, le vieux de la montagne ! Il est armé de pied en cap. Souliers solidement ferrés, jambières de cuir noir bouclées d'acier, culottes semi-collantes en coutil, gilet de drap rouge et veste en velours noir, bâton à la main, sac militaire au dos, tel est l'équipement à la fois commode, élégant et sévère du hardi montagnard. Une plaque brille à son bras où sont gravés son nom, ses titres, son numéro... le numéro 1, s'il vous plaît. Barreau ou J. Aurillon, ses émules, ne sont que des jouvenceaux près de lui. Sa taille moyenne, mais droite et bien prise, ses cheveux épais, plus noirs encore que blancs, sa mâle figure aux joues légèrement creusées qu'encadre un mince collier de barbe grisonnante, surtout son jarret d'acier ne trahissent guère que le demi-siècle. Soixante-dix hivers pourtant pèsent sur ces robustes épaules. Les fragments du plan en relief que tant de fois elles ont monté au séjour des orages n'ont pu les courber. Rarement il sourit : comme Lamartine, qu'il n'a jamais lu, il méprise le rire. Cooper eût trouvé en lui le type de son *Bas-de-Cuir*. Vigoureux entre les plus forts, ce vieillard ne paye tribut au temps que sur un point : il est à peu près sourd.

Tandis qu'il enferme dans son bissac une gigue de mouton, un pain, trois poulets et autant de flacons de *Crébillon 1865*, j'apprends que mon homme arrive du Néthou. Et il va repartir pour le Perdiguères ! Je le reconnais bien là. Sur l'allée, Verdalle nous attend avec ses quatre chevaux fringants, car la route, jusqu'aux granges d'Astos, s'accomplit en voiture. Nous prenons Gaston Joliet devant son hôtel, et, par une vraie nuit de Grenade, nous traversons au galop les rues de la ville endormie. Il est une heure trente minutes.

En sa qualité d'oreille réfractaire, Michot n'aime pas les discours inutiles : il s'établit dans son coin et n'en bouge plus. Gaston et moi commençons quelques propos bien vite interrompus. Nous ne sommes point sans souci sur l'issue de notre expédition. Tous les guides nous ont prédit qu'eussions-nous des jambes d'isard, nous ne l'accomplirions pas d'un lever de soleil à son coucher. C'est ce que nous verrons. En attendant, le mouvement monotone de la calèche ne tarde pas à nous assoupir. Nous voyons fuir, comme en un rêve confus, les monts et les torrents, les arbres et les hameaux. Vers trois heures, nous arrivons sur la grande place d'Oo. Je laisse un instant mes compagnons à leur douce torpeur, et, à travers le labyrinthe rudement pavé du village, je vais heurter à la porte de Sacave qui doit nous fournir des chevaux jusqu'aux lacs supérieurs et nous accompagner ensuite de sa personne. L'ancien fourrier me semble dormir à poings fermés. Je frappe et j'appelle :

« Holà, Sacave ! ami Sacave ! assez de sommeil : debout, s'il vous plaît !

— C'est M. le député ! s'écrie, du dedans, une voix joyeuse.

— En personne, mon cher ! vite, vos chevaux et vous !

— N'accepteriez-vous pas une tasse de lait crémeux ?

— Non, non ! je suis attendu, et je vous attends à mon tour.

— Prenez les devants, alors : je vous rejoindrai aux granges. »

Ce dialogue rapide échangé à travers la porte de la petite maison aux contre-vents verts, je redescends la ruelle tortueuse et regagne la place. Notre calèche s'ébranle de nouveau. La lune qui se joue sur le cristal du torrent, le fait briller de mille feux. Les aunes y trempent leurs souples rameaux, striant d'ombres ce paillon qui semble les attirer. Une tiède brise frissonne dans le feuillage. Le silence n'est interrompu que par un murmure d'eau courant sous la lumineuse verdure. C'est avec un sentiment d'impression délicieuse que nous abordons le val d'Astos, et bientôt après les Granges. Pendant ce temps, Sacave a fait diligence. Il nous rejoint, suivi de ses coursiers et de son Achate fidèle. La vieille hôtesse, toute saisie au spectacle de visiteurs si matineux, passe la tête par une des lucarnes de l'auberge : mais déjà nous chevauchons dans les lacets du sentier. Verdalle aura le loisir de lui fournir des explications, puisqu'il doit nous attendre là jusqu'à la nuit sans doute. Nous atteignons Séculéjo avec l'aube.

Laissant à droite le pont qui conduit à l'hôtellerie, nous contournons les rapides, et, par quelques escalades assez glissantes pour le sabot d'un cheval, nous voici sur la rive gauche du lac. Des séminaristes — d'où peuvent-ils bien sortir? — nous y ont déjà précédés. Ils croient, dans leur naïveté, que la montagne est à tous et qu'en passant à trois cents mètres de *la venta*, par une ligne hors de son rayon, ils n'ont absolument rien à démêler avec le collecteur de l'impôt. Compter ainsi sans le fermier du lac, c'est s'exposer à compter deux fois. Celui-ci les hèle d'abord, les injurie ensuite, puis s'apercevant qu'ils font les innocents, il court à sa barque qu'il détache, force les rames, atteint la rive orientale et se met à grimper. Ce talus redressé que sa fureur semble prendre d'assaut, je le connais. Je m'y suis risqué une fois, non loin de là cascade, dans l'espoir d'atteindre plus vite le plateau supérieur : espoir justifié du reste, si un faux pas sur le roc ou une glissade dans les herbes ne vous jette en pâture aux murènes du bassin. Mais l'*auri sacra fames* donne des muscles à notre publicain. Il apparaît soudain à l'angle d'un lacet, comme un diable qui sort d'une boîte,

« *Le tarif* à la main, demandant son salaire. »

Tout ébahie, la bande joyeuse se rembrunit, puis proteste, puis interroge la poche des soutanes, et enfin s'exécute. Le fermier repasse triomphant devant nous. J'offre de régler immédiatement : mais il me reconnaît, sourit, et avec le geste d'Hippocrate repoussant les présents d'Artaxerxès, il daigne ajouter : « A ce soir !

— Si le gouffre nous prend, soufflai-je à Gaston, le drôle en sera pour ses frais : ce m'est une consolation. »

Le sentier que nous suivons est des plus pittoresques : on y surplombe constamment le lac, pendant que l'œil se noie dans les éblouissements de la cascade. La main de l'homme l'a fort amélioré depuis le jour où Ramond écrivait de lui : « Il passe sur des rochers dont la cassure offre des degrés assez commodes, et c'est ce qui lui a valu le nom de *Scala* qui est, dans la partie supérieure des Pyrénées, celui de tous les sentiers où l'on trouve des échelons de rochers à gravir. » Pour n'être plus échelle, il n'est point encore de grande viabilité. Nous sommes obligés, à mi-chemin, de mettre pied à terre. Je voudrais bien, à ce propos, voir caracoler plus avant ceux qui ne craignent pas d'imprimer que les chevaux arrivent facilement à Espingo. Nos bêtes ramenées par le domestique vont aller nous attendre à l'auberge, tandis que Gaston,

Michot, Sacave et moi nous poursuivrons l'aventure. Mais auparavant, les deux guides ont eu soin de faire provision d'une eau qui sourd près de là et ruisselle entre les herbes jusqu'au lac. Sa vertu est merveilleuse : on en peut boire impunément. Fût-on baigné de sueur, la nymphe rafraîchit sans tuer. Que dis-je ? Son urne infuse des forces nouvelles. C'est la fontaine de Jouvence des monts de Pyrène.

Nous nous engageons bientôt dans un étroit vallon, triste et désolé. La marche y est pénible : les grandes pluies y précipitent des torrents de pierres qui roulent sous le pied. Je me figure ainsi la gorge de Roncevaux.

Il est six heures et demie quand nous atteignons le col. Notre regard avide plonge sur un horizon nouveau. « Rien de plus triste que le lieu où l'on se trouve — continue Ramond. Quelques pins noueux relégués vers son entrée ; une herbe courte qui revêt toute sa surface ; des blocs de granit couverts de mousse, épars çà et là ; des rochers escarpés qui le ceignent de toutes parts... Tel est le tableau et son cadre. » Trois quarts de siècle n'ont point altéré ces couleurs. Devant nous en effet s'arrondit un vaste cirque, d'aspect grandiose et sauvage, dominé à gauche par la pyramide du Quaïrat, défendu à droite par le Spijeoles derrière lequel se cachent les obélisques de glace des Gours blancs, fermé au fond par la pointe aiguë du Montarqué. Là-bas *le Seilh de la Baque* se laisse entrevoir, déroulant ses neiges éblouissantes sur les degrés géants du port d'Oo.

Trois lacs, pareils à des émeraudes, égayent un peu ces mornes solitudes. *Espingo* nourrit d'excellentes truites : plus froid, *Saousa* n'abrite aucun être vivant dans ses ondes mortelles. Il en est de même, à plus forte raison, du *Coum de l'Abesque*, lequel d'ailleurs ne dépasse guère les proportions d'une belle flaque d'eau. Tout autour, les parois du cirque sont sillonnées de cascatelles qui, s'échappant du Portillon, alimentent ces divers bassins, forment l'admirable chute Lambron, rebondissent en torrentueuse écume sur la rive de Séculéjo, se précipitent vers le val d'Astos, et, de sauts en ressauts, ne rejoignent la Garonne qu'après s'être cent fois brisées sur les rocs comme un ouragan de poussière humide.

Au lieu de suivre le fond du cirque, itinéraire plus facile, mais plus long, Michot tourne brusquement à gauche d'Espingo. Il nous fait gravir presque à pic une pente gazonnée, le long d'un couloir d'avalanches traversé de petites sources, parsemé de schistes, de granit gris, de mica; puis, quand nous nous trouvons suspendus à plusieurs centaines de pieds au-dessus des deux lacs, nous coupons transversalement le flanc des montagnes, comme si nous visions au Quaïrat.

Terrible ascension que celle de ce *Quairat!* L'un des frères Redonnet me faisait froid, en plein juillet, contant un jour devant moi l'impression qu'il en ressentit dans sa première jeunesse. Un de ses vieux parents l'y avait entraîné : les choses allèrent passablement jusqu'à certaine *cheminée* perpendiculaire et si étroite, que le corps d'un homme y glisse tout juste. Il va de soi que le précipice est le prix du ramoneur maladroit. Redonnet, plus blanc que les neiges voisines, refusait de s'y engager: mais le parent « barbare et persécuteur » l'y poussa de force. Ce jour-là, le hasard voulut qu'un troupeau d'isards se trouvât aussi dans le boyau fatal. Un spectacle si inattendu ragaillardit le cœur du guide novice. Il oublia sa peur pour fustiger, comme de vulgaires chevreaux, les imprudents qui tout marris de la rencontre défilaient un à un devant lui.

Plus facile, notre tâche n'en offre pas moins ses situations délicates. Nous trouvons aussi notre petite cheminée, assez mauvaise en vérité, le long d'une paroi verticale. Nous nous élevons graduellement, posant un pied mal assuré sur les feuillets d'une roche effritée où, seules, les chèvres se sont chargées de tracer la voie. A quelque distance de là, le sentier devient meilleur : j'en profite pour m'asseoir un instant et contempler les deux lacs du haut de cette terrasse à vertiges.

Tandis que nous nous mirons dans ces joyaux de jade fondu que semble relier une tresse d'argent, voici venir à nous un pâtre espagnol suivi d'un beau chien, caressant et doux, qui, par antiphrase sans doute, répond au nom de *Bataille*. Nous ne savons qu'admirer le plus des longs poils soyeux de la bête ou du costume pittoresque de l'étranger. Qu'un peintre serait heureux d'une telle rencontre ! Ce large chapeau de feutre qui recouvre une calotte de peau d'agneau simulant la perruque, ces brodequins ferrés, ces bas bleus, ce haut-de-chausse et ce gilet de velours azuré, cette veste brune, tous ces détails harmonisés par les grands metteurs en scène qui s'appellent la pluie et le soleil, concourent à l'ensemble d'un merveilleux effet. Un bissac emprunté à la toison d'une brebis complète le travestissement, et comme après ladite toison est restée la queue de l'animal qui bat aux jambes du berger, nous en sommes un instant à nous demander si nous n'aurions pas devant nous l'homme parfait, selon Considérant. Mais Gaston me fait remarquer que l'œil manque... à l'appendice caudal du moins, car le jeune gars, fort et bien découplé, possède les plus beaux yeux noirs et les plus belles dents blanches de la Péninsule. Je le recommande à M. du Locle pour la prochaine reprise du *Val d'Andorre* : son succès, dans le rôle du chevrier, serait certain. Provisoirement, Sacave qui n'est point sot l'utilise à porter son havresac jusqu'au lac du Portillon. C'est que le labeur est rude : toujours monter pour redescendre, descendre pour remonter, et cela à flanc de montagne ! Notre gorge est en voie de sécher. N'osant commencer à boire dans la crainte d'en arriver bientôt à tarir les lacs eux-mêmes, nous trompons notre soif avec des racines de réglisse sauvage que Michot nous cueille, tout en marchant : un morceau suffit à rafraîchir la bouche. Les rocs qui nous dominent tiennent d'ailleurs notre attention en éveil : celui-ci est un guerrier coiffé de son casque, cet autre un ours accroupi : ces déchiquetures noires et ocrées semblent autant de fers de lance qui menacent le ciel. Suspendu sur nos têtes, le Quaïrat se dresse droit, abrupt, inaccessible par cette face, baigné de teintes dorées et portant à son front, comme une double aigrette, les tours de pierres sèches qu'y planta une main audacieuse.

Après avoir dépassé un chaos de débris qui ne le cède pas à celui de Gavarnie, nous atteignons, vers huit heures, l'extrémité du cirque. Nous traversons alors un petit glacier assez incliné, mais dont la neige est bonne et que le clou mord bien. Du col où nous sommes parvenus nous voyons au loin, derrière nous, jaunir les moissons de la vallée de l'Arboust : le Montné, l'Antenac nous apparaissent encore, tels que de vieux amis qui vont nous dire adieu. Par devant s'allonge un couloir de neiges au fond duquel roule en cascades l'eau qui sort du Portillon. Le Perdiguères se montre pour la première fois, défendu par les stries de son armure glacée et les sombres déchirures de son sommet. A droite se profile le Tuc de Montarqué. Nous continuons à monter, non sans effort. Une nouvelle plaque neigeuse assez étroite, mais dont je n'estime pas l'inclinaison à moins de 70 degrés, nous barre la route : elle se termine par une large et profonde *bergschrund* qui la sépare de la roche. Nous franchissons le tout d'un élan magnifique. Puis ce sont d'interminables éboulis, durs à l'orteil, qui nous accueillent de l'autre côté. Courage ! nous allons être dédommagés. Le glacier du Portillon se découvre avec ses crevasses vertes, ses pentes de neige effroyablement inclinées et son incomparable lac que nous tenons enfin sous nos pieds. Il est dix heures moins un quart.

Perdu à 2,650 mètres d'altitude, le *lac du Portillon* enferme, dans une vasque de frimas, je ne sais quel transparent mélange d'émeraude et de turquoise en fusion que les eaux de Lérins possèdent seules à ce degré. Ses bords ne sont plus complétement libres de glace, comme je les trouvai, l'an dernier : ils n'en rappellent que mieux l'aspect des régions polaires. Des flancs du cristal crevassé dont la base plonge à pic dans ses eaux, se sont détachés vingt icebergs flottant à la surface sous forme d'îles, de radeaux, de monstres marins. A notre arrivée, deux cachalots énormes qui semblent taillés dans un bloc d'aigue-marine, courent l'un contre l'autre, prêts à se livrer bataille. Nous nous arrêtons saisis d'admiration devant cette succession de champs de neige soutenant des murs de glace qui étançonnent à leur tour de nouvelles steppes, et notre œil monte ainsi, d'étage en étage, jusqu'au diadème de granit à teintes chaudes dont se couronnent ces magnificences.

Cette fois, *le Perdiguères* ne nous échappera pas. Il est là, près de nous, qui se lève d'un bond, écrasant notre faiblesse de sa hauteur insultante. C'est le cas de se souvenir du « roseau pensant » de Pascal. A voir cette paroi lisse que seuls ont effeuillée les hivers, nous nous demandons avec inquiétude où est le passage. Le vieux Michot — il a entendu par hasard — sourit en regardant Sacave qui, de fait, paraît assez mal à l'aise. Sacave m'a toute la mine d'un homme qui s'est vanté d'une ascension faite au coin du feu.

« Tranquillisez-vous, messieurs, nous dit Michot s'arrêtant. Je réponds de tout. Il convient seulement de reprendre des forces, car le coup de collier le plus rude n'est pas donné. Asseyons-nous donc et déjeunons. »

La proposition passe sans objection. Nous nous étendons à l'ombre d'un bloc détaché d'en haut par quelque coup de foudre. Un ruisseau venu des glaciers supérieurs murmure à nos côtés : notre regard plonge sur les splendeurs du lac... Quel Apicius, en ses rêves gastronomiques, pourrait se bâtir salle à manger comparable? L'appétit, vivement aiguisé, nous fait trouver délicieuses les provisions apportées. Nous fêtons, en Bourguignons, le jus de nos ceps de Bourgogne. Puis, la première faim apaisée, je me tourne avec attendrissement vers *le Montarqué :*

« Vous souvient-il, dis-je à Sacave, de la façon gaillarde dont, l'autre été, nous eûmes raison des neuf mille pieds de ce digne tuc?

— S'il m'en souvient? je ne l'oublierai de ma vie, monsieur, pas plus que les graouès qui faillirent nous entraîner au lac. »

Et comme Gaston, en train de rouler sa cigarette, semble curieux de détails, je lui conte, par le menu, comment étant venus dans ces parages avec intention d'escalader le pic Crabioules, nous dûmes, faute de temps, nous rabattre sur le Montarqué. Mme L. nous accompagnait : ce ne fut pas la moins vaillante. Nous nous avançâmes d'abord jusqu'à l'extrémité nord de la pointe inférieure, puis, en moins d'une heure, par une attaque toujours directe, nous atteignîmes la crête. Épisodes principaux : désagréable *cheminée* à nettoyer du coude et du genou, vol de perdrix blanches partant à nos pieds, isard effarouché nous faisant pleuvoir des cailloux sur la tête. De cette crête, la vue ne s'étend point à l'infini ; mais si l'horizon se trouve limité de divers côtés, les premiers plans sont remarquables et l'aspect des eaux vraiment féerique. Ce tuc ne constitue en effet qu'une mince arête trempant d'un côté dans le lac du Portillon, baignée par le lac glacé d'Oo de l'autre. Du même regard qui à la fois saisit les deux bassins, on enveloppe Saousa, Espingo, les déserts neigeux du Seilh de la Baque et du port d'Oo. Si étroite est cette tranche de rocs, qu'on n'y passerait pas trois de front ; si perpendiculaire est son assise, qu'une pierre jetée d'en haut pourrait tomber dans l'une ou l'autre cuvette, au choix de qui la lance. Inattaquable à l'ouest, c'est par ce versant surtout que brille le Montarqué. Rien, à qui ne l'a vu, ne peut donner l'idée de cette banquise dont les glaces, au seuil de l'Espagne, en pleine canicule, craquent et se fendent à peine sous la roue enflammée du char de Phaéton. Cela seul vaut la course, sans compter les émotions du retour, si l'on veut, comme nous, inventer un chemin par le sud. Il y a là des lits de torrents desséchés aux graviers perfides, qui ne demandent pas mieux que de vous rouler doucement, mais sûrement, jusqu'au lac. Nous faillîmes dix fois en être victimes.

« Donc, mon cher Gaston, ajoutai-je par forme de conclusion, je vous recommande cette sommité dont M. Lézat fait le plus grand cas. »

Le vieux Michot, ennemi des longs entretiens, nous fait observer qu'il est bien tard déjà et que le Perdiguères est bien haut. Nous dissimulons à la hâte une bouteille de vin et une volaille froide dans les anfractuosités de la roche. Ce sera l'en-cas du goûter. Puis, l'aiguille de nos montres marquant onze heures moins le quart, nous saisissons nos alpen-stok d'une main résolue. Quelques légères houppes de nuages commencent à glisser sur l'azur profond : la prudence nous invite à nous hâter avant que les vapeurs ne montent. D'ailleurs, il me tarde d'être hors de ce mauvais pas. Il s'agit en effet de décrire une partie de la courbe du lac à travers des inclinaisons semées de cailloux roulants qui s'échappent sous le pied pour se précipiter vers le gouffre. Il serait si facile de les suivre, pendant qu'au bruit de leur chute dans l'onde bleue répond, comme un roulement lointain du tonnerre, l'écho des glaces qui s'effondrent ! Michot, le vaillant Michot lui-même, n'est point à l'abri d'une surprise : il tombe à demi sur un schiste tranchant qui lui fait au doigt une profonde entaille. Son sang rejaillit sur mon bâton. Nous poussons un cri... mais lui, souriant, tire de sa poche, avec sa main libre, une bande de toile toute préparée qui arrête l'hémorragie. L'homme de précaution n'est jamais pris sans vert. Il nous entraîne ensuite à travers des vallons de neige et des ressauts terribles au delà desquels nous atteignons une longue courbe glacée où coule un mélancolique ruisseau. Elle se termine au *col de Litayrolles*, le plus élevé des Pyrénées (3,100 mètres). A onze heures quarante minutes, nous découvrons le sommet précis qu'il nous faut atteindre. Un dernier glacier nous en sépare, mais vaste, et d'une déclivité plus accentuée que ceux du Néthou. Une plaque immense, solidifiée, striée, verdâtre, en occupe le milieu. C'est cet écueil ardu que j'avais constaté de Sauvegarde : le rapprochement des distances ne l'a pas aplani.

« Vilain passage ! » murmure Sacave.

Il faut pourtant le franchir. Nous attaquons de front le col de Litayrolles, puis, un peu avant de l'atteindre, nous tournons brusquement vers la droite et nous suivons une ligne oblique très-inclinée, en surplomb du glacier. Voilà bien une des entreprises les plus risquées que je sache. Nous n'avons guère à faire qu'une centaine de pas dans la neige pour gagner le roc sauveur : mais il ne s'agit pas de trébucher. Avisez-vous d'une glissade, et, de sauts en ressauts, dans une série de bonds prodigieux, vous irez disparaître entre deux crevasses ou vous briser sur les pierres du vallon, à moins pourtant que, prolongeant la course, vous ne préfériez rejoindre les banquises du lac. Aucune de ces hypothèses n'est follement gaie. Aussi, que de précautions de la part de Michot ! Le premier, il trace le chemin du bout de son coudrier, n'avançant jamais un pied avant d'avoir solidement assuré l'autre. Avec non moins de scrupule, nous mettons notre bottine dans l'empreinte de son soulier ferré. Ce manége, qui doit réjouir les isards du voisinage, ne dure pas moins d'une quinzaine de minutes, fort mauvaises, ma foi! Enfin, nous voilà hors de peine, car nous tenons la roche, et la roche c'est le salut... un salut bien relatif. Après l'épreuve du névé glissant, la torture des blocs animés. Un dernier cône nous reste à gravir, et ce cône, à l'exemple de celui du Ventoux, se compose exclusivement de pierres mobiles : seulement ici, ces pierres coupées par les losanges de la foudre ou désagrégées par le souffle des hivers, sont des cubes d'un ou deux mètres de côté, aux teintes noirâtres, livides, vert-de-grisées, horribles : on les croirait atteintes de la lèpre. Toutes, d'ailleurs, se soutiennent dans un équilibre si parfait, que, dès qu'on en touche une, quatre aussitôt remuent et croulent. On s'avance ainsi sous la menace prolongée d'une avalanche de la montagne : le moindre risque est d'y laisser sa jambe. Un de ces *graviers* que m'envoie l'ami Gaston roule sur moi, aérolithe à broyer un bœuf. Je n'ai que le temps de m'effacer, à peine de subir l'opération du laminage. Encore suis-je effleuré, au passage, par une pointe en dent de scie qui m'arrache un gémissement. Et toujours le sommet recule, et toujours le soleil nous brûle au front, et toujours nous avançons sur cette pente où, victimes d'un décevant espoir, il nous faut jouer le déplorable rôle de Sisyphe, n'ayant pourtant commis aucun de ses galants méfaits. Enfin, après trente minutes de cette gymnastique d'acrobate, une heure sonnant, nous plantons notre drapeau sur la cime tant désirée.

Cette cime qui s'élève de 3,220 mètres au-dessus du niveau de la mer, est une arête étroite courant de l'est à l'ouest, longue d'une centaine de pas environ. La neige n'y tient que durant l'été. Michot fut le premier humain qui vint y poser sa lourde semelle, parallèlement à celle de M. Lézat. Ils y bâtirent deux petites tours en éclats de pierre qui subsistent encore. On s'accorde à reconnaître que c'est le plus bel observatoire des Pyrénées, le Posets seul excepté. Le Néthou lui-même, bien que de deux cents mètres plus haut, n'offre pas à l'observateur un tel sujet de ravissements : dominant tout sans être dominé ou égalé par rien, il noie le regard dans un champ de vision trop indéfini. Ici, au contraire, que de merveilles !

C'est d'abord la vallée de l'Esséra. Son torrent en dessine les contours, tandis que les plaques d'or de ses moissons marquent l'emplacement de la ville de Vénasque dissimulée par une saillie. Viennent ensuite les Monts Maudits dont la face méridionale présente plus de rocs et moins de glaces; Malibierne s'y devine; l'aride vallée de Grégonio s'y suspend avec ses rares sapins et son beau lac, l'un des plus grands que la nature ait creusés à ces hauteurs. Puis s'étagent les escarpements dont l'anneau enserre le trou du Toro, la dent de Salenques, le pic Pouméro, et, plus loin, les montagnes de l'Ariége dont les croupes chevauchent les unes sur les autres. Voici la Mine, Sauvegarde s'élançant vers la nue, le Malbarrat et ses frères, le pic de Boum qui, d'ici, figure assez bien une quille posée par Encelade pour le jeu des Titans. Voici la Tusse de Maupas, si pointue qu'on dirait un pal, si escarpée qu'on cherche en vain son accès. Crabioules et le Quaïrat n'ont plus de mystères pour nous. Que si nos yeux s'abaissent, nous voyons sommeiller, dans ses marges glacées, le lac de Litayrolles (2,800 mètres). On dirait d'un corindon vert à forme allongée que le génie de la montagne sertit dans une guirlande de frimas. De l'autre côté montent rapidement les glaciers qui portent ce nom jusque sous les crêtes de Crabioules : puis apparaît Crabioules (*pic des chèvres*), le bien nommé vraiment, car un troupeau de trente-sept isards s'y promenait encore jeudi dernier, paraît-il. A gauche, sur l'autre face du col de Litayrolles, et comme pendant à son lac, s'arrondit au fond d'un entonnoir sibérien l'admirable cuvette du Portillon, demi-pleine d'aigues-marines fondues et d'ice-bergs flottants. Le Seilh de la Baque ne déploie que l'extrémité supérieure de son manteau d'hermine au bas duquel se cache malheureusement le lac du port d'Oo ; mais au loin pyramident l'Arbizon, le Pic du Midi de Bigorre, le Néouvielle, le Cambielle, le Vignemale, dont les flancs donnent peut-être l'idée la plus grande des glaciers pyrénéens. La brèche de Roland, le Marboré et le mont Perdu ferment le cadre. J'admire surtout ce mont Rose des Pyrénées, le Posets. Je tiens son dôme sous mon regard, presque sous ma main. Voilà ses arêtes, ses ressauts, ses steppes de neige, ses glaciers, et l'azur de ses lacs dont l'un, *Baticiel*, égale Séculéjo. Derrière lui, l'aride Cotieilla fuit vers l'Aragon, et ce sera le dernier pic dont le nom glissera sur mes tablettes : car plus aride encore que cette masse calcaire serait l'énumération de toutes les crêtes qui surgissent du côté de Luchon. Je les ai d'ailleurs maintes fois signalées.

Pendant qu'éblouis de ce spectacle unique nous livrons aux fraîcheurs de la brise des fronts brûlés par la réverbération de la glace, les brumes s'élèvent et commencent à monter jusqu'à nous. Déjà les plaines de la France et de l'Espagne se sont voilées : quelques cimes lointaines s'enveloppent à leur tour.

« Mauvais signe! nous dit Michot. Nous aurons de l'eau, ce soir.

— Que parlez-vous de mauvais présage? » rispotai-je. — Et je montre à mes compagnons un gypaète magnifique qui éploie ses ailes sur nos têtes, tenant un oiseau de proie dans sa serre.

« Eh bien?

— Eh bien, messieurs, je vois dans cet aigle le présage de l'Empire triomphant, et, dans sa victime, l'image de la République terrassée.

— Ainsi soit-il! » s'écrie le Bonapartiste Sacave.

Un instant nous avions nourri le téméraire espoir de regagner Luchon par le col de Crabioules et les glaciers du Lys. Ce complément de notre course eût été digne de Killough en ses inspirations les plus hardies. Mais le jour trop court et la marche trop longue nous font renoncer au projet. Nous devrons nous estimer heureux si nous rentrons avant demain par la même route. Nous reprenons la marche à deux heures, après soixante minutes de repos et d'admiration. L'agglomération de cubes mobiles que Gaston compare au contenu d'un sucrier renversé, se montre encore plus perfide à la descente. Cette fois, c'est au sang de Sacave de couler : nous bandons sa blessure avec nos mouchoirs, nous y ajoutons le baume des bonnes paroles, et nous l'entraînons. Il pourra désormais se vanter, à plus juste titre, de connaître le Perdiguères. Et puis le terrible champ de neige nous attend! Nous le traversons avec les mêmes craintes, les mêmes précautions, le même bonheur. Ce pas hasardeux désormais franchi, nous crions *vivat!* comme si nous étions déjà assis au souper de famille, et, le corps en arrière, le talon enfoncé dans le névé, le bâton incliné de côté, nous nous livrons à une suite de glissades non interrompues qui nous emportent comme l'éclair. Il y a plaisir à voler ainsi sur ces steppes unies! Nous éprouvons quelque chose des sensations de l'oiseau fendant l'espace. Par malheur, les graouès qui n'ont point changé de place s'offrent pour tempérer cette louable ardeur. Je crois qu'un minéralogiste ferait fortune dans ces éboulis où métal et mica étincellent à l'envi ; le lieu est d'ailleurs renommé pour ses échantillons de roches. Mais la moindre motte de gazon serait bien mieux l'affaire de gens surmenés. Vaille que vaille, nous nous tirons des côtoiements pénibles du Portillon, et, à quatre heures moins un quart, la salle du déjeuner est réintégrée. Il semble que nous y ayons déjà nos habitudes, tant chacun est prompt à retrouver son siége et son orientation. La volaille de réserve est désarticulée, la dernière bouteille décapitée : nous consacrons cette libation suprême aux amis absents. La fatigue commence à dominer l'appétit. Mais ce dont nous ne pouvons nous rassasier, c'est ce lac merveilleux qui déploie en notre faveur ses inépuisables séductions. Un léger zéphir le ride de son aile, poussant devant lui les blocs errants qui flottent ainsi que des carènes abandonnées. L'astre-roi penche déjà vers son couchant : aussi caresse-t-il de rayons plus doux les murs de glace qui se mirent dans l'eau glauque. Tantôt il les zèbre de rayures orangées, tantôt il fait ruisseler une pluie de feu à travers les scintillements de l'onde. Je ne sache que deux endroits au monde où puisse se célébrer ce mariage prestigieux du soleil des Espagnes et des glaces du Groënland : le Portillon... et l'Opéra.

Une demi-heure s'écoule, après laquelle il faut quitter cette rive enchantée. Nous tournons le dos au lac et recherchons de préférence les tapis de neiges que le clou de nos semelles marque d'arabesques. Cette fois, nous changeons l'itinéraire. Laissant les chemins de demi-côte, nous donnons la préférence aux profondeurs du cirque d'Espingo. Nous le pouvons, grâce à un pont de neige sous lequel roule le torrent qui se déverse du lac. Son arche fragile met en communication les deux rives. Nous la franchissons, après l'avoir sondée du bâton. Il était temps, car les vapeurs qui courent à notre rencontre commencent à nous envelopper.

Tout à coup un bruit sourd monte vers nous, quelque chose comme le grondement d'une chute à la Handeck : c'est l'étonnante, et pourtant si peu connue, *cascade Lambron*. Michot ne veut pas qu'à l'exemple de tant de philistins nous passions indifférents auprès de l'une des perles de la chaîne pyrénéenne. Il prend les devants, descend une pente rapide, et nous appelle. Nous le rejoignons, usant de ruse avec le précipice, nous avançant pas à pas, aussi loin que possible, sur l'arête d'un roc escarpé... puis nous levons les yeux. La cataracte, spectacle effrayant! semble crouler sur notre tête. Immense, furieuse, elle se sépare en un double jet, puis retombe dans le gouffre obscur que nous dominons, pour se perdre de là sous un arceau de neige que le dard du soleil n'a pu pénétrer. La hauteur de la chute, le volume de ses eaux, surtout son encadrement dantesque, la classent parmi les beautés naturelles de premier ordre. Les parois entre lesquelles blanchit l'écume, sont noires, serrées, coupées à pic : la masse du Quaïrat lui fait un repoussoir superbe. Il ne lui manque que des abords plus faciles pour joindre la vogue à la célébrité. A ce moment, un rayon d'or perçant la nuée inonde de ses clartés le roc et l'onde, tandis qu'un *velarium* de pourpre cache le reste de l'horizon. O Phœbus-Apollon, merci!

Nous atteignons de nouveau le sentier, et bientôt le bout du couloir. Il s'agit de descendre dans le cirque. Deux seuls passages y conduisent, qu'il faut bien connaître à peine de coucher en haut ou de se briser en bas : l'un s'ouvre à droite, l'autre à gauche. Nous choisissons ce dernier, non sans quelques hésitations durant lesquelles Michot cherche et relève avec soin les signaux de pierre. Nous abordons ainsi le cirque d'Espingo par son extrémité méridionale. Le petit lac du Coum de l'Abesque nous offre l'agréable repos d'un instant. Assis au pied du Montarqué qui se perd dans les vapeurs, nous admirons, grâce à une embellie, les jeux intermittents de la lumière sur les chaînes voisines du Quaïrat. Je sais d'expérience que cette plaine sournoise mesure bien des pas : aussi suis-je le premier à conseiller une marche accélérée. La route est jolie d'ailleurs : cent filets d'eau vive courent dans des lits étroits et profonds qu'ils se sont creusés sous l'herbe. Autant de provocations à rafraîchir nos lèvres, car notre soif est incessante, inextinguible, ardente. Plus heureuses que nous, les fleurs y trempent sans crainte le bout de leurs corolles. Des touffes de rhododendron en plein épanouissement teignent le gazon vert de larges taches cramoisies : l'iris mêle son azur à cette pourpre. Sacave, qui me voit cueillir une gerbe de ce violent toxique, m'affirme qu'il l'emploie avec succès en manière de casse ou de séné. Il enveloppe d'iris un vase d'argile non vernissé, puis, le récipient ainsi prêt, il y verse un flot d'eau bouillante. Par une sorte de phénomène d'endosmose dû à la porosité de la terre, l'eau s'imprègne des sucs de la plante, non pas assez pour empoisonner, tout autant du moins qu'il est nécessaire au balayement interne d'une personne vigoureuse. Voilà une concurrence inattendue à l'eau de Pullna.

Notre chemin se poursuit à travers l'interminable cirque, le long des cascatelles qui en découlent. Nous nous hâtons, car le crépuscule, avant-coureur de la nuit, n'est pas loin de nous atteindre. Nous côtoyons le miroir de Saousa sur les dômes de granit qui le bordent. De vagues brumes flottent à sa surface, donnant des formes fantastiques à tout ce qui l'entoure. Parfois un rocher nous apparaît comme une villa dont le toit fume des préparatifs du souper; parfois nous voyons se balancer, sous la brise du soir, les bouquets d'arbres d'un parc qui s'évanouit à notre approche. La fatigue entretient les illusions de ce mirage. Arrivés à la pointe de Saousa, nous nous heurtons au canal qui l'unit à Espingo. Je me souviens, pour y avoir passé, qu'un pont jeté par les bergers ou les contrebandiers se trouve près du second lac; mais le détour est long. La nuit et la grande lassitude nous conseillent une voie plus brève.

« Êtes-vous d'avis de ce crochet? dis-je à Gaston.

— Pas trop; mais comment l'éviter?

— En sautant le torrent.

— Diable! »

Le fait est que nous avons beau chercher un gué ou tout au moins un étranglement du canal, nous ne le trouvons pas. Je découvre enfin un coude où l'eau plus profonde, et par cela moins large, me paraît abordable. Il y a là sept pieds environ à franchir, sans faculté d'élan, puisqu'on est pris entre une roche escarpée et l'accueil d'un grand bloc glissant où le talon ne mordra guère. Il s'agit d'ailleurs de ne point s'y reprendre à deux fois, car le canal, en cet endroit, ne contient pas moins de deux mètres d'une eau rapide comme la flèche et froide à briser le cristal. C'est beaucoup demander à des muscles surmenés. Michot secoue la tête, Sacave prend des attitudes consternées. Mais je me souviens fort à propos qu'un intrépide conseiller de la

Cour des comptes, M. Arnault, — le fils du lyrique, — se trouvant une fois entre l'alternative d'un détour à subir ou d'une cascade à escalader, opta pour l'escalade. La preuve qu'il ne s'en est point repenti, c'est que, huit lustres écoulés, il pouvait gaiement, l'autre soir, nous conter l'aventure. Pourquoi irions-nous donc

> « ... où va toute chose,
> Où va la feuille de rose,
> Et la feuille de laurier, »

puisqu'en pareille occurrence le rejeton du poëte qui a rimé ces vers n'y est point allé? L'espoir d'éviter une demi-lieue au prix d'un effort nous électrise. Je saute le premier et retombe, avec moins de grâce peut-être, mais aussi sûrement qu'un écuyer lancé par le tremplin; la comparaison est de mise, puisque nous nous trouvons dans un cirque. *Feliciores quàm prudentiores*, eût dit Lhomond. Ranimés par ce petit succès, nous remontons vivement les pentes de droite, dans la direction de Séculéjo. N'était le respect humain, je crois que nous coucherions volontiers dans la cabane que nous apercevons sur la côte, à l'ombre de quelques arbres ; un Espagnol vient d'y apporter le pain et le sel aux pâtres du voisinage et se dispose à y passer la nuit. Nous aurions, pour nous y accueillir, le souvenir de Ramond qui, certain soir de l'autre siècle, trouva sous cet assemblage de schistes un grand feu pour réchauffer ses membres et du lait de brebis pour apaiser sa faim.

« Un peu de courage, nous crie Michot, croyant sans doute héler des sourds ; nous voici au port ! »

Cela dépend de la façon dont il le comprend ; il y a port et port dans les Pyrénées. Celui que nous atteignons n'est autre que le col de Séculéjo. La nuit nous y rejoint à tire d'ailes. Trébuchant dans les pierres, nous nous hâtons le long du sombre vallon. Un brouillard épais couvre le grand lac : les clartés de la lune s'éteignent dans les ténèbres. Au bruit lugubre de la cascade, nous nous maintenons de notre mieux dans les lacets de l'interminable *scala*, car un faux pas pourrait coûter cher. Nous avons conscience d'être bien près de l'hôtellerie ; mais l'obscurité s'épaissit au point de faire perdre à Michot lui-même la notion des lieux qui lui sont d'ordinaire si familiers. Enfin la poussière humide des rapides de Badech nous fouette au visage; il convient de redoubler d'attention. Le passage est étroit entre le lac et la chute; il y aurait peine de mort pour qui s'en écarterait. Les deux guides, abdiquant toute fierté, se mettent à plat ventre et s'assurent du sentier par le tâtonnement des mains. Cinq minutes plus tard, nous nous jetons dans un obstacle dont la rencontre ne nous déplaît pas : ce sont nos chevaux qui, tout bridés, nous attendent depuis longtemps sous la garde du domestique de Sacave. Les comptes sont réglés avec le terrible fermier; il n'y a plus qu'à piquer des deux. L'entreprise n'est peut-être pas très-prudente, vu les opacités d'un ciel couleur d'encre et les brusques caprices de la descente aux Granges; mais je suis si las de marcher depuis bientôt quatorze heures, que j'accepte toutes les hypothèses, hormis celle de tomber de fatigue au bord du chemin. Gaston, plus confiant dans ses jambes d'acier que dans les sabots mal ferrés de sa monture, poursuit philosophiquement à pied. Une pluie fine commence à tomber; la prédiction de Michot sur le Perdiguères se vérifie. De pâles rayons de lune qui, de temps à autre, déchirent l'écharpe des nuées, impriment aux arbres, aux rochers, aux buissons, de diaboliques ressemblances. Il nous semble voir des gnômes grimaçant sur la lisière des bois, et des sorcières assises autour de grandes tables de pierre. Est-ce une soirée du Valpurgis qui se prépare? Samiel va-t-il fondre les balles enchantées? Ceux-là seuls le sauront, qui entendront sonner minuit dans cette gorge maudite. La curiosité du sombre mystère ne nous tient pas à ce point que nous attendions le signal. A neuf heures nous arrivons aux cabanes d'Astos. Un grog à l'eau-de-vie et un brasier de sapins nous réchauffent et nous sèchent; mais comme si un malin génie avait juré, ce soir-là, de ne point nous laisser quitter son empire, Verdalle est déjà reparti. Craignant pour sa calèche les défilés du vallon, les dangers d'une nuit sans étoiles, il a jugé à propos d'aller nous attendre à Oo. Il faut remonter en selle, et, sous la brume pénétrante, regagner le village. Enfin, vers dix heures, nous tombons plutôt que nous ne nous asseyons dans le carrosse tant désiré, et, avant minuit, l'avenue d'Étigny entend le cliquetis joyeux de nos grelots.

Nous avons emporté la gageure. Cette course de deux jours a été accomplie en un seul, un jour de vingt-deux heures, il est vrai. Il est vrai encore qu'il nous en a coûté 35 francs de voiture, 32 francs de chevaux, 20 francs donnés à Sacave et 30 à Michot : six ou sept napoléons avec les menues dépenses. Ajoutons aux frais une courbature de première classe, et nous en serons encore du nôtre. Oui, mais englobant quatre excursions en une seule et évitant une nuit dans les draps équivoques de l'auberge de Séculéjo, nous avons réalisé, sans dommages trop sensibles, ce que les guides prétendaient ne pouvoir être entrepris sans folie. C'est bien quelque chose. Je serre la main à Gaston qui, en cette épreuve, a vaillamment soutenu l'honneur de la Bourgogne, et je souhaite au lecteur que mon récit lui procure un assoupissement égal au sommeil dont nous endort cette maîtresse course.

TREIZIÈME JOURNÉE.

Le Val Esquierry.

Je confesse que le vieux Tithon et l'Aurore ont divorcé depuis longtemps, quand je me résous à quitter le lit. La dose de fatigue était décidément un peu forte : je me sens du plomb aux articulations. Pourtant je dispose de si peu de jours encore et j'aurais tant de courses à y loger, que toute velléité de paresse m'est interdite. Il me faudrait seulement une excursion où le pied endolori et la vue blasée n'eussent pas à jouer de rôle. Ni sommet, ni longue marche, mais de la verdure, des fleurs, une douce rêverie, voilà ce que je désire et ce que va me donner Esquierry.

Je mande Verdalle pour dix heures, et je reprends avec lui le chemin de la veille. Qui est bien étonné de nous revoir sitôt, c'est Sacave que nous trouvons sur la place d'Oo en train de se dodeliner à l'ombre. Sa jambe blessée est enroidie; ses autres membres n'en valent guère mieux. Il s'était accordé d'office un congé de vingt-quatre heures, résistant même à l'or de la perfide Albion dans la personne d'un gentleman qui voulait l'entraîner à Espingo. Mais qu'importe? Le dévoué des devoués ne m'abandonnera pas. Il va faire manger une avoine à ses chevaux, puis il nous rejoindra. Sitôt dit, sitôt fait. Le picotin a été modeste, mais non pas sans doute la provende de coups de fouet, car les pauvres bêtes qui, sans mon caprice, fussent restées sur la litière, arrivent aux granges d'Astos en même temps que nous.

Il a fortement plu la nuit, si j'en juge par *la chevelure de Madeleine*, que je ne vis jamais si luxuriante. Elle se déploie sur le roc noir en mille filets soyeux que rougissent les reflets du soleil. Telle dut être celle de la divine pécheresse, quand ses ondes s'épandaient aux pieds du Sauveur. Tout en admirant cette transformation, j'échange les coussins de la calèche contre le pommeau de la selle turque, et nous nous dirigeons vers le torrent. Tout à coup Sacave tire une exclamation du fond de sa poitrine, et s'arrête : d'un air interdit, il me montre le pont de Sainte-Catherine rompu par le milieu. L'orage qui, cette nuit, fit des siennes, a sans doute profité, pour emporter la passerelle de la Sainte, du moment où celle-ci était en train de prodiguer ses consolations aux vieilles filles qui la coiffent. Il faut pourtant passer « tire-lire », dût-on imiter les canards. Grâce à un gué sauveur, l'eau ne caresse que le ventre de nos chevaux, et nous pouvons atteindre, sans trop d'avaries, la rive occidentale du *Gô*. Là commence le sentier dont le ruban, courant aux flancs de la montagne, conduit à Esquierry. Une illusion d'optique s'y produit, qui rappelle celle de la Gemmi : l'œil ne découvre aucun passage sur les parois lisses de la roche. La voie ne se trahit qu'à l'entrée. Formée de la poussière noirâtre d'un schiste argileux qui se dérobe sous le pied du cheval, fertile en glissades, elle nous entraîne rapidement par la perpendiculaire vers la chevelure de Madeleine. Entre des touffes d'aconit bleu, nous passons sous un roc d'une belle décoration, absolument inaccessible, dans les anfractuosités duquel deux aigles ont pris domicile. Un aventureux montagnard s'y fit descendre un jour avec une corde. Arrivé en face de l'aire, il aperçut très-distinctement les aiglons groupés sur les fagots qui leur servaient de couche. Il eût bien voulu les ravir à la manière du jeune Marius, alors que, vérifiant l'oracle, le dictateur en herbe égalait ses rapts au nombre de ses consulats futurs. Mais suspendu dans l'espace au bout de la corde oscillante, sans une saillie où mettre le pied, sans un point d'appui d'où prendre son élan, il dut se laisser remonter — fort à temps, paraît-il. Aux cris de la progéniture effrayée, l'oiseau de Jupiter arrivait grand train, avec sa compagne ; encore un peu, et l'imprudent maraudeur eût fourni le souper de la bande scélérate.

Nous nous engageons dans un petit bois où le chemin devient plus praticable. De l'autre côté nous retrouvons une pente herbeuse, découverte. Un bruit semblable au roulement lointain du tonnerre nous fait tourner la tête : c'est l'écho de la cascade de Séculéjo dont on aperçoit une partie de l'arc immense. Le Quaïrat, le Montarqué, le Spijeoles, plus loin les magnifiques glaciers du Seilh de la Baque et du Portillon où la neige tombait encore le 2 août, me remémorent des exploits récents. Mais d'autres tableaux plus doux nous attendent. Les premières corolles apparaissent. La brise secoue de ses ailes je ne sais quel ineffable parfum : une atmosphère balsamique nous enveloppe. Nous voici dans le jardin des Pyrénées, au seuil d'Esquierry !

Esquierry, où nous entrons une heure après avoir quitté les granges, est un vallon étroit, long d'une lieue et demie, qui s'ouvre entre deux murailles parallèles de rocs escarpés, abrupts, découpés en traits de scie. Un torrent desséché le traverse, une fontaine abondante en jaillit. Pas un arbre n'y croît : ce ne sont que tapis de gazon et corbeilles fleuries. L'émail des prés si souvent chanté par les poëtes devient ici une réalité. Parmi ces pelouses ondulées, chaque espèce de fleurs a sa région favorite que l'œil charmé découvre tour à tour. Voici le thym et son inséparable pylade, le serpolet. Cette tige basse, couronnée d'une ombelle blanche, à la feuille de ciguë, à l'âcre et enivrante odeur, c'est le meum athamanticum. Plus loin, les œillets roses se marient au myosotis,— non ce pâle *vergissmeinicht* du Nord que les *gretchens* sentimentales cueillent au bord de leurs froides cressonnières, — mais un myosotis large, vigoureux et dru, dont l'azur foncé le dispute à celui du ciel.

Les gentianes, les iris se rapprochent des eaux de la fontaine, cherchant à s'y mirer, tandis que l'arnica dore de ses pétales les pentes plus élevées. Au delà s'ouvre le royaume du lis : il y en a de toutes nuances, de quoi plaire à toutes les royautés. Près d'eux l'églantine des Alpes, embaumée comme la rose de Schiraz, couvre de larges surfaces ; un fragment de la montagne roulé par l'avalanche disparaît sous ses guirlandes. Et puis ce sont des champs de résédas et d'anémones, des gerbes de centaurées et de valérianes, des buissons de véroniques et de myrtilles, et tant de silénés roses, et tant de saxifrages blancs, et cent variétés de plantes inconnues de nos pays, depuis le carlinum à fleurs d'or jusqu'à l'armeria des glaciers ou au rhododendron empourpré des sommets. Je passe sous silence l'aster Pyrenæus qui cependant croît dans ce val béni, mais seulement pour les prédestinés. Bentham l'y trouva; tandis que Boubée l'y a cherché toute sa vie. Grâce aux neiges tardivement tombées, la végétation a subi un retard cet été : juin, juillet, août ont à la fois mélangé leurs corbeilles ; leur flore s'est épanouie du même coup, pour le charme infini des yeux et de l'odorat. Aussi, comme les papillons au vol nacré font fête à cette nature de contes de fées! Comme ils se balancent sous les caresses du zéphyr, pétales vivantes de ces corolles inanimées! *L'Apollon* lutine *la Verge d'or* qui poursuit *le Tabac d'Espagne; le Vulcain*, fier de la raie de feu qui strie son ébène, dédaigne *l'Argus* bleu dont l'essaim s'ébat dans un rayon de lumière, pendant que les grands troupeaux recherchent l'ombre des rocs, leur unique abri contre les ardeurs du jour. Mais quel bruit soudain? Le sol tremble comme sous l'effort précipité d'une charge de cavalerie : une troupe de chevaux sans frein passe, tels qu'un tourbillon, la queue flottante, la crinière au vent, remplissant l'air de hennissements. Cette scène, je l'ai lue jadis, et aussi je l'ai vue quelque part, au musée d'Avignon, je crois. N'est-ce point la toile d'Horace Vernet qui s'anime? N'est-ce point la sublime pensée de lord Byron qui prend une forme tangible?

«... Ils galopent vers nous avec fierté. Mais quelles sont les mains qui guident leurs rênes? Voilà mille chevaux, et pas un seul cavalier. Leur queue flotte au gré des vents; aucune main n'a touché leur superbe crinière; jamais leurs larges naseaux n'ont senti la bride; le mors n'a jamais ensanglanté leur bouche; leurs pieds ne connaissent point les fers; jamais l'éperon ni le fouet n'ont blessé leurs flancs. Ce sont mille chevaux libres et sauvages comme les vagues qui roulent dans l'Océan; la terre retentit sous leurs pas rapides, comme l'écho du tonnerre[1]. »

Involontairement je cherche le corps sanglant de Mazeppa lié aux flancs d'un de ces robustes enfants de la steppe. Mais non : ce sont de folles cavales qui hument bruyamment l'air de la liberté. Qu'elles jouissent de cet état de nature! Qu'elles puisent dans les âcres sucs de ces pâturages l'énergie et la vigueur dont elles auront besoin! Un an ou deux encore de cet âge d'or... puis l'âge de fer viendra pour elles, avec son cortége de sangles et de brides, de mors, de fouets et d'éperons. Même conseil à ces paisibles ânons au poil lisse, au regard bénin qui, loin de s'enfuir quand nous passons, nous saluent allègrement dans une langue qui n'a rien de commun avec celle de l'Académie. Tandis que je m'amuse aux lourdes gambades de maître Aliboron, une génisse se couche à mes pieds : le petit veau qui la suit vient sans défiance me

---

[1]. *Mazeppa,* lord Byron.

caresser de son bon museau rose. Des ours et des loups, il n'y en a pas plus que dans les bergeries de Florian. Mal inspirés d'ailleurs seraient ceux qui se risqueraient ici ; de solides mâtins, aux longs crocs, auraient vite réglé leur compte. Les disciples de Linné ont appelé ce coin de terre *le Paradis des botanistes*. C'est le Paradis terrestre qu'il faudrait dire, car, ainsi qu'aux premières heures du monde, tout s'épanouit, tout se réjouit, tout chante l'*hosannah* du Créateur dans ce lieu de délices que ne gâte point la présence de l'homme.

Nous nous arrêtons près de la fontaine. Elle sort d'un mamelon fleuri, par quatre bouches à la fois, et roule à travers les prés l'ondoyant cristal dont elle argentera bientôt *la chevelure de Madeleine*, avant de se perdre au torrent, près des cabanes d'Astos. Cette eau qui court si vive sur l'ocre des schistes, est l'une des meilleures de toutes les Pyrénées : elle ne le cède qu'à la source où nous bûmes hier, le long des pentes du lac d'Oo. Le troisième prix revient à la nymphe de Médassoles. Médassoles est l'étroit vallon qui regarde Esquierry ; il se féconde des semences que son frère confie pour lui à l'haleine des vents. Ainsi les riches prêtent aux pauvres, et si généreusement dans l'espèce, que ses tapis émaillés rivalisent presque d'éclat avec le parterre d'où je le contemple. Nous déjeunons gaiement de viande froide ; pour bonne que soit l'eau, nous ne négligeons pas, au dessert, de la renforcer d'un *Nuits* généreux. Diane, la maigre chienne de Sacave, dévore nos reliefs avec l'avidité d'Érésichthon. Je crois qu'elle ne s'est jamais vue à pareille fête. Elle aussi, la pauvre bête, aura trouvé en ce jour son paradis.

Cela fait, nous nous dirigeons vers le Pas de Couret, Sacave, son fusil à la main, essayant de faire lever à mi-côte quelqu'une des cailles ou des perdrix blanches dont le val est fourni, moi butinant avec les libellules et les abeilles parmi les touffes d'herbes aromatiques. Un entomologiste, à ma place, ne manquerait pas de soulever chaque pierre, dans l'espoir d'y découvrir le *carabus auro punctatus* recommandé par Boubée. Je n'ai aucun goût à taquiner le coléoptère. Je me contente de cueillir des fleurs, les plus belles et les mieux odorantes, pour les nouer en gerbe. J'ai leur destination. Tout en errant ainsi à l'aventure, je me trouve près d'une hutte couverte de chaume : c'est le toit des bergers. Ils sont arrivés depuis peu du village d'Oo, suivis de leurs troupeaux qu'ils vont paître jusqu'à l'automne. Une femme, jeune encore, et une blonde fille de quinze ans sont en train d'épancher au soleil quelques fauchées de foin fraîchement coupé. À peine m'ont-elles vu que, me saluant d'un bonjour cordial, elles me demandent l'heure. J'ai eu plus d'une fois occasion, dans les Alpes comme sur les frontières d'Espagne, de remarquer cette préoccupation chez des gens dont la vie contemplative n'a pourtant que faire du temps et de ses divisions. Il va de soi que je m'empresse de satisfaire à ce désir. Mes interlocutrices m'en récompensent par une jatte d'un lait onctueux et frais qu'elles sont allées me chercher sous un réduit creusé en terre. Je retrouve en substance, dans ce breuvage exquis, un abrégé de tous les parfums du val : il me semble boire le suc même des fleurs, comme au pied des monts de l'Estérel, je crus savourer, un soir, le myrte et le romarin dans le rayon de miel embaumé qu'un pâtre m'avait servi. La fillette m'apprend que c'est le 8 septembre qu'a lieu, chaque année, la fenaison d'Esquierry. C'est une fête pour les jeunes gens du village. On monte en bandes joyeuses; on chante plus qu'on ne travaille, et l'on se courtise plus qu'on ne chante. Les herbes de la prairie en conteraient de belles, si elles étaient aussi loquaces que les roseaux du barbier antique! Heureusement sont-elles discrètes, et, ce qu'elles voient, les étoiles seules le savent. Tout s'arrange d'ailleurs, l'hiver d'après, par devant l'écharpe de M. le maire et l'étole de M. le curé.

En suivant ainsi le fond du vallon dont l'inclinaison ne tarde pas à se redresser, j'arrive par une pente assez rapide au *Pas de Couret* (2,131 mètres). De ce col, la vue n'est pas très-étendue ; encore embrasse-t-elle deux ou trois hameaux de la vallée de Louron, les neiges du Néouvielle et les déchirures abruptes de ces *Pics Néré* qui ont la gloire d'avoir donné leur nom aux Pyrénées. Ce groupe des Pics Noirs abonde en gorges sombres, cirques sauvages, lacs transparents, cascades fumantes; mais, peu connu des guides et fécond aussi en abîmes, il ne doit être exploré qu'avec le concours d'un Michot ou d'un Barrau. Sir Russel lui-même faillit, en 1864, perdre la vie près de *la porte d'Enfer*, pour s'être risqué par la tempête dans un passage qu'il ne connaissait pas. Son ami Packe et lui, tous deux mouillés jusqu'aux os, durent passer la nuit à 2,500 mètres dans les airs, collés aux flancs d'un précipice de la vallée de Louron, sans couverture, sans bois, sans vivres, même sans eau, si ce n'est celle qui leur fouettait au visage. La tradition veut que des trésors immenses demeurent enfouis dans cette redoutable enceinte. Il en est un indéniable, c'est la turquoise du *lac Caillaouas* où nagent les plus belles et les meilleures truites de la contrée. Sacave, qui m'a rejoint sans avoir fait chasse, veut se rattraper sur la pêche, des humiliations de son buisson creux. Il avise en effet un petit Espagnol, noir comme un pruneau, nous arrivant, la hotte au dos, de ce merveilleux pays. Mais au prix que demande le jeune drôle, il paraît que ses poissons ont des écailles d'or. Qu'il les porte à Luchon! Aussi bien le soleil, pour nous venger, se chargera de les faire cuire en route.

En moins de deux heures nous atteindrions le *pic de Montségut* où la nymphe Écho, paraît-il, se plaint de Narcisse plus bruyamment qu'en aucun lieu du monde. Sa voix répète jusqu'à neuf fois le mot qu'on lui jette; un coup de fusil y produit l'effet d'un feu de peloton. Or, Sacave a justement sa carabine à l'épaule. La tentation est grande; mais nous nous sommes promis de nous reposer aujourd'hui, et les premières centaines de pas que nous faisons le long de déclivités fort raides, sur une herbe des plus glissantes, ne nous encourage guère à oublier notre serment. Nous prenons le sage parti de regagner tranquillement la fontaine, séjour des papillons, des fleurs et des parfums.

Notre arrivée subite effarouche une dame qui se lève et fuit, plus prompte que Galatée. Elle semble avoir hâte de rejoindre un monsieur qu'elle appelle avec le succès de Jean de Nivelle envers son compagnon. Ce touriste rebelle paraît en effet tout absorbé par le désir d'escalader les contre-forts voisins. François est son petit nom, et dure est son oreille : en voilà assez pour fixer mes irrésolutions. Nous venons de mettre en fuite la princesse de Joinville en personne. Dans sa précipitation, elle a oublié, non sa pantoufle, mais son bouquet de lis... *martagon*. Rien de plus mystérieux que l'existence de ces hôtes princiers à Luchon. Le fameux mur de mon collègue de Guilloutet ne serait pour eux qu'une gaze transparente. A les apercevoir si peu dans ce royaume d'Argus où tant d'yeux sont ouverts, je n'étais pas éloigné de les croire en possession de quelque nouvel anneau de Gygès les rendant invisibles. Me voici désabusé. Ces altesses bourgeoises ne possèdent aucun talisman magique : elles sont tout bonnement sauvages.

Sacave n'aime pas la branche cadette : je ne pousse pas, de mon côté, le culte pour elle jusqu'au fanatisme. Mais, en chevaliers français, nous abandonnons la place à notre fugitive, et, pour achever la journée, nous allons, à mi-côte des sommets opposés, visiter une ancienne exploitation de plomb argentifère. Vingt minutes d'une marche assez difficile sur des cailloux roulants nous conduisent à diverses excavations, sortes de cavernes abandonnées où nous récoltons de superbes échantillons de galène. Les pierres mobiles que détachent nos pieds en entraînent d'autres à leur tour, et, sous cet ébranlement continu, de gros blocs se précipitent au fond de la vallée, avec le fracas du tonnerre. C'est ainsi que roula, il y a deux ans, un jeune gars des environs. On était au mois de février et l'on chassait l'isard. Une avalanche soudaine emporta l'un des traqueurs du haut des pics immenses qui nous dominent. Le malheureux exécuta un saut de plusieurs centaines de mètres, et ne s'arrêta qu'en bas. Ses compagnons l'y retrouvèrent évanoui... mais vivant!

La neige avait fait ouate : son corps en était resté tout capitonné sur un lit de frimas. De ce coup si rude, vrai autant qu'invraisemblable, le jeune montagnard guérit, à telles enseignes qu'il sert aujourd'hui son pays sous la capote du soldat. Ajoutons qu'il s'appelait Aventin : son patron, expert en l'art des sauts périlleux, l'a visiblement protégé.

Moins vivement que lui nous redescendons vers les granges où nous attend Verdalle. Debout sur le marchepied, je veux faire mes adieux à Sacave que je ne compte pas retrouver dans mes dernières courses : mais lui se refuse à les recevoir.

« Je vous reverrai avant votre départ, me dit-il, dussé-je aller vous chercher à Luchon.

— Au revoir donc ! »

Et tandis que les feux mourants du jour glissent sur la moisson fleurie dont j'ai chargé les coussins, ma pensée retourne au val enchanté qui l'a produite. Mieux que jamais je comprends le rêve de ceux qui, oubliés et oubliant, voudraient y vivre plusieurs semaines sous la tente. L'Éden ne dut rien offrir de plus riant, de plus frais, de plus embaumé à nos premiers parents, et, pour retracer les séductions d'une telle oasis, il faudrait, selon l'image d'un grand coloriste, tremper sa plume dans l'arc-en-ciel, puis saupoudrer avec la poussière des ailes du papillon.

QUATORZIÈME JOURNÉE.

Course des lacs. — *Ça ira.* — Bertrand Estrujo. — Cascades du Cœur, de Solage, de Trégons. — Chemin de la Tusse de Maupas. — Cirque des Graouès. — Le lac Vert. — Lac Bleu et lac Charles. — Lac d'Estaouas. — Lac glacé du Port-Vieil. Le val de Bounéou. — Du régime pastoral dans les Pyrénées: l'idée de M. Calvet. — Les frères Lyonnet.

A quatre heures un quart, — du matin, s'il vous plaît, — nous prenons le chemin de la vallée du Lys. Il ne s'agit point en effet d'une excursion de pensionnaire. Je veux, de l'aube au crépuscule, saluer dans la montagne le plus de lacs possible, et les étages de rocs où se superposent ces saphirs et ces émeraudes n'offrent pas toujours les aises d'une viabilité courante. J'ajoute qu'une certaine confusion régnant dans l'esprit des gens du pays, comme aux pages des guides imprimés, sur la topographie et la terminologie de cette contrée lacustre, je suis sollicité par le désir de fixer, une bonne fois, lieux et noms.

Mme L. a tenu à m'accompagner. Dans les Alpes ainsi qu'aux Pyrénées son petit pied vaillant affronta trop de fois le précipice avec bonheur, pour que j'essaye de la détourner de cette nouvelle épreuve. Ce lui sera d'ailleurs un moyen de *s'entraîner* à l'ascension du Néthou qu'elle compte prochainement entreprendre. Le laurier des d'Angeville de l'escalade l'empêche de dormir.

A six heures nous descendons devant l'auberge *des Délices*, non loin de la chute d'Enfer. Là nous attendent des chevaux, sous la garde de *Ça ira*. Ils nous conduiront jusqu'au lac Vert. Sans perdre une minute, nous sautons en selle et nous traversons le torrent.

Ça ira, ai-je dit? Cet écho de 93 est le sobriquet d'un guide de sommets, haut en couleur, solide de charpente, répondant au vrai nom de Capdeville. Il appartient à une tribu rivale de celle des Redonnet, la tribu des Estrujo, dont Bertrand est le roi. Ce dernier semble avoir fait un pacte avec la fortune : il possède pignon sur rue et gros sacs d'écus chez le banquier. Sa maison meublée ne chôme pas de locataires. L'été, vingt chevaux mangent aux râteliers de son écurie le fourrage de ses champs, tandis que lui-même, coulé dans un pantalon noisette, savoure sur les allées le moka d'Arnative. Modèle des maris, il ne refuse d'ailleurs rien à sa femme, ni un ruban à son bonnet, ni un voyage à son caprice, si la fantaisie lui en prend. Bertrand et son épouse ont vu la plage de Trouville, tout comme M. Thiers, et s'ils n'y ont pas tiré le canon, il est probable qu'ils y en ont bu plus d'un. Aussi, quelle admiration à trois kilomètres alentour pour ce Dumont d'Urville de la vallée! Mais la fortune a ses préférés : elle n'a pas mesuré de semblables faveurs à son frère. Celui-ci a-t-il plus discrètement tondu sur le voyageur? l'épargne a-t-elle moins fructifié dans ses mains? mystère. En tout cas, les douceurs du drap noisette lui sont interdites : force lui fut même longtemps d'user sur les pierres de la montagne le droguet du paysan. Cette malechance a eu son corollaire habituel : Capdeville s'est tourné vers la république. On prétend qu'en 1848 ses opinions avaient arboré la couleur de sa figure : or, cette figure est un peu rouge, je l'ai dit. On ajoute — était-ce jalousie du pantalon fraternel? — que le refrain des *sans-culottes* ne lui déplaisait pas : *Ah! ça ira, ça ira...* chantait-il volontiers. Ça n'est point allé du tout, mais le surnom en est resté au pauvre Estrujo qui, devenu sage avec les années, ne songe plus qu'à amasser laborieusement une petite fortune. Il tient un rang distingué parmi les trois ou quatre meilleurs guides de sommets, et si la force de l'habitude lui ramène parfois aux lèvres son vocable favori, ce n'est que pour mieux encourager le client.

De l'autre côté du torrent, nous attaquons sur la gauche des talus gazonnés qui aboutissent à la forêt. Un sentier ombreux nous conduit en une quinzaine de minutes au pied de *la cascade du Cœur* qui mérite une visite, en passant. Son onde éblouissante se précipite, d'un jet hardi, dans une cuve de rocs qu'elle a creusée : se séparant ensuite en deux bras d'inégal volume, elle enlace un enchevêtrement de pierres, de pins et de gazon à qui elle donne, par son étreinte, la forme d'un cœur : après quoi, elle se brise en une chute nouvelle. Un peu de bonne volonté est nécessaire pour retrouver dans ce bloc l'aspect du plus noble des viscères : c'est la faute, non de Rousseau, ni de Voltaire, mais d'une avalanche qui l'a dégradé. Ce pourquoi Nérée Boubée, dans un accès de lyrisme mélancolique, s'écrie : « Si les hommes n'ont plus de cœur, si les cascades mêmes perdent aussi leur cœur de roche, espérons du moins que parmi les femmes il s'en trouvera quelques-unes qui sauront nous garder le leur, quelque fragile qu'il puisse quelquefois paraître. » Oui, honnête Boubée, espérons-le pour vous, quel que soit le nombre des *quelques* dont vous ayez agrémenté votre phrase.

Nous poursuivons à travers les sapins. La montée est rapide et dure aux chevaux. Ils n'ont point, comme nous, la consolation d'admirer la succession de cascades qui déroulent leur écharpe à tous les tournants du chemin. Celles de *Solage* et de *Trégons* l'emportent sur leurs rivales. La première fait voler sa poussière, non loin du val d'Artigue, vaste prairie où *Ça ira* cueille des épinards sauvages qu'il dévore tout crus, à nôtre stupéfaction : la seconde, suspendue plus haut, sort du lac Vert, rebondit trois fois dans les rochers, et, par sa triple cataracte, étonne à la fois l'œil et l'oreille. Nous passons près de la cabane de *la Coume.* C'est ici que doit infléchir à droite le hardi grimpeur qui, par la voie la plus courte, veut emporter la *Tusse de Maupas.* Le portail des *Pratslongs* l'y conduira sans toucher le glacier ; mais, grâce aux pointes des rocs qui l'outrageront plus d'une fois durant l'épreuve, il aura droit, à l'arrivée, — s'il arrive, — de chanter, lui aussi, la chanson du sans-culotte.

Nos prétentions étant plus modestes, nous nous contentons de pousser nos montures parmi les fragments éboulés et les débris schisteux. Des troncs rabougris, demi-morts, les heurtent par instants, et les pauvres bêtes trébuchant à travers de larges dalles, s'y agenouillent comme sur la pierre de leurs tombes. Je m'explique pourquoi cette excursion est si peu du goût des loueurs. Enfin, par un ressaut fort escarpé, nous débouchons tout à coup sur *le cirque des Graoués.* Cette vaste enceinte est le royaume de la désolation. Deucalion y eût trouvé assez de pierres pour repeupler deux mondes. Ce fut jadis un bassin aux eaux transparentes. Les déjections des glaciers, le chaos des avalanches l'ont desséché sous leurs débris. Aujourd'hui de hautes murailles de roches arides cernent ce désert : le pic de Boum le domine, à l'ancre sur ses glaces éternelles, comme le vaisseau de Franklin au milieu de la banquise, et la splendide cascade dont le torrent se déverse du lac Charles l'anime seule de son bruit. A nos pieds dort une mare tapissée d'algues noires, au reflet bronzé, qu'une excessive indulgence peut seule parer du nom de *lac Brun*. Nous quittons vite ces solitudes que nous sommes destinés d'ailleurs à revoir, et, franchissant vers la droite un second ressaut où nous abandonnons nos chevaux à bout de forces, nous gagnons en moins de dix minutes les bords du lac Vert. Il est huit heures.

Le *Lac Vert* qui s'arrondit en croissant, à 1,960 mètres d'altitude, doit son nom à l'incomparable couleur de ses ondes. Je ne veux médire ni de l'émeraude, ni de l'aigue-marine; je n'ai pas vu les gemmes prodigieuses dont parle Hérodote, non plus que cette statue de Sérapis taillée dans une seule pierrerie qui, au dire d'Appien, mesurait sept coudées : mais je doute que, fondus en un même creuset, au souffle de quelque génie souterrain, ces précieux corindons puissent jamais atteindre à des nuances pareilles, dût-on y joindre encore toutes les émeraudes des monts Ourals et celles du Brésil. Une presqu'île couverte d'herbes qui, de l'autre extrémité, s'élance ainsi qu'une flèche sur les eaux, jouerait, dit-on, à son égard, le rôle de l'oxyde de chrôme avec l'alumine, et lui donnerait ce reflet glauque inimitable. C'est une opinion. Je croirais plus volontiers à quelque cause surnaturelle. Cette idée s'est emparée de moi, puissante, invincible, du jour déjà lointain où le hasard m'amena ici pour la première fois. Un jeune guide, alors presque un enfant, Barthélemy, m'accompagnait. Quand il se trouva ainsi brusquement transporté aux bords de ce bassin enchanteur ignoré de lui, il s'arrêta stupéfait : puis se jetant à terre, parmi les fleurs de la pelouse, il se prit à sangloter. Cette sensibilité inusitée chez un blasé de la nature eut son contre-coup dans mon âme. En proie à l'hallucination, j'entrevis, parmi les vapeurs, une forme idéalement belle : était-ce la reine de ces ondes ? Le démon des vers me le souffla tout bas à l'oreille, et, sur mon carnet de notes, j'écrivis l'introduction de la *Vierge du lac Vert* :

« C'était un de ces soirs dont la beauté sereine
Est si douce au rêveur, dans les monts de Pyrène,
Un de ces soirs qui donne à l'âme son essor,
Aux vallons leurs parfums, au ciel son manteau d'or.
Perdu dans mes pensers le long des forêts sombres,
Je me trouvai, vers l'heure où descendent les ombres,
Près des bords escarpés d'un grand lac inconnu.
Son flot glauque dormait au pied du rocher nu,

Émeraude où, d'en haut, se miraient les étoiles :
D'élastiques vapeurs, flottant comme des voiles,
S'argentaient sous la lune et couraient sur les eaux :
Immobiles, les pins inclinaient leurs rameaux ;
Des lueurs se jouaient sur l'herbe des clairières,
Tandis que, par instants, le Djinn, dans les bruyères,
Semblait tendre la main au spectre de Banco.
Nul bruit : à peine au loin un vague et triste écho ;
A peine entendait-on quelques brises timides
De leur aile en passant froisser les joncs humides...
Au fond des cirques noirs tout se taisait d'ailleurs,
Les arbres, les torrents, les oiseaux et les fleurs.

Soudain l'air tressaillit aux accents d'une harpe !
De ce lac enchanté la vaporeuse écharpe
S'écarta d'elle-même, et, sur ses plis soyeux,
Une vierge idéale apparut à mes yeux.
Comme un soleil d'automne elle était pâle et blonde :
Son regard s'éclairait du reflet vert de l'onde ;
Une molle langueur empreinte en tous ses traits
A des charmes divins ajoutait ses attraits.
Telle Astarté dut être à son aurore, et telle
Je vis dans un rayon descendre l'immortelle,
Quand ses deux bras faisaient pâlir, en le pressant,
D'un luth aux cordes d'or l'ivoire éblouissant.
Pour moi, craignant le rêve et doutant du prodige,
J'admirais... mais bientôt : « Qui donc es-tu, lui dis-je,
Suave vision? Es-tu l'Esprit des eaux
Glissant avec la lune à travers les roseaux?
Es-tu la Willi blanche ou quelque âme plaintive

Que, sous ce pur cristal, un nécromant captive ?
Enfant des nuits, réponds! Me veux-tu pour ami ? »
Un sourire effleura ses lèvres à demi...
Sur un bloc de granit roulé par la tempête
Lentement accoudée elle inclina la tête,
Puis se mêlant dans l'ombre aux soupirs des grands bois,
Sa chanson me berça, moins douce que sa voix...[1]

Le lac Vert m'est cher entre tous : l'Académie des jeux floraux l'a fait mien, en décernant à ma pièce l'une de ses plus belles couronnes. Je ne le revois jamais sans émotion.

Une légère collation nous est servie par Capdeville au bord de ces eaux transparentes, en face de la belle cascade qui se précipite à l'autre extrémité du bassin. J'envie le sort du berger qui se dirige vers la presqu'île verdoyante pour y paître son troupeau. Florian n'eût pas souhaité un autre cadre aux Estelles et aux Némorins de ses rêves. Mais c'est l'heure de marcher, non de rêver. Un instant nous décidons d'aller visiter le *lac Bleu* d'où tombe la cascade. On y monte, en cinquante minutes, par des saillies schisteuses d'une pratique assez difficile. C'est le second chemin de la Tusse de

---

1. *Le Verger d'Isaure,* pages 107 et suiv.

Maupas, pour qui attaque la Tour par le glacier. Du lac Bleu on regagne alors le *lac Charles*, grâce à un passage qui s'ouvre sur la gauche et ne s'appelle point en vain le *Pas des Chèvres* : un pied d'isard et une tête exempte de vertige y sont indispensables. Nous les avons, quand il le faut ; mais le temps nous manque, et je le regrette, car ce lac Charles dont M. Tron fut le parrain offre, paraît-il, un caractère spécial de grandeur et de tristesse qui rappelle les *loochs* d'Écosse.

Quittant ces rives enchantées, nous revenons au cirque des Graouès que nous traversons dans sa largeur. C'est le Sahara, après l'oasis.

« Madame marche comme un zéphyr », dit Ça ira à Mᵐᵉ L., avec un large rictus qui a des prétentions au sourire.

Je ne sais qu'en penser, n'ayant jamais vu marcher de zéphyr; la vérité est que nous avons peine à suivre notre compagne. Son pas ne faiblit pas dans les interminables lacets d'une montée qu'animent seuls quelques troupeaux. Mais voici Borée et Aquilon qui se mettent de la partie. Un violent courant d'air nous coupe le visage : nous nous sentons transis de froid. Je songe avec jalousie aux promeneurs qui, en ce moment, passent le mouchoir sur leur front, devant la colonnade. Il ne faut pas moins que les reflets du *lac d'Estaouas* pour réchauffer notre ardeur. Nous descendons sur ses flancs, l'ayant toujours à notre droite, et nous contournons ses ondes bleues, aux deux tiers à peu près de leur développement. Là s'offrent d'assez vilaines embûches, notamment une cheminée placée au seuil du ressaut qui sépare Estaouas du lac glacé. Une glissade conduirait tout droit dans les ondes du premier, et si vite, qu'on n'aurait pas le temps d'appeler le prêtre ou le notaire. Le danger, fort opportunément, ne s'aperçoit que lorsqu'il est déjà conjuré. Nous ne tardons pas à découvrir le *lac du Port-Vieil :* en quelques minutes nous y atteignons. Il est midi.

« Scène des mers polaires, silence absolu que rompent seuls les dislocations de la glace et les rochers croulants », dit sir Russel en ce style lapidaire qui renferme plus d'images que de mots : et il dit bien. La surface de ce bassin est entièrement prise ; à peine si quelques flaques liquides dorment sur la banquise bleuâtre. Les eaux du Portillon et du port d'Oo ont un aspect moins sibérien. Nous sommes au pied du Malpintat dont les neiges alimentent ce réservoir. Une heure suffit pour atteindre le *Port-Vieil* (2,500 mètres). L'observatoire est beau, mais le passage n'est plus guère pratiqué, hormis par les ours dont nous rencontrons une trace encore fraîche ou par quelques contrebandiers endiablés. Dans ce cas, la descente s'opère en une heure et demie, et assez péniblement, sur l'hospice de Vénasque. C'est également du Port-Vieil que s'effectuerait le mieux l'ascension du pic de Boum. Je ne la conseille à personne.

Au bruit d'une avalanche qui gronde à nos oreilles, nous quittons cette âpre nature et, prenant à gauche, nous regagnons, par un chemin oblique, le lac d'Estaouas ; nous le rejoignons à son autre extrémité, vers l'endroit où il se resserre pour former le ruisseau qui se déverse dans les Graouès. Ses eaux bleues et rapides, en s'échappant par ce riant détroit, nous reposent des terribles beautés de tout à l'heure ; elles ont comme un miroitement du Rhône sous les ponts de Genève.

Remontant droit devant nous d'abord, nous tirons ensuite légèrement sur la gauche, et nous ne nous arrêtons qu'à une crête dominant d'un côté le cirque des Graouès, tandis qu'elle surplombe, de l'autre, le val de Bounéou. Il ne s'agit plus désormais que de se laisser glisser le long d'une inclinaison verdoyante. Je le crois du moins, et je m'en félicite tout haut :

« Adieu aux pierres ! salut à l'herbe ! » m'écriai-je joyeusement.

— Attendez, pour vous réjouir », interrompt *Ça ira* d'un air narquois.

Le traître ne se gausse pas sans raison. Cette pelouse, en effet, n'est qu'une pelotte d'aiguilles indéfinie, à pente insensée, d'où l'on ne peut se tirer qu'à force de prudence, de patience et de bonheur. Nul sentier tracé : il faut inventer. Les axiomes de la géométrie reçoivent là un cruel démenti ; ce n'est assurément pas sur ce plan incliné que le chemin le plus court serait la ligne droite. Le zigzag est de rigueur, pour peu que l'on tienne à arriver entier. Il convient de ruser avec cette herbe courte et rude qui vous force plus d'une fois à la caresser du dos : j'écris *dos* par euphémisme. A mi-chemin pourtant, l'effort devient moins laborieux. Nous croisons des bergers qui, selon leur coutume, n'ont rien de plus pressé que de nous demander l'heure. Ils nous offrent un lait savoureux ; et, une politesse en valant une autre, je leur présente ma gourde d'anisette. Mais ils repoussent, en souriant, la liqueur parfumée : ils lui préfèrent l'eau du torrent. Nous ne tardons pas à en aborder la rive, après trois quarts d'heure de pénible descente. Nous nous asseyons près de l'onde murmurante, et, à son bruit rafraîchissant, nous nous ravitaillons d'un peu de pain et de chocolat. Le lieu est sévère, sauvage même. Le pic Sacroux nous écrase sous la majesté de ses escarpements dénudés : de sa gigantesque muraille il ferme la vallée, dernière étape de notre course.

Le *val de Bounéou* n'offre à cet endroit qu'une triste végétation. De l'herbe pour la dent des brebis, d'humbles pâquerettes brodant d'un bout de corolle la frange du manteau des hivers, et c'est tout. Mais bientôt le site va s'égayer. Les prairies se revêtent d'un velours plus moelleux, l'émail des fleurs commence à s'y mêler. Nous suivons d'un pas relevé les marges du torrent, et nous ne tardons pas à atteindre la cabane de nos amis les pâtres. Quelques planches clouées sur des murs de pierres disjointes, un lit de feuilles sèches, trois ou quatre vases en poterie grossière suffisent aux besoins des maîtres de la bergerie. En sont-ils moins heureux? je ne le pense pas, et mon opinion est celle aussi de M. de G..., que nous trouvons là, en cours d'inspection forestière. Cet ami, expert en tels sujets, nous parle de réformes à opérer, d'abus à proscrire. Améliorer les pâtures par des irrigations intelligentes ou des substitutions artificielles de plantes fourragères, fixer les périodes du parcours, les mises en défends, le nombre de bestiaux admis dans chaque canton, telles sont, selon lui, les premières mesures à prendre pour la conservation et le salut des pelouses. Puis, de propos en propos, il arrive à nous donner de si intéressants détails sur le régime pastoral de ces contrées, que je ne crois pas inutile de résumer en quelques lignes notre conversation.

L'élève des bestiaux, unique industrie de ces montagnes frontières, devrait être une source abondante de richesses. Les intéressés ne savent malheureusement pas y puiser. Tandis que, chaque année, le Jura vend au dehors pour neuf millions de produits, les cinq départements pyrénéens placés dans des conditions aussi avantageuses, n'en exportent pas pour un centime. Frappé de cette vérité, persuadé que d'une combinaison économique pourrait sortir la prospérité de toute une région, un garde général, M. Calvet, conçut récemment la pensée de créer, au profit des monts de Pyrène, ce qui existe en Suisse et dans le Jura : des associations pastorales pour la transformation industrielle du lait de vache. Le jeune agent forestier est un esprit sérieux, intelligent, surtout très-tenace. Résolu à faire entrer, comme un coin, sa conviction chez autrui, il se rendit sur place, se mit vaillamment à la besogne, étudia le régime des fruitières, dévora tous les ouvrages ayant trait au sujet, groupa chiffres sur chiffres, publia brochures sur brochures, et arriva presque mathématiquement à établir qu'il se perd tous les ans, dans les Pyrénées, la somme énorme de trente millions de francs. Le Directeur général, ému de cette démonstration, ne tarda pas à se convertir aux idées de l'ardent jeune homme : le Ministre de l'agriculture vint à son secours par quelques subventions, les Conseils généraux l'aidèrent de leurs votes, et, ainsi armé, M. Calvet poussa la veine, mettant pour enjeu de la partie à gagner, son activité, son énergie, son intelligence et sa santé. Ce n'est point chose facile que de faire renoncer le montagnard aux habitudes, aux traditions, pour l'entraîner, moitié de gré, moitié de force, dans des sentiers nouveaux. Mais rien ne rebute l'ardent apôtre, aucune résistance ne décourage son effort, aucun échec n'ébranle sa foi. Aussi, quelques menus succès ont-ils tout d'abord été le prix de cette persévérance. Trois fruitières fonctionnent déjà dans les Basses et dans les Hautes-Pyrénées, cinq autres sont en construction. L'élan est donné dans l'Ariége où deux chalets se bâtissent : l'Aude et les Pyrénées-Orientales vont être attaquées, et, l'idée gagnant de proche en proche, il est à croire qu'elle fructifiera bientôt pour la gloire de son auteur et la fortune du pays.

On connaît d'ailleurs le régime de la *fruitière*. Un chalet d'été construit sur la montagne, un chalet d'hiver établi au centre de plusieurs villages, sont spécialement affectés à la fabrication, sous la direction d'un gérant. Matin et soir, les habitants ou les pâtres y apportent le lait. On y tient note sur un registre de la quantité fournie par chaque propriétaire ; puis, à la fin de la saison, une répartition proportionnelle est faite, entre les ayants droit, du prix des produits négociés.

M. de G..., chargé par son collègue de gagner

la vallée de Luchon à ce projet, vient s'entendre avec les bergers pour jeter les premières bases de la création. Nous lui serrons la main en lui souhaitant heureuse chance, et nous entrons dans la forêt de Bounéou, l'une des plus remarquables de la région. Une flore touffue, odorante, l'embellit et la parfume. La fraise y rougit le gazon, les plus riches variétés de sédum s'y épanouissent. Aussi l'ours qui, malgré sa réputation, ne craint point les belles et bonnes choses, s'y plaît-il tout particulièrement. C'est dans ces fourrés qu'on a le plus de chances de voir, de chasser et de tuer le fauve, surtout si l'on passe la nuit dans une cabane située tout en haut du bois, appelée « le poste de l'ours ». Telle n'est point notre intention. Nous continuons donc à monter et à redescendre le long du torrent, tantôt à sa droite, tantôt à sa gauche, parfois l'apercevant d'assez près, puis le perdant soudain de vue dans des profondeurs vertigineuses. Ces abîmes béants, ces rochers moussus, ces arbres tourmentés qui se penchent sur le précipice, transportent la pensée vers les défilés de la *Tête noire,* près des sublimes horreurs de Chamonix. Une dernière rampe extrêmement rapide nous amène enfin au trou de

Bounéou. Il est tout près de cinq heures, et en voilà dix que nous marchons. Des bûcherons qui travaillent sur la lisière du bois se refusent à croire qu'une femme ait pu si lestement franchir un aussi long parcours ; ils ne se rendent que devant le témoignage du brave *Ça ira*, fier de sa compagnie. J'avoue pourtant que moins fière est la plante de nos pieds, et que nous retrouvons notre calèche du matin avec une volupté dont seuls se feront une juste idée les marcheurs coutumiers de ces *promenades*.

Nous sommes en trois quarts d'heure à la maison. J'ai imprudemment donné parole à quelques amis de les accompagner, le soir, chez Esquié, aux fins méritoires d'entendre de la musique. Les musiciens sont les frères Lyonnet dont le concert, chaque été, est de tradition à Luchon. Heureusement que les éclats de rire de la *Grande duchesse* assise devant moi m'empêchent de sommeiller trop ostensiblement : j'atteins avec convenance la dernière note des romances, le dernier écho des imitations. Certes, le talent ne manque pas aux deux artistes ; mais ce que ces Siamois de la chansonnette *imitent* encore le mieux, c'est eux-mêmes. Deux gouttes de rosée sur une feuille de muguet offrent moins d'analogie. Pour ma part, j'aurais grand'peine à les distinguer l'un de l'autre, malgré le mot de ce naïf qui s'écria un jour : « Comme ils se ressemblent... surtout celui-là ! »

QUINZIÈME JOURNÉE

L'allée de Barcugnas. — Sode, Artigue, les rochers de Ciga-
lère. — Bacanère. — La Pales de Burat. — Le petit pâtre et
Gambetta. — Gouaux. — Un Pique-nique de réactionnaires.
— *Les trois Couronnes.*

Il en est des fatigues comme des plaisirs : rien de plus hygiénique que de les varier avec art. A une journée de marche il convient, en voyage, de faire succéder une bonne chevauchée. C'est pourquoi, avant de m'endormir, j'ai décidé pour ce matin l'excursion de Bacanère et de la Pales de Burat.

A six heures et demie, Jean, le suppléant préféré de Redonnet, me vient prendre avec deux bons chevaux. La course est assez longue, et je compte la mener vivement : ce ne sera pas trop de huit pieds ferrés à neuf pour faire jaillir l'étincelle du caillou.

Nous sortons de la ville par l'allée de Barcugnas, l'une des trois grandes avenues qui y accèdent. D'admirables platanes lui font un voile de feuillage impénétrable, comme s'ils étaient jaloux des trésors qu'ils abritent. Barcugnas est le séjour aimé des brunes lavandières, des blanchisseuses piquantes. Par les portes entre-bâillées, par les fenêtres ouvertes, on les voit, le battoir ou le fer en main, châtier et caresser tour à tour la percale du touriste, sans que d'ailleurs la langue y perde une évolution. Les joyeuses commères sont en train de se mettre à l'ouvrage, tandis que nous passons, et nous n'échappons point au fil de leurs propos. L'horizon très-degagé jusqu'à ce moment commence à se couvrir un peu. Puisque les nuages s'en mêlent, il s'agit de les gagner de vitesse. Nous piquons des deux, passons au galop sous le pont du chemin de fer, côtoyons les rideaux de peupliers des riantes et pittoresques prairies, franchissons la Pique et ne reprenons haleine qu'à Juzet. Laissant alors sur la droite la cascade qui se dissimule derrière les maisons, nous nous engageons, à la sortie du village, dans un sentier rapide. La Tusse de Maupas, Boum, les glaciers du Lys, la pointe du Quaïrat ne tardent pas à apparaître. La vallée de Luchon demeure

23

encore dans la pénombre ; le soleil n'y a point pénétré. Pourtant un rayon timide commence à réveiller la ville assoupie sous une gaze de brume transparente. La voix des cloches matinales nous arrive sur les battements d'aile de la brise. Nous atteignons Sode, riche hameau où deux vieilles femmes en train de laver leur linge sale *en famille,* auprès de la fontaine, nous contemplent avec étonnement. Puisse leur rencontre ne nous point porter malheur ! Un chasseur n'irait pas plus loin, sûr de revenir buisson creux. L'Antenac découvre son profil. La dernière maison franchie, les lacets se poursuivent. Bientôt Sode est sous nos pieds, avec ses toits de chaume qui le font ressembler à une vaste ruche. Des haies et des terres en culture bordent les deux côtés du sentier, jusqu'à ce que nous entrions dans un petit bois ombreux qui supprime toute vue. Ce que nous apercevons de plus distinct, en en sortant, ce sont les nuages qui commencent à courir l'un vers l'autre d'une manière inquiétante. Le chemin devient très-pittoresque : il se suspend en terrasse que domine le roc nu, et fait saillie sur la neige rosée des champs de sarrasin. Un vent frais nous apporte les parfums des fleurs, tandis que la chaîne des glaciers continue à se dérouler derrière nous et que des lambeaux de la vallée de Luchon se détachent à nos pieds.

Il est sept heures et demie quand nous nous engageons, bride abattue, dans l'étroite rue d'Artigue. Ce village aérien, tombé du ciel sans doute et arrêté dans sa chute à 1,241 mètres d'altitude, s'égaye au sourire de ses petits jardins épanouis : l'eau pure de ses fontaines le rafraîchit et l'anime. Un batteur qui sort de sa grange, attiré par le bruit de notre cavalcade, nous prédit une heureuse ascension : il ne faut pas moins que cet oiseau de bon augure chantant le beau temps pour nous consoler de la rencontre des vieilles corneilles de Sode. Et vraiment ce présage me semble devoir l'emporter, car le soleil, comme s'il se piquait d'honneur, s'efforce à triompher des nuées. Nous poursuivons donc plus allègrement notre route à travers des prairies inclinées à qui les pâquerettes et les œillets prêtent leur vif émail. Un instant, nous côtoyons une forêt de sapins. L'horizon s'élargit : d'un côté les Monts Maudits, de l'autre la plaine apparaissant par l'ouverture béante de la vallée. Nous remontons vivement, le long de pentes herbeuses et de bruyères fleuries, vers ces *rochers de Cigalère* que l'œil retrouve souvent du fond des Quinconces. Je m'arrête, — huit heures vingt minutes, — sur un petit col qui s'appuie à la base de leur muraille. Si l'orage se décide à éclater, je n'aurai pas tout perdu. De ce point, en effet, mon regard embrasse à la fois la plaine et une succession d'innombrables monts, depuis la Fourcanade jusqu'au Pic du Midi. Drapée aux plis de son manteau de neiges à rayures bleuâtres, la Maladetta se dresse splendide de magnificence. Tandis que j'admire, immobile sur mon *coursier*, le dit coursier s'ennuie, paraît-il. Avec le proverbe turc il demeure d'avis que mieux vaut être assis que debout, et couché qu'assis; car le voilà qui s'étend tout de son long et si brusquement en vérité, que j'ai à peine le temps de dégager la jambe. A mon tour, j'essaye de lui faire comprendre que le procédé n'est pas français : mon bâton ferré aide à cette preuve, et, dans le feu de la démonstration, le coudrier vole en éclats. L'animal a compris, et se relève. Cet entretien intime achevé, nous contournons, de bonne amitié, les rocs gris, sorte d'ouvrages avancés du grand fort de Bacanère; et, pendant que des pics nouveaux pointent tour à tour, nous nous élevons insensiblement jusqu'à un plateau semé de bruyères où nous pouvons enfin cheminer de plain pied. Les montagnes de la Catalogne et de l'Ariége apparaissent, baignées d'un éblouissant azur. J'entre dans un petit val tapissé de buis et de rhododendrons : Bacanère est devant moi, et devant moi aussi la limite frontière des nationalités. A ma gauche, Luchon ; Aran, à droite.

Neuf heures sonnant, je mets pied à terre près de la borne plantée sur l'extrémité de *Bacanère* (2,200 mètres). Cette croupe gazonnée a reçu son nom d'un empâtement rocheux couvert de lichens qui, par la forme et la couleur, figure, — si l'on veut, — une vache noire (*Bacca nera*). D'autres prétendent que la teinte de ce sol schisteux a emporté la dénomination. Quoi qu'il en soit, la vue est belle du haut de ce mamelon qui bosselle avec quatre ou cinq autres analogues l'arête séparative de la France et de l'Espagne. La Maladetta, les montagnes de l'Ariége s'y découvrent entières. Aran et deux ou trois tronçons de la Garonne se trahissent sous les transparences d'un voile bleu qu'on dirait tendu par la main de quelque ouvrier céleste. Le joli vallon de Bausen scintille, avec son village assis dans l'herbe de la prairie, ses ruisseaux pailletés de soleil, tandis qu'en remontant la vallée qui lui fait suite, mon regard se suspend avec Canéjan aux flancs de la montagne et interroge, la lunette aidant, chaque fenêtre de ses maisons. Le pont du Roy se devine plus qu'il ne se voit : un bon marcheur y pourrait descendre d'ici, mais non sans difficulté. Certes le spectacle est digne d'éloges, infiniment supérieur à celui qu'offre le Poujastou : il le cède toutefois au panorama de l'Antenac, inférieur lui-même au Montné. Le Perdiguères et le Posets sont ici lettre morte. Si le port d'Oo émerge à l'œil, en revanche, du Quaïrat jusqu'au Pic du Midi qui ferme l'horizon des hautes montagnes, on ne découvre pas la variété d'aspects propre aux observatoires susmentionnés. Plusieurs prétendent que le topographe et le coureur de montagnes devraient accomplir cette ascension avant toutes autres. Ils vont un peu loin. Même, selon moi, Bacanère serait à négliger si le voisinage du mamelon prochain, en complétant le tableau, ne faisait, de cette promenade, l'une des plus remarquables du pays. Ce qu'il nous reste à démontrer.

Après un certain temps donné à la contemplation, nous descendons vers un petit vallon, sorte de cirque désolé au fond duquel dort une grande flaque d'eau, et, par des pentes brusques, des arêtes et des cols successifs, nous atteignons la Pales en vingt minutes. Il est dix heures : nous en avons mis trois à peine depuis Luchon, les temps d'arrêt défalqués. Ici vraiment la vue est digne de tout éloge. Joanne a raison de l'appeler l'une des plus magnifiques des Pyrénées. L'aspect de la plaine qui vient s'ajouter à celui de tant de monts lui donne droit à cette épithète.

La Pales de Burat est un pic de soulèvement haut de 2,150 mètres. Des pitons plus modestes l'environnent, sortes de cônes verdoyants serrés les uns près des autres. Sa cime très-étroite, escarpée sur toutes ses faces et en surplomb de la plaine, verdoie sous un manteau d'herbes, de buis, de rhododendrons, de raisins d'ours, de bruyères ; quelques œillets roses mêlés de campanules bleues y fleurissent. Assis les jambes pendantes sur l'abîme, je découvre à bien des centaines de toises au-dessous de moi, une sorte de combe sauvage, étroite, voilée de forêts ; le joli hameau de Marignac la termine, en lui donnant son nom. Au delà fuit vers Toulouse la vallée de Luchon et de Montréjeau. Non loin de

Marignac, à l'ombre d'une touffe d'arbres qui s'arrondit sur les prés, la Garonne mêle ses ondes jaunes aux eaux vertes de la Pique ; puis je les vois toutes deux réunies figurer un serpent dont le dard se perd au loin dans une brume transparente. De chaque côté de leur lit courent parallèlement deux routes blanches qui se dénouent comme un double ruban d'argent : l'une, partant du pont de Saint-Béat, conduit à un groupe de villages dont les clochers percent la verdure, l'autre rejoint Montréjeau qui miroite au seuil de la plaine, avec sa gare et ses toits de tuiles rouges. Qu'elle est douce à l'œil cette sinueuse vallée ! Avec quel art achevé la nature groupe autour de son fleuve naissant, prairies, bouquets d'arbres et maisons ! J'y entrevois les bains de Siradan : j'y soupçonne Saint-Bertrand de Comminges dont une saillie de collines me dérobe la basilique. Tout au loin, Saint-Gaudens, Lannemezan, Toulouse marquent des points sur l'horizon immense. Rarement le touriste a cette chance heureuse : par fortune les vapeurs flottent ce matin sur les sommets, laissant toutes ses transparences à la plaine. Et puis voici, beaucoup plus près, le village si bien campé d'Argut-Dessus, la fraîche vallée de Melles ouverte au droit de Foz, et un coin de Saint-Béat ; voici la Vierge de bronze sur son piédestal de marbre, et les fameuses carrières, et le pic de Gar déchirant la nue de ses sept pointes : à tout quoi il faut relier, pour être complet, le panorama entier de Bacanère.

Tandis que nous rompons le pain du déjeuner devant les éblouissements de ce kaléidoscope, un jeune pâtre d'une dix-huitaine d'années nous rejoint par des crêtes en lames de rasoir sur lesquelles il court comme au travers d'une pelouse. Il semble tout joyeux de retrouver, occasion rare, des visages humains. C'est un enfant de Marignac dont la seule société, outre celle des brebis et des génisses, réside dans son chien *Pastoureau*, bonne bête pyrénéenne à la figure honnête, à l'œil parlant, qui fête sans façon nos reliefs. Je régale le petit berger d'une tranche de viande froide et d'un coup de vieux bourgogne. Cette libation épanouit le corail de ses lèvres et découvre l'émail nacré de ses dents. Le bonheur le rend communicatif. Il me montre sa cabane à quelques centaines de mètres plus bas, et ses administrés qui bêlent ou mugissent autour de nous. Là est toute sa vie. En voilà un, j'en réponds, qui ne se soucie ni de la Droite, ni

23.

de la Gauche, encore moins de la conjonction des Centres. J'en veux faire l'épreuve :

« Connais-tu Gambetta ? lui dis-je à brûle-pourpoint.

— Non, monsieur. C'est sans doute quelque berger du côté espagnol ?

— C'est un pasteur en effet qui, au besoin, ne craint pas les orangers d'Espagne : cependant, il habite la France.

— Et mène-t-il bien son troupeau ?

— Hum ! Il en a jeté une bonne part sous la dent du loup ; le sang a coulé, grâce à lui.

— Je pense alors qu'on l'a sévèrement puni.

— C'est ce qui te trompe, mon enfant.

— Chez nous, monsieur, on lui aurait retiré son bâton et on l'aurait conduit chez le juge pour lui faire payer l'amende.

— Oui, mais les choses ne se passent point de la sorte dans le grand village que j'habite. Les brebis une fois égorgées, le berger en question s'est trouvé plus gras et plus riche que devant.

— C'est tout de même bien drôle, monsieur !

— Très-drôle, mon ami. »

Midi approche. Les nuages ont mine de vouloir descendre. Nous ferons sagement de les imiter.

Prenant congé du pâtre et de *Pastoureau*, nous rejoignons nos montures que nous avons laissées paissant la gentiane et l'herbe aromatique. Tandis que je remets le pied à l'étrier, j'admire un singulier effet de lumière. Les glaciers du Lys et de la Maladetta, se détachant en vigueur sur le fond orageux des nuages qui leur servent de repoussoir, resplendissent d'un éclat inusité. L'électricité de l'atmosphère communique à la neige des transparences et des douceurs infinies. En même temps, la loi des distances semble modifiée : la chaîne des grandes montagnes a reculé.

« Signe de tempête... observe Jean.

— En route donc ! »

Nous redescendons vers la flaque d'eau. Laissant alors Bacanère sur notre gauche, nous passons près de la hutte d'un berger plus occupé à dormir qu'à jouer du chalumeau, cependant que ses génisses à demi couchées ruminent voluptueusement. Nous nous engageons dans une gorge sauvage qui nous amène à peu près à la hauteur des rochers de Cigalère ; — mais nous nous en éloignons, tirant à droite. En face de nous le cercle de monts se resserre et abaisse ses sommets. Déjà le Pic du Midi et l'Arbizon disparaissent ; l'Antenac et ses prolongements se montreront bientôt seuls de ce côté. Nouvelle cabane de pasteurs, avec parc de bestiaux. Les enfants préposés à leur garde s'amusent à faire brûler des tiges odoriférantes; l'air en est embaumé. Nous entrons dans un bois de sapins dont le gazon blanchit sous les pâquerettes. C'est la forêt de Gouaux.

Au bout de vingt minutes de marche sous bois, nous dévalons d'un bon sentier tracé à travers pelouses et fougères. Un groupe de maisonnettes bien construites s'offre à nous; au devant, paysans et paysannes s'occupent à battre le blé. Nous sommes interpellés en patois, fort grossièrement, me paraît-il. Jean fait la nique aux hommes, envoie des baisers aux filles : c'est sa manière à lui de se venger. Des éclats de rire et de fureur mêlés accueillent ces représailles. Déjà les braves gens se baissent pour ramasser des cailloux ; mais nous avons quatre jambes où ils n'en possèdent que deux, et force leur est de rester sur le geste irrévérencieux de Jean.

De ce moment la descente devient mauvaise : le sentier est rapide, caillouteux, riche en poussière. Nous devons parfois franchir des schistes glissants et perfides. Le vent, qui change de direction, soulève des nuages de sable. Le soleil continue à nous brûler, pendant que la pluie tombe avec fureur sur le Quaïrat et la vallée du Lys.

« Michot mouillera sa veste », me dit Jean, en riant.

Le vieux Michot est en effet parti, de grand matin, avec un opticien de Toulouse qui, pour son début, veut gagner la cime du Quaïrat par le Céciré et les crêtes qui l'y rattachent. Je parierais volontiers qu'ils ne dépasseront pas de beaucoup Superbagnères[1]. La tempête et la fatigue auront vite raison du grimpeur novice.

Nous voici dans Gouaux, assez pauvre village. Ses toits de chaume, ses pignons sur rue lui donnent le pittoresque à défaut de l'aisance.

Les ménagères, à notre passage, risquent une tête étonnée par la fenêtre : les enfants accourent, affreusement barbouillés, sur la galerie de bois du chalet. C'est que les touristes sont rares maintenant, qui montent à la Pales. Encore une course démodée... et bien à tort ! Le chemin qui

---

1. J'aurais gagné mon pari : le Toulousain, moulu et mécontent, rentra à Luchon le soir même.

sort de Gouaux est ombreux à souhait, romantique à l'excès : pas une habituée de l'Opéra qui ne l'ait vu plus d'une fois, de l'autre côté de la rampe. Il serpente aux flancs d'un frais vallon qu'arrose un ruisseau de cristal : des vergers, des prairies forment sa riante ceinture. Je franchis un pont, et ce bourg, si triste tout à l'heure, m'apparaît charmant dans son nid de verdure. Un philosophe en inférerait une raison de plus de ne pas juger les choses sur l'apparence. Par une déclivité bordée d'arbres, agréable et facile, nous arrivons en face de ce qu'on est convenu d'appeler *le panorama de Cier*. Là, toute la vallée se déroule aux yeux, jusqu'à Luchon. Le ruban de la route y ondoie, comme une moire blanche, à travers les îlots de peupliers, les prés fleuris et les hameaux. La ville se devine tout au fond, adossée à la colline de Superbagnères, et, pour clore l'horizon, apparaît, hérissée de pics et de glaces, l'arête superbe dont le Quaïrat et le Sacroux forment les redressements extrêmes, et la Tusse de Maupas le magnifique couronnement.

Vers deux heures nous atteignons la grande route, un peu au-dessus de Cier et en deçà de la bifurcation du tour de la vallée : — 6 kilo-

QUINZIÈME JOURNÉE. 411

mètres d'Étigny. Nous galopons entre les champs de maïs, sur un sol éblouissant de poudre, sous un soleil dont les rayons vont se changer en éclairs. Nous traversons Antignac et Moustajon, comme les morts de la ballade, et, à deux heures et demie, hommes et chevaux sont à l'abri des premiers grondements de la foudre.

Suspendu depuis le matin, l'orage éclate terrible, sans pitié. Les vieux tilleuls des allées craquent comme si leurs troncs allaient se briser : des branches rompues jonchent le sol. En même temps, des murs d'eau descendent avec une continuité de persévérance et une ampleur de moyens qui donnent à croire que le ciel veut tarir ses lacs au profit de la terre :

« . . . . . Il se fond presque en pleurs
Et transforme, à coup sûr pour nautiques épreuves,
Les sentiers en ruisseaux et les routes en fleuves.
Parmi tous les plaisirs dont Luchon est pourvu,
Celui de la gondole était le moins prévu.
Ma foi, rame qui veut! pour moi, je déménage,
Et j'arrive, échappé par miracle, à la nage... »

chez Arnative, vers la septième heure. Rendez-vous y a été pris en vue d'une agape fraternelle que nous nous offrons, sous forme de pique-nique, entre ministres, sénateurs et députés du bon temps. Le hasard des voyages nous ayant réunis pour quelques jours, nous avons voulu couronner une coupe, à la manière antique, et la vider à nos souvenirs comme à nos espérances. Pas un ne manque à l'appel, et tandis que le Cabinet Sagasta, qui a prudemment mis les Pyrénées entre le tromblon des radicaux de Madrid et la poitrine de ses Excellences, attaque le hors-d'œuvre derrière la cloison voisine, nous nous asseyons gaiement autour d'une table servie à souhait et fleurie à miracle. Arnative s'est surpassé. Les mets sont délicats, les vins généreux, et nos sentiments à la hauteur des vins. Au dessert, le grand morceau du *Quatre Septembre* est exécuté en bémol, avec variations nouvelles. Un ancien ministre de l'intérieur, cavalier fort aimable, nous prouve par $a + b$ que si on ne l'eût pas mis *à l'extérieur* avec son portefeuille, il eût sauvé la Dynastie et battu la Prusse. C'est le cas de dire avec Montaigne : *peut-être!* En tout cas, lorsque l'aï crémant petille dans les verres, nous sommes unanimes à porter un toast, toutes fenêtres ouvertes, aux augustes proscrits de Chislehurst. La tempête s'apaise un instant, comme pour mieux laisser monter nos vœux aux pieds du Dieu qui les exauce. Puis les cerveaux commençant à s'échauffer, on me demande des vers : — la Poésie n'avait-elle point sa place marquée aux festins des anciens? Pour rester dans la note, je dis mon ode toute récente, *les Trois Couronnes.* Voici quelques strophes qui traversent ma mémoire :

. . . .

« Le ciel est pur, l'air tiède, et le flot bleu sans rides :
C'est la terre enchantée où l'or des Hespérides
Mire son fauve éclat dans l'azur des saphirs,
Où la nature en fête a déchiré ses voiles,
Où les nuits sans nuage ont des colliers d'étoiles
  Et les sierras leurs doux zéphyrs.

Par les sentiers ombreux, sur son genet d'Espagne,
Une enfant à l'œil fier traverse la campagne...
Telle passait Chimène avec son palefroi
Quand le Cid eût donné ses jours pour un sourire!
On s'incline, on admire : aimer et le lui dire,
  Qui l'oserait, hormis un roi?

Dieu la sauve pourtant des royales alarmes!
Est-il sceptre qui vaille un rayon de ses charmes?
Que gagnerait le cygne à couver des aiglons?
Vierge, n'a-t-elle point, à défaut du saint Chrême,
Pour ceindre de son front la majesté suprême,
  SA COURONNE DE CHEVEUX BLONDS?

Mais le destin l'emporte, un trône est son partage!
La Clémence y prend place avec la fleur du Tage.
Aurore d'un beau jour, soleil loin du déclin,
Vous la vîtes, ouvrant sa corbeille de reine,
Y puiser à deux mains les joyaux qu'elle égrène
      Sur le berceau de l'orphelin !

Si l'aigle tient la foudre en sa terrible serre,
Elle, aux plis de sa robe abrite la misère ;
Cent fléaux à ses pieds se tordent abattus :
La peste souffle en vain, la vague en vain déferle...
Chaque larme essuyée enrichit d'une perle.
    LA COURONNE DE SES VERTUS. »

. . . .

Ils écoutent recueillis, émus, ces amis fidèles, ces courtisans du malheur, sortis de l'épreuve comme l'or du creuset. Puis, ayant flétri les hommes de Septembre et tressé à ma Souveraine sa troisième couronne, celle du MALHEUR, je fais vibrer enfin les dernières cordes de la lyre :

« Oui, tant que la beauté, la vertu, la souffrance
Auront des chevaliers parmi les preux de France,
Tant qu'un reste d'honneur ne sera point flétri,
Tant que Clio saura sur l'or de ses tablettes
Mêler, d'un doigt pieux, les Blanche aux Antoinettes,
      Nous fêterons un nom chéri.

Déjà plus d'un ingrat pleure le bon génie :
Plus d'un écho soupire au doux nom d'Eugénie !
Car l'Espérance aussi, cherchant où s'envoler,
Suspend son luth brisé dans les saules du fleuve
Et laisse la patrie en ses crêpes de veuve,
    Ne pouvant plus la consoler.

Larmes, coulez ! et vous, que la brise légère
Vous roule, en se jouant, vers la rive étrangère,
Soupirs, premier tribut d'un remords importun !
Ah ! parlez du pays à l'auguste Exilée :
De sa chère oasis par le fer mutilée
    Portez-lui l'enivrant parfum :

Dites-lui que s'il est une race infidèle,
Plus d'un cœur y sait battre encore, digne d'elle ;
Que l'heure est au hasard, mais à Dieu l'avenir ;
Que, de pleurs et de sang trop longtemps arrosée,
La terre sent déjà, sous l'humaine rosée,
    Germer l'épi du souvenir. »

De bruyants applaudissements éclatent. A Celle qui m'a inspiré, d'en recueillir l'hommage. Puisse sa grande âme en être consolée sur la terre d'exil !

SEIZIÈME JOURNÉE

Les suites de l'orage. — Cirque et port de la Glère. — Le lac des Gourgoutes. — Histoire lamentable d'un sous-préfet sans chaussures. — La Fourcanade. — Le rocher qui sue de l'or. — Le pic Sacroux. — Méchant tour de nos chevaux. — Le chevalier Cazeneuve et sa compagne Alice.

L'orage a sévi toute la nuit. Seize heures durant la pluie est tombée, une pluie de Naples! Le vent, les tonnerres et les éclairs lui ont servi d'orchestre et de flambeaux. Ce matin, les montagnes sont poudrées à frimas, et, spectacle inusité, de ma fenêtre j'aperçois comme un ruisseau de lait qui, découlant de la Tusse de Baliran, semble rayer sa puissante mamelle.

Pourtant, la trombe ayant cessé, les nuages mêmes faisant mine de s'enlever, j'envoie quérir mon compagnon de la veille et deux chevaux. Ce n'est pas que ce préposé de Redonnet soit un guide très-fameux : comme la plupart de ses confrères, il ne s'occupe guère du voyageur que pour lui montrer le chemin — quand il le connaît : car sa science topographique ne va pas loin. Mais du moins il est bien pris dans sa petite taille, robuste, hardi, point trop bavard et de bonne volonté. Cela vaut quelque chose.

Après plus d'une hésitation, nous mettons à tout hasard nos bâtons ferrés en travers de nos selles, et nous prenons la route d'Espagne. J'ai idée de visiter la Glère, excursion pour laquelle un ciel pur n'est pas de rigueur. La Pique, enflée par les cataractes nocturnes, roule des ondes si furieuses, que la paisible physionomie de la vallée en demeure bouleversée. Le chemin de l'Hospice, à sa bifurcation, est encombré de rocs et de graviers. Deux ouvriers déblayent la voie. Fidèles au conseil de Boileau, ils se hâtent lentement, tandis que les calèches attendent à la file leur bon plaisir. Usant du privilége des cavaliers, nous franchissons l'obstacle, et, tirant à droite, nous nous engageons dans le vallon de Jouéou. Rien de plus riant, nous l'avons dit, que l'aspect de ce site ; mais la tempête changeant toutes choses nous oblige aussi à changer d'épithète. Le torrent a mangé ses rives, inondé les prairies, déraciné les arbres, emporté les ponts. L'un d'eux, de bonne pierre cimentée, reste heureusement debout sur ses piles, et nous livre passage. Un peu plus loin, nous trouvons la route coupée : des blocs de granit énormes ont roulé d'en haut. Bien m'en prend de n'être point en voiture; de longtemps les chars ne passeront par là. En vassale révoltée qu'elle est, la Pique s'est creusée, dans l'étroit vallon, quatre lits distincts où elle s'engouffre, affolée, isolant les bouquets d'arbres comme des îlots. Un spectacle plus lamentable encore nous attend dans le cône de déjection du torrent. Cette steppe pierreuse, si aride d'ordinaire, reçoit le tribut de vingt rivières. Toujours en selle, nous cheminons à travers la dévastation. L'eau bat les jambes de nos bêtes qui semblent ne rien comprendre à leur rôle de chevaux marins. Tout en avançant, je me dis avec mélancolie que le torrent du *Laou de Bas* élargissant ses berges à chaque orage et minant les obstacles, le val de Jouéou disparaîtra un jour ou l'autre sous l'écroulement de la montagne. Et alors, le rêveur aura perdu un agréable Éden à promener sa fantaisie.

Nous voici au seuil de la cascade des Demoiselles, — le gracieux dans la poésie, l'harmonie dans le silence. Hélas! quel changement! Le ruisseau est devenu rapide, le murmure, mugissement. Un vrai fleuve se précipite par l'ouverture de la gorge. De pont, nulle trace ; ses débris sont en route pour la Garonne. Brisant le courant, du poitrail de nos chevaux, nous nous avançons, stupéfaits, vers cette inondation de l'antre qui semble pleurer sa beauté perdue. Où sont ses cascatelles? où sont ses pluies de perles et de diamants roulant dans la verdure? Ainsi je vis une fois la nymphe de Gèdre, lasse de se contempler solitairement dans un miroir limpide, rompre ses abris de feuillage, troubler les transparences de son cristal et, hors d'elle, livrer ses pudeurs et les mystères de sa grotte épouvantée aux caprices désordonnés d'un torrent fangeux.

Après avoir franchi plusieurs gaves en furie, nous entrons, à droite, dans la forêt. Le sentier que nous suivons pendant plus d'une demi-heure court sous l'ombre de magnifiques hêtres séculaires mêlés aux sapins altiers; dans le précipice, le torrent bondit et écume. Nous le traversons sur un assemblage de troncs ébranlés par l'orage, faisant eau de toutes parts, qui craque et se disjoint sous le sabot du cheval. Au-dessus de nous, un collier de rapides et de cascades enroulé jusqu'à la Glère s'égrène parmi la verdure. Nous nous engageons à travers un couloir, et nous voilà, débouchant de biais par une étroite issue, dans le cirque même, celui de tous peut-être qui répond le mieux à l'image évoquée par le mot. Vaste, herbeux, sauvage, entonnoir de géant aux assises alternées de gazon et de pierres, sorte de barathre immense où les murailles de rocs, les pics aigus, les crêtes à dents de scie vous enserrent de toutes parts, si bien qu'on se croirait au fond d'un puits avec le ciel sur la tête et l'eau sous les pieds, — tel est ce cirque. Un gazon à ras de de terre le verdit. Une douzaine de chutes laiteuses, argentées, qui glissent sur ses parois, en font un vrai parc des cascades. Trois l'emportent sur toutes les autres. Elles se précipitent sous un pont de neige, et, mêlant un peu plus bas leurs ondes, forment le torrent père de tant de rapides.

Cette solitude eut son jour de vie, qu'elle ne vivra sans doute plus de longtemps. C'était le 20 septembre 1858. Toutes les notabilités de la Haute-Garonne, préfet en tête, y venaient inaugurer le chemin de l'Hospice à la Glère. Un autel avait été dressé, autour duquel dix mille fronts se découvrirent quand le prêtre y monta. Il s'agissait de remercier Dieu de son évidente protection. En six mois, l'acier, la poudre et les cordes aidant, un passage aérien avait été jeté sur les abîmes. Les traditions du moyen âge étaient reprises ; on rouvrait l'antique voie commerciale entre le Comminges et l'Aragon. Un chemin muletier, aux lacets commodes, aux pentes doucement ménagées, allait rapprocher Vénasque de Luchon, afin que, par-dessus la barrière des monts, la France et l'Espagne se donnassent plus facilement la main. Et puis on fêtait aussi, ce jour-là, d'autres espérances. M. Lézat, s'inspirant d'une idée de Napoléon Ier, venait d'achever les études d'un projet de tunnel de plus de 6,000 mètres destiné à percer la muraille du cirque pour ressortir au val de l'Esséra. Déjà, dans la pensée de tous, la locomotive sifflait et volait sur la grande ligne ferrée de Montréjeau à Barbastro... La Garonne fraternisait avec l'Èbre ! Très-réalisable pour qui connaît les difficultés vaincues au mont Cenis, dans les Apennins de Pistoïa ou le long du Semering autrichien, ce projet a été abandonné faute d'argent. Il n'en reste qu'un coup de pinceau circulaire trempé dans la couleur noire, à la place même où l'acier eût dû forer. Projet hardi qui, sans doute, aura son heure : puisse-t-elle seulement — et c'est mon vœu — sonner le plus tard possible! Où passe l'ingénieur, adieu la belle nature! Son niveau est celui du barbare : il y a du Mummius dans tout échappé des ponts et chaussées. Sérieusement, ne serait-il pas dommage de gâter un tel site, en réalisant, dans sa mauvaise expression, le mot de Louis XIV : « Il n'y a plus de Pyrénées! » Mais à défaut de railway, on eût pu entretenir le chemin de M. West, ce dont on s'est gardé. Les hivers, avec leur cortége d'avalanches, n'ont pas tardé à entamer le travail : le Luchonnais a laissé faire. Quelques journées d'hommes eussent arrêté les dégradations : nul ne s'est soucié de les offrir. Aussi le passage devenu promptement difficile, est-il impraticable aujourd'hui sur plus de la moitié de son parcours : hormis quelque rare touriste ou le contrebandier, nul ne le fréquente. Plus que jamais, le port de Vénasque règne sans partage.

Arrivé vers le milieu du cirque, Jean ôte la bride aux chevaux et les laisse en liberté, à la garde de Dieu, à la grâce du hasard. La mesure me semble bien libérale; mais Jean se prétend sûr de ses administrés. Munis de nos longs bâtons, nous attaquons la muraille de droite, en

SEIZIÈME JOURNÉE.

pointe directe, sans souci des tracés. Une heure de marche sur ces pentes rapides nous amène à une plaque de neige où le brouillard me surprit, il y a quelques années. Même aventure nous menace aujourd'hui. Les nuées flottent, tantôt épaisses, tantôt si transparentes, que les moindres arêtes se trahissent sous l'élasticité de leur tissu. Animés par l'espoir d'un sort meilleur, nous poursuivons l'ascension à travers des éboulis de roches rougeâtres. Le cirque s'enfonce à nos pieds avec sa robe verte qui lui semble nouée à la taille par un ruban d'argent. Les jeux de vapeurs nous découvrent tour à tour l'étroit vallon des Demoiselles, un fragment du chemin de l'Hospice, les montagnes de la vallée de Luchon jusqu'au delà de Cierp. A notre droite, le Sacroux s'estompe légèrement dans la brume. Nous sortons d'un sentier rocailleux pour monter vivement. Une muraille triangulaire, à pic, déchiquetée, noire, s'offre au regard : C'est *la Tusse de la Glère*. Le port est en dessous. Je distingue déjà l'échancrure où un Bernard, seigneur de Comminges, avait fait établir une cabane-abri pour les voyageurs. Le pic Sacroux frappé par un rayon de soleil accuse davantage sa pointe aiguë. Nous voici au bord d'un petit glacier de poche, avec *bergschrund* en miniature. Un chaos de sombres fragments coupe en deux son sommet arrondi, lui donnant la forme et l'aspect d'un cœur de pain d'épices glacé. Nous traversons en zigzag ce névé aux pentes redressées, puis nous rejoignons bientôt un tronçon de l'ancienne route, sorte d'escalier tournant étagé sur huit murs en pierres rouges qui se superposent dans un état de conservation parfaite. Ses degrés ressemblent à ceux de la grande pièce de Saint-Cloud, quand les eaux jouaient. Les voyant abandonnés des humains, les nymphes s'en sont emparés. Elles y épanchent en paix leurs urnes avec des murmures divers. Les réservoirs du ciel vont bientôt y mêler leur tribut : la pluie en effet commence à tomber d'inquiétante façon, justifiant, une fois de plus, la renommée aqueuse de ces parages.

A midi vingt minutes, nous atteignons le *port de la Glère* (2,323 mètres). Il n'y a que trois heures et demie que nous avons quitté Luchon : nous sommes en droit de nous accorder et nous nous accordons un premier accessit de vitesse. A peine avons-nous dépassé la déchirure des rocs, que déjà nous apercevons le joli *lac des Gourgoutes*, avec une partie du massif des Monts Maudits sur la gauche. En quelques instants nous descendons au bord de ce bassin encaissé. Deux ruisselets rident en tombant l'ovale de son émeraude. La vallée de l'Esséra lui sert de déversoir. Quant au cadre, il est du dernier sauvage. Partout des rocs effrités, tailladés à coups de foudre, déchirés, tourmentés : nulle trace de végétation, ni une fleur, ni un brin d'herbe ; car je ne fais pas l'honneur de ces noms à quelques mousses jaunes qui revêtent d'une teinte safranée les escarpements et les éboulis dont le lac est dominé. En revanche, beaucoup de schistes tranchants, très-fatals aux semelles. Un administrateur du second Empire pourrait en témoigner au besoin.

Le député d'alors, M. Tron, avait improvisé une partie, de ce côté, avec quelques joyeux amis. Le sous-préfet de Saint-Gaudens, P..., en était, pour son malheur. Malgré les adjurations pressantes de ses compagnons, il ne voulut point échanger ses bottines vernies contre l'épais soulier de montagne : scrupule d'un administrateur vraiment correct dont souriront les proconsuls à chaussure éculée de dame République. Tout alla d'abord assez bien pour l'imprudent. Il choisissait son terrain, bondissant comme le chamois ou rusant comme le renard, tantôt sur la pointe, tantôt sur le talon. On venait de traverser sans encombre le petit glacier qui précède le port, quand le sous-préfet s'arrêta brusquement. Quelque chose d'insolite lui semblait se passer à ses pieds : une vive souffrance le clouait en place. Qu'arrivait-il donc? ceci simplement : la neige ayant brûlé le fil des bottines, les semelles profitaient de leur liberté pour quitter l'empeigne, et l'infortuné n'avait plus aux chevilles que des tiges destituées de soubassement. Il fallait désormais marcher comme nos premiers parents. Or les pelouses veloutées du paradis terrestre font défaut à cet endroit : c'est précisément là que commence le supplice des schistes. P... n'avait point encore atteint le lac des Gourgoutes où l'on devait déjeuner, que déjà il marquait chacun de ses pas d'une trace sanglante. Que décider? que faire ? L'itinéraire se continuait par le port d'Estaouas et le lac Vert, et l'on sait que les pierres coupantes ne manquent point durant ce formidable parcours. Reprendre le même chemin ne souriait guère aux touristes dûment bottés : la route d'ailleurs n'était ni moins longue, ni meilleure... Conseil fut tenu. Après délibération, la majorité proposa au sous-préfet de faire élection de domicile dans une cabane voisine, avec engagement solennel de lui envoyer, de grand matin, des escarpins ornés d'une bijouterie d'Auvergne, un cheval et un guide. P... refusa net. L'idée d'être ainsi abandonné seul, dans la nuit, en pleine montagne, lui faisait dresser les cheveux à la tête : en ce temps-là, les sous-préfets avaient encore des cheveux. Dans ces conjonctures, le député ouvrit un avis qui, faute d'un meilleur, fut adopté. Les membres de la caravane portaient tous, par hasard, des chapeaux de feutre mou..., absolument comme les électeurs du citoyen Gambetta. Il fut convenu qu'au risque d'une insolation, chacun d'eux ferait le sacrifice de son couvre-chef sur l'autel du devoir. Cette résolution prise, le plus habile ouvrit son canif, découpa Pinaud ou Lebel en lanières, et, de ces bandes velues, tressa une sorte d'espadrille autour des pieds sous-préfectoraux. On se remit en marche. Demi-succès tant que le feutre dura; mais un moment fut où, déchirées sans cesse par les schistes et sans cesse renouvelées par l'amitié, les lanières vinrent à manquer... et alors les tortures de recommencer. Aussi, quelle joie lorsqu'on atteignait une pente gazonnée ! Le patient s'asseyait alors, et se laissant glisser, jambes en l'air, sur le point d'appui que vous devinez (*shocking!*) soulageait un instant ses pauvres plantes endolories. J'abrége. Après un martyre qui dura plusieurs heures, on rejoignit l'auberge du Lys. La voiture était là, c'est-à-dire le salut : mais, à quel prix ! Les pieds de l'imprudent n'étaient qu'une large meurtrissure. A Luchon, le sous-préfet fut pansé, emmaillotté, dorloté ; on but du champagne à sa santé ; il en but aussi, et tandis qu'il reposait sur la couche moelleuse, ses Achates intrépides allaient à Bonnemaison noyer leurs fatigues dans les tourbillonnements d'un bal de souscription. Quelques jours après, le sous-préfet, remis *sur pieds*, jurait, mais un peu tard, qu'on ne le prendrait plus en bottes vernies sur un glacier.

Pour nous qui, ferrés à glace, n'avons point à craindre pareille aventure, nous courons d'une haleine sur les schistes, jusqu'au bout du lac. Les nuages nous inquiètent en effet. Ils semblent vouloir gagner de vitesse pour nous dérober la vue. Un coup de vent les dissipe par magie. Nous arrivons à des rocs escarpés qui dominent la vallée de l'Esséra et le plan des Étangs. L'Hospice espagnol, vu d'ici, ressemble à une maisonnette de carton. Vous croiriez pouvoir l'atteindre d'un jet de pierre : la vérité est qu'il faudrait trois quarts d'heure pour y descendre, et deux heures pour en remonter. L'Esséra coule à droite. L'entrée du val de Malibierne se découvre, avec son pic moucheté de neige. Je devine ou j'entrevois le chemin du Posets, la ville de Vénasque, les plaines d'Aragon toutes rutilantes. A gauche, se déroulent le plan des Étangs et un lambeau de celui des Aigouailluts. La pluie diluvienne de la nuit en a fait une sorte de lac qui intercepte le chemin de la Rencluse. Partout des ruisseaux et des cascades, enfants de la trombe, strient de leurs raies blanches cet aride désert. Par moments, dans les hasards de la ronde que mènent les vents et les nuages, l'horizon se découvre, et, bien que limité, il est d'un grandiose achevé. Au pied des rocs de la *Montagnette,* sous cette arête déchiquetée qui de Sauvegarde court au Sacroux, nous nous garons des aquilons dans une étroite anfractuosité; et tandis que la faim longuement aiguisée n'oublie pas ses droits, je réjouis mes yeux d'un spectacle bien digne d'un amant de la nature.

Tantôt voilé de vapeurs orangées, tantôt

découvert, Sauvegarde pyramide sur notre flanc; la Peña blanca se joue à sa base en sinuosités crayeuses. Plus loin se dresse le sombre Pouméro, avec son pic noir. Et puis voici la *Fourcanade* superbe, une quasi-vierge, puisqu'elle ne subit qu'une fois les attouchements d'un maître. Alfred Tonnellé fut son vainqueur, et, lui mort, nul autre ne peut se vanter d'un tel exploit. Ce pourquoi, seule de ses compagnes, cette cime porte un drapeau vert, au plan de M. Lézat. La légende a spéculé sur la difficulté d'aborder la rebelle. Tout en dévorant sa tranche de pâté, Jean m'initie à la tradition.

Entre les aiguilles de la Fourcanade se dissimule un trou fermé par une grande pierre où l'on ne peut descendre qu'à l'aide de cordes, et au péril de la vie. Un guide de Luchon le découvrit un soir. S'y étant glissé, il vit que le sol était revêtu d'une espèce de substance mate, jaunâtre, absolument inconnue. Il en détacha un fragment, le rapporta à la ville et le montra par hasard à un joaillier. Celui-ci ne l'eut pas plutôt essayé, qu'il y reconnut une pépite du plus bel or. Ivre de joie, l'heureux montagnard retourna, dès le lendemain, à la Fourcanade, accompagné cette fois de plusieurs collaborateurs très-disposés à se courber sous leur charge de métal. O douleur! ils retrouvèrent bien la grotte, mais du précieux pavement nulle trace. Plusieurs jours s'étaient écoulés : dans l'intervalle, des Espagnols avaient tout pris. Or, chaque année, paraît-il, la couche aurifère se reforme durant l'hiver, car *le rocher sue l'or;* mais, à chaque printemps aussi, ces gueux de Catalans qui sont sur place en abusent pour guetter la fonte des neiges, profiter de la débâcle, descendre dans le trou et remplir leurs sacoches. Quand les Français se présentent avec leurs paniers, la récolte est faite. Cette histoire du « rocher qui sue l'or » est impayable ; elle en vaut tout simplement son pesant. Je ne veux pas désobliger l'ami Jean par un doute injurieux ; je ne puis pourtant dominer tout à fait l'étonnement que me cause le perpétuel retard de nos compatriotes sur les fils d'Ibérie, et, malgré moi, je me prends à chantonner la ronde fameuse d'Offenbach :

« Nous sommes les carabiniers,
La sécurité des foyers,
Mais, par un malheureux hasard,
Au secours des particuliers
Nous arrivons toujours trop tard.

De la Fourcanade, je promène ma lunette sur les pics de Salenques et de Moulières, puis je la ramène du côté de la Maladetta dont les sombres aspérités couvertes d'un névé récent disparaissent comme sous une couche de sucre en poudre. Le pic Paderne lui-même se donne des airs de glacier. Seul, le Néthou demeure invisible derrière l'arête du Portillon. Tout à coup le soleil redouble son effort : il darde ses flèches brûlantes sur le plan des Étangs : les flaques d'eau de l'inondation bouillent comme de l'argent fondu, l'Esséra semble rouler des flammes. Les nuées qui flottaient incertaines, couvrant et découvrant les cimes, se dissipent soudain. La neige étincelle. Une voûte azurée s'arrondit des Monts Maudits jusques en Aragon, pendant que des écharpes de vapeurs s'enroulent autour des flancs du Malbarrat reflétés dans le miroir des Gourgoutes.

Ce tableau changeant a nui aux intérêts de mon déjeuner : celui de Jean n'en a que mieux valu. Ma montre accuse deux heures. Il est temps de reprendre l'alpen-stok. Nous repassons, non sans l'admirer à nouveau, devant le petit lac. Mais la lumière ne nous suit pas. Les nuages nous rejoignent près du col de la Glère. Faut-il donc renoncer si vite au soleil des Espagnes, quand le nôtre, maussade comme un visage de procureur, s'obstine à garder sa coiffe de nuit? Il n'est que deux heures vingt minutes, et le Sacroux s'illumine au-dessus de nos têtes :

« Si nous grimpions là-haut? dis-je à Jean.

— Grimpons! » reprend docilement celui-ci.

Et nous voilà partis au pas gymnastique pour le Sacroux. Que penserait le sage Michot, nous voyant faire un tel profit de ses leçons? Nous attaquons d'abord une pente gazonnée, rapide, qui domine le col. Aucun sentier : l'inspiration est notre guide. Dix minutes de cette marche accélérée nous conduisent à la crête d'une sierra de rocs rouges et jaunes où le soufre et l'ocre mélangent leurs couleurs. Ses pointes en sont aiguës comme des alènes, ses schistes tranchants comme des lames de damas. D'un côté la patrie du Cid et de Viriathe éblouissante de lumière, de l'autre, le pays de Trochu noyé dans la brume : à droite, les profondeurs du cirque de la Glère, un éboulis de roches et le lac des Gourgoutes à gauche. Nous nous promenons plusieurs minutes sur cette sorte de Pont de Mahomet où le temps nous semble long. Puis nous continuons par des couches redressées qui, nous dominant d'une trentaine de mètres, défendent nos regards du vertige. Sur ce plan aux larges dalles, nous courons plutôt que nous ne marchons. Après avoir dépassé des arêtes larges de deux ou trois pieds à peine, bordées de précipices, nous rencontrons un nouveau passage d'une trentaine de mètres, très-propre à conduire au paradis du prophète. On ne le peut franchir qu'à califourchon. Comme les fils Aymon d'illustre mémoire, ayant chevauché la même croupe, nous contournons un petit pic affreusement décharné. *La cime du Sacroux* (2,675 mètres) est de l'autre côté, à moins de cinq minutes. Au moment précis où nous la couronnons, les nuages jusque-là incertains prennent une décision : ils nous enveloppent d'un fourreau épais. C'est la coutume de ce sommet nuageux, même aux plus beaux jours. L'honneur de l'avoir escaladé en trois quarts d'heure, depuis le Port, doit nous suffire : pourtant une telle ardeur méritait un autre laurier.

La descente par le même chemin est assez délicate : elle le serait bien davantage du côté de Bounéou. Les feuilles lisses du schiste n'offrent que de loin en loin des interstices où appuyer le pied. Tout faux pas deviendrait mortel : avis aux dames qui ont accoutumé d'en faire! Nous nous tirons, à notre gloire, de la pente herbeuse, des plaques de neige, et, suivant les nuages qui courent devant nous sur les pelouses, nous rejoignons, vers quatre heures, le Port de la Glère. Le brouillard s'y matelasse, pendant qu'un vent froid s'y engouffre. Nous reprenons l'escalier aux fontaines : Jean y appuie, à diverses reprises, ses lèvres altérées. Puis, de toute vitesse, nous nous lançons sur le glacier, talon ferme, bâton en arrière. Le voilà franchi. Un troupeau d'isards l'a traversé depuis notre passage : des traces encore fraîches le trahissent. Pressés par l'heure, nous poussons droit devant nous, à travers herbages et graviers, sans autre souci du chemin. La maigre flore que nous foulons ne mérite d'ailleurs pas qu'on y butine : quelques rhododendrons, de petites marguerites, des campanules bleues, des raisins d'ours, et c'est tout. Aucune voix dans cette solitude, hors le bruit des chutes d'en bas. Nous rejoignons le sentier près d'une grande cascade : une touffe de roses des Alpes y baigne ses tiges. La brume, quoique toujours intense, nous laisse cependant deviner quelque chose du cirque et de ses filets d'argent. Même un rayon de soleil glisse parfois sur les déclivités qui mènent à l'Hospice. Il est moins de cinq heures quand nous nous arrêtons sur la roche où roula et se tua, au dernier printemps, un déserteur qui fuyait vers l'Espagne. Le malheureux ne fut retrouvé que plusieurs jours après, le crâne déjà rongé par les oiseaux de proie. Sa dépouille repose à cet endroit, car le sol de la Glère, comme celui du Port de Vénasque, est consacré.

Cinq quarts d'heure nous ont suffi pour descendre du Port au cirque. Déjà nous nous réjouissons de remettre le pied à l'étrier : mais d'étriers, il n'en est plus, par cette raison que les selles manquent, demeurées qu'elles sont au dos des quadrupèdes fugitifs. Ce que je prévoyais un peu est arrivé beaucoup. Après s'être gorgés d'herbes aromatiques, les traîtres ont saisi la clef des champs. Les brides sont là, et c'est tout. Le premier cri de douleur exhalé, nous prenons notre parti... et les mors aussi, pas aux dents par exemple. Nous sortons pédestrement du cirque en écuyers un peu contrits de cheminer ainsi, la bride sur le dos, parmi les blocs du long couloir. Le torrent débordé aggrave cette situation. Il nous le faut traverser, et nous n'avons ni pont à jeter dessus, ni chevaux à engager dedans. Y entrer de plain-pied, c'est

SEIZIÈME JOURNÉE. 437

s'exposer à avoir de l'eau jusque sous les aisselles, sans compter la chance d'être emportés au fil du courant. N'étant pas les plus forts, nous voilà en demeure de nous montrer les plus habiles. Après de minutieuses recherches d'un gué introuvable, Jean se décide. Il choisit un endroit où l'eau plus profonde, plus furieuse, mais moins large, se tord entre deux rocs énormes; après quoi, avisant sur le bord opposé une branche longue et flexible, il la saisit de son bâton, l'amène à lui, la ploie, s'y cramponne avec force et s'abandonne à son caprice. Le rameau reprend son pli, se détend à la manière d'un ressort, puis, par la loi de l'élasticité, emporte de l'autre côté du rapide l'audacieux qui s'y est confié. Cette route aérienne me tente peu, malgré les exhortations de son inventeur. La branche est fatiguée, elle n'aurait qu'à rompre ! Le bain, dans ces conditions, me serait aussi fatal que le Cydnus à Alexandre ou à Barbercusse. Donc, j'admire et n'imite point. Pourtant il me faut, à mon tour, inventer quelque chose. Je reviens jusqu'au milieu du cirque, sans trouver ce que je cherche. De guerre lasse, je m'arrête à un coude où le torrent moins fougueux n'a point encore reçu le tribut de tous ses affluents. Comme à Saousat, je le franchis d'un bond énorme, puis, par une série d'élans plus modestes, je dépasse tous les cours perpendiculaires qui s'y rendent. Jean pousse un cri de joie à ma vue. Tous deux en sûreté désormais, nous côtoyons la rive du terrible gave. Nous retrouvons nos rapides du matin, nos beaux hêtres, le pont branlant... Déjà les ombres du soir font l'obscurité sous les bois épais : j'ai hâte d'en sortir. Nous sommes animés d'ailleurs par l'espoir de mettre la main sur nos déserteurs dans quelque pâturage voisin. Arrivés au sommet du talus qui domine le Laou-de-Bas, nous promenons au loin nos regards : rien ! nous appelons : « la nymphe en pleurs qui se plaint de Narcisse » nous répond seule. Le moindre hennissement nous agréerait davantage, car, en ce moment, nous avons plus affaire de chevaux que de nymphes. Nulle trace, nul vestige, nul bruit propice. De désespoir, et pour gagner du temps, nous nous laissons rouler plutôt que descendre le long de notre observatoire. Nous dépassons l'entrée de la gorge où mugit la cascade toujours déchaînée. A travers les pierres et les graviers, trébuchant sur les rocs, prenant des bains de pieds d'occasion, nous enlisant parfois dans des prairies perfides, retrouvant puis perdant le chemin rompu en plus de dix endroits, nous sommes rejoints par la nuit, fort heureusement à l'heure où nous atteignons nous-mêmes la route de l'Hospice. Là des nouvelles nous attendent, à défaut de quadrupèdes : un pâtre les a rencontrés qui gagnaient grand train Luchon. Résignons-nous. Cette solitude d'ailleurs n'est pas sans charme, sous les brises tièdes, à travers la nuit diamantée de lune. Des grelots sonnent dans le lointain : c'est une calèche attardée qui revient du Lys : saisie à la bifurcation, elle donnerait l'hospitalité à nos membres endoloris. Mais en vain nous la hélons : elle ne nous entend point, et passe outre. Enfin un galop sauveur retentit : nos déserteurs rattrapés sur l'avenue d'Étigny nous sont renvoyés par Redonnet. C'est un peu tard. Nous pouvons du moins, grâce à eux, rentrer à Luchon d'une allure brillante. Sept heures et demie sonnent. Je solde Jean, — *vingt-trois francs*, dont *cinq* de pourboire, — et je me dirige vers le souper.

J'avais promis au chevalier Cazeneuve, l'habile physicien, d'assister à sa soirée de prestidigitation et de magnétisme. Cazeneuve est un charmeur des saisons de Luchon. J'aime à voir les jeux de cartes se dérouler en éventail dans ses mains, les couleurs obéir à sa pensée, les dates et les faits sortir tout armés de sa mémoire. Il ne me déplaît pas non plus de suivre ses expériences sur les épaules de la belle Alice, sa femme, quand il les tranforme par la catalepsie en pelotes à piquer des épingles. Et puis, cet émule de M. de Caston mérite d'autant mieux encouragement, que, durant la dernière guerre, les balles de son chassepot surent loyalement escamoter plus d'un Teuton. Mais à l'impossible nul n'est tenu, pas même un professeur de blanche magie. Toute sa science, occulte ou non, n'arriverait point à écarter un des pavots qui se pressent sur mon front. Le chevalier me pardonnera mon infidélité de cette année : nous sommes gens de revue.

DIX-SEPTIÈME JOURNÉE

Le Céciré. — Le dernier ours tué à Luchon.
— Le bal de la belle Bordelaise.

Le ciel est encore brumeux. Il s'éclaircit pourtant vers neuf heures et demie, et le soleil se met à resplendir. Je m'en réjouis d'autant plus, que j'ai placé sur les deux jours suivants mes dernières chances d'ascension au Néthou. Déjà l'été s'en va, cédant la place à l'automne; il faut se hâter ou renoncer. En tout cas, je n'aurai pas la prodigalité de perdre cette embellie. Joignant Jean Redonnet sur les allées, je l'adjure de me suivre au Céciré. Il se rend de bonne grâce quoique ayant un rendez-vous pris, et nous chevauchons bientôt de compagnie sur la route de l'Arboust.

Je tiens à renouveler cette course qui jadis m'a laissé de bons souvenirs. Redonnet l'estime une des plus belles qu'on puisse entreprendre dans le rayon de Luchon. C'est aussi mon avis. Pourquoi donc, peu visité déjà il y a huit ou dix ans, le Céciré demeure-t-il solitaire aujourd'hui? Parce que le chemin est pénible pour les chevaux et laborieux pour les gens. Les loueurs vous offrent, en échange, leur éternel Antenac à qui ils attribuent toutes les vertus. Je ne veux point discuter, encore moins comparer des pics absolument dissemblables. Du haut de l'un on voit davantage, mais de moins près; l'autre, à champ plus limité, vous fait toucher presque au sublime. — Placé au seuil des courses de premier ordre, le Céciré se recommande par de tels mérites, qu'il ne faut pas craindre d'imposer sa volonté, pour peu qu'un guide hésite à vous y conduire.

Ayant suivi la route d'Oo jusqu'à Castillon, nous la quittons en face d'une petite chapelle et descendons au torrent, après avoir traversé le village. A cet endroit, le gave de Gô brise sur les cailloux ses eaux bleues que le choc argente. Nous en traversons le cours près d'une scierie, sur un pont très-pittoresque, puis nous remontons un chemin rapide, pierreux, qui n'est guère qu'un couloir d'avalanches. Les chevaux s'y font un peu prier... par la cravache. Bientôt le sentier devient meilleur, et, des flancs de la montagne où il se suspend, l'œil se promène agréablement sur toute la vallée de l'Arboust, depuis Saint-Aventin jusqu'à Jurevielle et au col de Peyresourde. De là, on ne compte pas moins de douze villages étagés au pied de montagnes pelées. A les voir symétriquement rangés avec leurs cloisons de planches et leurs couvertures d'ardoises, on les prendrait pour des joujoux d'Allemagne sortis de la boîte. Cette perspective disparaît bientôt pour faire place à un joli vallon où des bouquets d'arbres ombragent des prés verts. Nous traversons *les granges de Labach de Cazaux* qui s'y abritent. Ces toits de chaume ne sont occupés que l'hiver, quand les bestiaux rentrés à l'étable retrouvent dans leur crèche couverte de neige le foin odorant des beaux jours. Cependant quelques faucheurs de regain animent en ce moment la campagne. Les jolies filles, loin de nous rien demander à la façon des mendiantes de la vallée de Luchon, nous font l'aumône d'agaçants sourires auxquels nous répondons comme il convient : elles en rient à blanches dents et ne semblent point trop effarouchées. C'est ainsi que nous traversons des bosquets délicieux, dignes des champs Élyséens. Les clochettes des troupeaux y égrènent leurs notes cristallines qui se mêlent au murmure du ruisseau. Mieux que les larves dans le paradis de Virgile, ces faucheurs robustes, ces fraîches faneuses ont le don de réjouir un paysage. Vraiment, à les contempler, je me prends à excuser presque Achille disant sans vergogne qu'il lui plairait d'être valet de ferme chez les vivants plutôt que héros parmi les ombres. Un petit bois de coudriers qui borde ces prairies nous fournit la distraction de croquer, en passant, quelques noisettes; mais nous ne nous y attardons guère, n'étant point dans les conditions voulues pour cueillir agréablement ce fruit.

Une demi-heure écoulée, nous n'avons plus devant nous que la crête aride du Céciré où nous tendons. Nous sommes au fond du vallon. Redonnet puise un peu d'eau à une source qui coule d'un rocher. Il est prudent de se rafraîchir avant de s'engager dans la région sauvage. Tout autour, des pics sombres, décharnés, aux rides profondes. Quelques touffes d'aconit bleuissent ce cirque, le plus triste qui se puisse imaginer : une herbe courte et dure a pourtant servi de prétexte à un pâtre pour y poser sa hutte. Le long de la pente très-roide, le rhododendron commence à se montrer en touffes malheureusement défleuries ; par derrière, le pic de Gar se dégage, majestueux. Puis, nouveau cirque d'où la plaine apparaît. Infléchissant à droite et attaquant rapidement un talus gazonné, nous tournons le dos à la cime que nous avons dessein d'escalader. Il convient de l'aborder comme on fait d'une forteresse aux canons braqués ou d'une coquette aux œillades meurtrières, avec un peu de ruse et beaucoup de ménagements. J'ajoute que quelques journées d'ouvriers suffiraient à tracer sur les flancs mêmes du Céciré un chemin à lacets, très-abréviatif : chacun en convient, mais personne ne s'offre à donner le premier coup de pioche. Je crois volontiers que les guides en détournent, par crainte d'être moins payés. Quoi qu'il en soit, de couloirs en couloirs, nous atteignons un col suspendu sur Médassoles. Le Quaïrat et la Tusse apparaissent d'un bloc à nos regards, spectacle aussi inattendu que superbe. Tandis que s'ouvre à nos pieds le vallon, écrin embaumé de l'*aster pyrenæus*, nous voyons plus loin Esquierry, son rival en parfums, étaler les trésors de sa corbeille au-dessus de la chevelure de Madeleine, puis la dent noire de Néré qui se projette, et plus loin encore, les blanches neiges du Néouvielle.

Soudain, le tableau change. Médassoles, que nous avons côtoyé quelque temps, s'évanouit avec tout son encadrement : c'est le tour de la vallée du Lys. D'autres horizons apparaissent qui ont leur charme aussi, et aussi leurs épouvantements. Décrivant un large demi-cercle, nous suivons la crête du cirque au fond duquel nous étions naguère. Les glaciers du Lys, de la Maladetta, de la Catalogne et de l'Ariége se déroulent en écharpe. Au prix d'un dernier effort, nous atteignons par des déclivités herbeuses le sommet du *Céciré*, prolongement magnifique de Superbagnères.

Il est une heure moins le quart : nous n'avons guère mis que trois heures de la maison Fabre au pic, sans forcer l'allure, mais d'un pas relevé.

Redonnet accorde la liberté à ses bêtes, une liberté limitée cependant, car, cette fois, il ne les perdra pas de vue. Pour moi, dégagé de soucis, oubliant les prosaïques nécessités du déjeuner, au haut de ce belvédère dont l'effroyable escarpement domine Gouron, je me nourris, sans m'en rassasier, de l'une des vues les plus saisissantes qui soient au loin.

A droite, par-dessus le dos de l'arête qui unit Céciré et Superbagnères, mon regard plonge dans la vallée du Lys : cabanes, forêts, chemin étincelant s'y découvrent tour à tour. Voici, en face, la vallée de Luchon. La ville ne s'accuse que par les premières maisons de Barcugnas ; mais en revanche, Juzet, Sode, Artigue, Salles, Gouaux... brillent au soleil, et tant d'autres jusqu'à Montréjeau. Les plaines de Toulouse et de Lannemezan flottent dans une transparente vapeur, tandis que les sommets du Poujastou, de Bacanère, de la Pales de Burat, du Pic de Gar, dessinent leurs fermes contours. Je découvre l'entrée de l'oasis d'Oueil, avec Sacourvielle et Saint-Paul, puis le Montné, l'Arbizon cachant le Pic du Midi qui ne se trahit que par l'extrémité de sa pointe. Voilà le Néouvielle et les monts Néres fermant, de leur noire muraille, le val Esquierry. Quel mince état on fait à distance de ce paradis des botanistes! Qui croirait, à voir d'ici ce pli de terrain dont le gazon ras semble riche de pierres et pauvre d'herbes, que cette stérilité feinte se change, à l'approche, en un parterre velouté des fleurs les plus belles et les plus odorantes de la création? Le Spigeole, le haut du Seilh de la Baque, le Quaïrat qu'on peut gagner par une série de ressauts pénibles, continuent le cercle du panorama. Ajoutons-y les Crabioules aux crevasses longitudinales, horribles, la Tusse, Boum, le Malbarrat et ses congénères, les Monts Maudits, les glaciers de la Fourcanade, Sauvegarde et la Mine semblables, en leur jet superbe, à deux tours enchantées qu'habiteraient des géants, le Sacroux à la forte mamelle, puis les montagnes de la Catalogne, tourmentées, déchirées, bizarres, et là-bas, par-dessus le Portillon, le pays d'Aran si bien enclavé dans les massifs de l'Ariége, qu'on se demande pour quelle raison cette vallée reste espagnole.

Mais ce que j'admire surtout, ce par quoi se recommande le Céciré, ce sont les glaciers du Lys et les steppes de Crabioules. On les possède à discrétion; on les a dans leur ampleur, on peut les étudier dans leurs moindres détails, en vue des grandes ascensions. Le joli lac Vert, — *mon lac*, — miroite à l'œil, comme une gemme fondue : la cascade qui y tombe, celle qui en sort, ressemblent à des écharpes de gaze blanche ondulant parmi les sapins. Et pendant que Redonnet lui-même se laisse aller au charme de la contemplation, deux aigles venus de la Tusse de Maupas arrondissent sur nos têtes leurs cercles majestueux.

Le temps s'est mis en frais de coquetterie. Plus un nuage, pas un coup de vent ; juste ce qu'il faut de brise pour caresser le front. Voilà bien la plus belle journée de la saison. Que ne sommes-nous à la Maladetta !

Nos montures ayant tondu à leur aise l'herbe drue des pentes voisines, Redonnet serre les sangles et remet les mors. Je jette un dernier regard à ces horizons qu'il me faut délaisser, et, vers deux heures un quart, le bras passé dans la bride des chevaux, nous commençons à pied la descente. Une grande imprudence serait de demeurer en selle, le moindre faux pas pouvant envoyer bêtes et gens au fond du cirque.

Tout en cheminant, mon compagnon me conte l'histoire du dernier ours tué à Luchon. Il y a quatre ans de cela. C'était dans ces parages, vers la fin d'octobre, aux premières neiges. Un ours énorme venait d'être signalé dans les environs de l'Hospice. Vingt-six chasseurs ayant Charles, de Saint-Mamet, à leur tête, firent la partie de le mettre bas : en cas de réussite, les bénéfices devaient être fraternellement partagés. Jean Redonnet, cela va sans dire, figurait dans l'association. Ayant déjeuné le matin à l'Hospice, nos intrépides se mirent en quête et ne tardèrent pas à relever la trace : la neige molle avait gardé l'empreinte des pattes. Ils poursuivirent ainsi le compère tout un jour, du pied de la Pique jusqu'en haut de Médassoles, à travers les gorges, les arêtes, les pitons, les forêts et les fondrières. L'ours fuyait sans cesse, comptant sans doute fatiguer ses impitoyables adversaires. Cet espoir déçu, il descendit vers les cabanes d'Astos, puis remonta aussitôt le versant de Médassoles opposé à celui que nous venons de côtoyer. A rusé, rusé et demi ! Charles se doutant du manége, l'attendait là. Il l'aperçut tout à coup, et il n'était que temps, car les ombres du soir commençaient à s'épaissir. Lui courir sus et l'acculer à un roc sans issue où le fauve essayait de grimper fut pour Charles l'affaire d'un instant.

« C'est en vain que tu te fatigues ainsi, lui cria le hardi chasseur, comme si son ennemi pouvait le comprendre : il faut que tu arrives à nous, et que tu meures ! »

Il disait vrai. L'ours voyant le combat inévitable se décida à l'accepter. Debout sur ses pattes de derrière, il revint contre son persécuteur. Un coup de feu ne l'arrêta qu'à moitié : blessé, furieux, il continuait sa course, et Charles demeurait impuissant à redoubler, n'ayant, ce jour-là, qu'une arme à un coup. Les chasseurs norvégiens portent tout spécialement pour ce cas, pendu à la ceinture, un petit couteau court, à manche d'ébène, à fourreau de cuir. De sa pointe aiguë, de sa lame épaisse, ils fouillent, corps à corps, la poitrine de leur adversaire et le jettent pantelant sur le sol. L'imprudent Luchonnais ne possédait rien de semblable. Il se trouvait donc en grand péril, quand le jeune Paul Redonnet survint fort à propos. Celui-ci franchit une périlleuse arête, au risque de s'y briser, rejoignit Charles, lui glissa aux mains son propre fusil, et, cette fois, la bête velue fut si bien atteinte, qu'elle roula comme une noire avalanche au pied des roches soufrées qu'on remarque sur le chemin du lac d'Oo. Alors seulement, le triomphateur put savourer le spectacle de son ennemi mort. Le monstre pesait 560 livres. On coupa de jeunes arbres, on l'y suspendit, et quatre gars vigoureux le descendirent ainsi aux granges d'Astos d'où un cheval le traîna à Luchon. Là, cinquante-cinq kilogrammes de graisse lui furent enlevés du corps, tandis que sa peau mise en loterie rendait cinq cents francs. Je ne parle d'ailleurs ni des jambons, ni des côtelettes qu'on tailla dans l'épaisseur de sa respectable personne.

« Ce fut une bonne prise, dis-je à Charles.

— Qui ne nous rapporta pas autant qu'elle eût dû, reprend-il : la Justice garda le meilleur du gain.

— Quelle Justice?

— Ah! voilà. Nous étions vingt-six, en quittant l'Hospice, et quatorze seulement à l'arrivée.

— Tiens, le contraire des compagnons du Cid », et je me mets à déclamer :

Nous partîmes cinq cents; mais, par un prompt renfort,
Nous nous vîmes trois mille en arrivant au port.

Comme mon interlocuteur roule de gros yeux ébahis :

« Continuez, lui dis-je, mon cher Redonnet.

— Eh bien, monsieur, ceux qui nous avaient abandonnés voulurent leur part du gâteau. Or, n'était-il pas juste que n'ayant pas été à la peine, ils ne fussent pas à la récompense? Les douze ne pensèrent pas de la sorte. On alla devant les juges. Après de longues semaines, nous gagnâmes le procès : mais, dans l'intervalle, les gens à robe noire avaient mangé le meilleur de l'ours. »

Nous contournons à nouveau la crête du petit cirque où je m'amuse à faire bondir des roches énormes pour entendre l'écho nous renvoyer leur bruit en éclats de tonnerre. Notre itinéraire de retour est tracé par le Lys : c'est celui que je recommande. Adieu donc aux hautes Pyrénées, à l'Arboust, aux vallées d'Oueil et d'Esquierry! L'escalade d'un petit col nous jette sur un autre versant. Ce commencement de descente le long de pentes abruptes, dans l'herbe sèche et glissante, n'est pas des plus agréables; nul conseil à donner, sinon celui de se laisser rouler, comme on peut, jusqu'à un premier plateau où il est permis de reprendre haleine. On y trouva, ce printemps, un cadavre. Ayant perdu pied sur la neige, un malheureux voyageur s'y était brisé. On le rapporta à Barcugnas où il fut enseveli. Mais que pareil accident se renouvelle, et l'on ne manquera pas de bénir le terrain du Céciré. Ainsi fut fait à la Glère, au Port de Vénasque et à la Picade, cimetières toujours prêts pour le chrétien qui est tenté de rendre son âme à Dieu. Les Luchonnais sont gens pratiques avant tout.

En attendant, ce plateau est le conservatoire des orages. Ils y naissent et s'y développent avec la rapidité de la foudre, c'est bien le cas de le dire. J'en fis l'épreuve, il y a quelques années. J'avais à peine rentré dans son étui la lunette dont j'ai coutume d'interroger le paysage, qu'éclairs et tonnerres m'enveloppèrent de leurs feux roulants. Je n'eus que le temps de m'abriter sous une hutte de pasteur. Moins heureuse fut l'Anglaise que Redonnet conduisait l'autre après-midi. La tempête arriva tout aussi vite : seulement l'abri n'existe plus. Aussi la pluie eut-elle le loisir de traverser la dame qui, une heure durant, reçut cette douche froide. L'embellie d'après éclaira son désastre. Elle n'avait pas un centimètre d'épiderme sec. Des bottines à talons hauts ajoutant au supplice la faisaient glisser et choir à chaque pas. Ce ne fut qu'aux cabanes prochaines que la malheureuse put faire sécher ses vêtements sous un rayon de soleil. Quant au costume durant l'opération, Redonnet prétend que les peintures d'Adam et d'Ève dans l'église de Cazaux peuvent en donner une assez juste idée. Oh! ces guides!

Pour cette fois, rien de semblable. Affreuse est la chaleur, mais le ciel reste pur. L'insolation seule menace la fraîcheur douteuse de nos teints, et la menace est suivie d'effet. Nous continuons par des talus herbeux, très-inclinés, de plus en plus semés de roches. Les crêtes du Céciré nous dominent de leurs arêtes vives, et la vallée du Lys s'entr'ouvre tout au fond. Nous rencontrons, en face de la Tusse de Maupas, une petite fontaine murmurante. Ce ruisselet modérément frais est pourtant le bien venu. Mais qu'il nous agréerait davantage de nous plonger dans les cascades de Tantale dont là-bas, sur notre droite, s'incurve l'arc éblouissant !

Au bout d'une heure de cette descente enragée, nous nous arrêtons sur un petit plateau diapré de gentianes. Tout en remontant à cheval, on se rend d'ici un compte exact de l'itinéraire indiqué à la course des lacs. L'explication s'en peut suivre comme sur un plan en relief. Avis à ceux qui aiment la besogne toute faite ! De gras pâturages nous amènent ensuite vers les *granges de Castillon.* Je recommande au rêveur cette poignée de maisonnettes jetées au-dessus de la vallée du Lys, pour l'agrément de la perspective. Les pelouses en sont vertes et douces, les ruisseaux babillards, les ondulations réussies. Des groupes de génisses à l'œil mélancolique nous y regardent passer, ne comprenant guère qu'on se donne tant de peine à gravir des pics ou à dévaler les ravins, quand il est si facile de vivre doucement parmi l'herbe fleurie... Et plus loin, pour compléter l'idylle, une jeune paysanne traverse ce tapis parfumé, allant sans doute rejoindre l'heureux Guillot, gardien de ces troupeaux.

A deux cents pas de là, je retrouve le chemin de Superbagnères. Je contemple avec émotion, pour la dernière fois peut-être, le cirque du Lys se noyant sous ses vapeurs bleues. A peine dans la vallée, nous sommes rejoints par les fils de M. Tron qui, suivis d'un piqueur, sonnent de la trompe à tous les échos de la forêt. Nous revenons en escadron joyeux, et c'est sur une fanfare de chasse que nous faisons notre rentrée dans Étigny.

Je mets *trente francs* dans la main de Redonnet—prix demandé—et j'ajourne ce compagnon à demain, au cas d'un beau-fixe sérieux et persistant. Tandis qu'il s'assurera du concours de Charles et se munira des engins réclamés par le Néthou, j'irai terminer ma soirée au bal de la *belle Bordelaise*.

Belle en effet, si une taille souple et élancée, de grands yeux bleus fendus en amande, une chevelure aux flots d'or artistement épandus sur de blanches épaules, suffisent à constituer la beauté. Telle est celle d'une jeune Girondine qui, dans ce moment, fait à Luchon la pluie et le beau temps. Puissé-je demain lui devoir ce dernier ! n'ayant point d'encens à porter, je verrai du moins de quel air les initiés brûlent le leur au pied de l'autel. Fatiguée d'entendre les *hélas* poussés autour d'elle par une bande platonique, l'idole a dit l'autre jour :

« Peut-être m'attendrirais-je, si au lieu de soupirer des compliments, vous me les dansiez ! »

Et la balle fut saisie au bond. Ce soir, la grande salle de l'hôtel Esquié a été démeublée et festonnée de lierre : les lustres sont doublés, l'orchestre du kiosque enlevé. Des invitations lancées en toutes directions convoquent l'armée active de Terpsichore, la landwehr, et jusqu'au landsturm dont le baron de Nervo est le major. Du seuil de la fête, j'aperçois le folâtre septuagénaire balançant d'un air vainqueur sa danseuse en face de la reine du bal plus éblouissante, plus entourée que jamais. Et j'entends le père, un vieil armateur rond comme une pomme, chauve comme un œuf, s'écrier au milieu de l'essaim des gilets à cœur :

« Non, messieurs, non! vous en serez pour vos frais de supplications. J'emmène après-demain ma fille : elle fait trop de malheureux ici, et j'ai pitié de vous. »

C'est bien en effet le sentiment que m'inspirent ces bons jeunes gens — rien du baron de Nervo — attelés au char d'une coquette. Aussi passant, par un miracle d'adresse, entre deux plateaux chargés de glaces que les servants n'ont pas le temps de me plaquer dans la poche, je m'élance au dehors et je vais respirer l'air pur. Je trouve à sa fenêtre mon aimable amie, la comtesse de la P...., occupée d'en faire autant. Je lui souhaite le bonsoir. Tout en contemplant les étoiles, nous nous laissons entraîner au cours de nos souvenirs pieusement dévoués. Elle me parle, avec l'éloquence du cœur, de l'auguste Exilée qui si justement l'honore de son amitié : elle me retrace sa bonté dans les jours prospères, sa force aux heures de l'adversité. Voilà qui me remet des fadeurs, sauce bordelaise. Mais minuit sonne... bonsoir, charmante comtesse! Il est temps pour vous de fermer vos beaux yeux, et, pour moi, d'aller à tout hasard me préparer par le sommeil aux fatigues de la grande ascension.

DIX-HUITIÈME JOURNÉE.

ASCENSION AU NÉTHOU.

(Premier jour.)

Les fresques de la salle des Thermes. — Le registre de la Maladetta. — Préparatifs du départ. — Charles, le tueur d'ours, et les frères Redonnet. — La Peña blanca : le plan des Étangs. — La Rencluse. — Histoires d'ours. — La chanson de Gaston de Foix. — Un souper sous la roche et une nuit sur la fougère.

Dans la grande salle des thermes de Luchon, l'étranger s'arrête volontiers devant une série de fresques dont quelques-unes ne semblent pas sans mérite. Ce sont toutes femmes de haute taille symbolisant, par leur pose ou par leurs attributs, les courses célèbres du pays. On devine bien vite à la solidité des chairs, à la vigueur des contours, que de robustes filles de la montagne ont dû inspirer l'artiste. J'en sais une, faisant d'ailleurs fort bonne figure dans son panneau, qui, naïade modeste, ne dédaigne pas, durant la saison des eaux, de descendre du cadre pour tourner le robinet de cuivre et préparer la douche. Telle, dans la ville des Phéaciens, Homère nous montre Nausicaa lavant au courant limpide du fleuve les tuniques de pourpre du roi Alcinoüs. Le modèle s'offrait de lui-même au pinceau. L'imagination n'a donc eu le plus souvent qu'à grouper ces fictions un peu charnues, sauf à les idéaliser par des accessoires en situation.

Que de fois elles ont passé sous mon regard ! Voici d'abord une sorte de Junon couronnée qui tient en mains les clefs d'or de l'Espagne : c'est *le Port de Vénasque. La Vallée du Lys* se dessine à ses côtés sous les traits d'une vierge blonde, au péplum sans souillure : elle contemple la tige qui lui donna son nom, tandis que, goutte à goutte, elle épand l'eau de son amphore ciselée sur les touffes avides de la rosée du matin. Plus loin, *la Vallée d'Oueil,* sa sœur, brune montagnarde à la musculature puissante, au teint hâlé, souffle dans un pipeau, tout en promenant ses doigts à travers la toison de sa brebis favorite. Sur la paroi opposée, vers le sommet d'un mont, une belle jeune fille s'éveille, qui, d'un geste gracieux, rejette en arrière la gaze étoilée dont se voilait son sein ;

elle entr'ouvre une paupière encore appesantie par le sommeil et semble tout éblouie des premiers rayons du jour. Qui ne reconnaît à de tels attributs *le Montné*, cet observatoire patenté des levers de soleil ? Dirai-je la nymphe d'*Oo* inclinant son urne aux bords du lac où trempent ses pieds nus ? Admirerons-nous plutôt cette adorable enfant qui court sur les pelouses embaumées du *val Esquierry*, piquant à ses tresses blondes les pâquerettes et les myosotis dont elle a fait moisson ? Tous ces symboles, riants ou sévères, agrestes ou majestueux, plaisent à l'œil qu'ils récréent par leur diversité. En les voyant, le touriste se souvient, et le rhumatisant se console par une platonique contemplation, n'ayant guère espoir d'atteindre jamais à la réalité.

Parmi ces caprices plus ou moins réussis de la fantaisie du peintre, une fresque surtout m'attire : celle de *la Maladetta*. Debout, dans un ciel sombre, la vierge fatale pose le pied sur *le Pont de Mahomet :* des cheveux blancs qui font une couronne à son jeune front se répandent à flocons sur les plis d'un manteau de deuil ; courbée sous la malédiction céleste, et pourtant menaçante, elle s'appuie au pic Néthou pour lancer vers la France une imprécation... Beauté peu séduisante ! Je le concède. Cependant je me laisse aller à son charme sauvage plus qu'aux sourires de ses compagnes. Est-ce (éternelle curiosité du cœur de l'homme !) parce que celles-ci n'ont plus guère à m'apprendre, tandis que la maudite se refuse à dénouer en ma faveur sa ceinture de neiges? Il se peut. En tous cas, je suis pour elle un soupirant tenace. Depuis bien des années, je rêve de clouer ma carte de visite au fronton de son palais glacé. Or la malechance s'en est mêlée. Hôte assidu de ces parages, je me suis trouvé plusieurs fois en passe de tenter l'aventure. Ouragan du ciel ou tempête de la politique, invariablement, à la dernière heure, surgissait quelque obstacle. En 1870, toutes dispositions prises, les guides arrêtés, un brusque rappel des Chambres me ramena vers le palais Bourbon. J'y devais assister à un triste spectacle : celui d'un trône que l'ambition d'une poignée d'hommes fait crouler sur les ruines de la patrie démembrée. Puis, quand tout fut consommé et l'espérance pour longtemps disparue, je revins, les années d'après, aux sources du dieu Lixon comme à un Léthé propice, afin d'y boire l'oubli des lâchetés humaines. Alors, je fis le serment d'Annibal et je résolus, coûte que coûte, de me mesurer avec ma belle ennemie.

Une visite aux Monts Maudits tient très-honorablement son rang à côté des plus grandes excursions de la Suisse. La Maladetta est en effet le Mont-Blanc des Pyrénées. Il ne faudrait cependant pas croire que cette suprématie lui ait été, de prime-saut, dévolue. M. de Thou l'attribuait au Pic du Midi de Pau. Il est vrai que le même savant tenait le mont Olympe pour le plus élevé du monde. Je laisse à penser ce qu'en devait dire l'Himalaya! Ce fut ensuite le tour du Canigou — fort étonné sans doute d'un pareil honneur — de prendre la corde, dans ce steeple-chase d'altitudes. Le Pic du Midi de Bigorre lui succéda en faveur, et garda son éphémère royauté jusqu'à ce que Ramond l'en eût dépouillé au profit du Mont-Perdu. Enfin notre siècle, un baromètre en main, a consacré les droits de la Maladetta qui depuis lors demeure, à juste titre, la reine incontestée de la chaîne pyrénéenne.

Tout voyageur ayant la moindre notion des frontières franco-ibériques sait que cet empâtement granitique qui se voit de si loin et que si parfaitement on admire du haut de Sauvegarde ou des flancs de l'Entécade, court, de l'est à l'ouest, sur une longueur de quinze kilomètres, se bosselant de renflements ou se hérissant de pics. Son maître sommet, espagnol comme le reste du massif, porte le nom de Néthou. Avant de dire comment et par quelles épreuves on y peut atteindre, il ne me semble pas inutile d'indiquer, à grands traits, la date et les épisodes des principales ascensions dont la mienne fut précédée. Ces détails, très-succincts d'ailleurs, se feront sans doute d'autant mieux accepter qu'ils n'ont point été publiés, que je sache. Je les ai relevés dans un registre qui, depuis 1842, époque de la première tentative heureuse, jusqu'en 1868, est resté à 3,400 mètres d'altitude, sous la garde des hivers. Chaque touriste assez hardi pour l'extraire de son étui y a laissé quelques impressions. Ses pages remplies, on l'a redescendu, après vingt-six années de cohabitation superbe avec les aigles et les orages. Les frimas semblent avoir donné leur teinte à son enveloppe de carton qui en retient quelque chose de pâle, de livide. Sous le crayon, tantôt conduit d'un doigt ferme, tantôt tremblant dans une main glacée, se groupent des notes rapides, nombreuses. L'haleine des vents, les pleurs de la tourmente en ont effacé plus d'une ligne.

Parfois même la plombagine a manqué, et le touriste, pris en défaut, a dû pointiller une date et un nom du bout de son épingle à cravate. La couleur locale déborde de ce curieux manuscrit.

J'en dois la communication à l'obligeance du grand coureur de montagnes, M. l'ingénieur Lézat, qui le conserve précieusement auprès de son magnifique plan en relief des groupes pyrénéens.

Voici ce que j'y ai lu de plus intéressant.

Le premier jour qu'un pied humain foula les neiges immaculées du Néthou fut le 20 juillet 1842 [1]. Ce n'est pas que des tentatives antérieures n'eussent déjà été faites. Entre 1787, année où Ramond songea à se frayer un passage réputé inaccessible, et le 11 août 1824, date de la mort de Barrau, nous avons plus d'un courageux essai à relever. Mais tandis que l'illustre géologue ne réussit guère à dépasser l'arête séparative des glaciers de la Maladetta et du Néthou, le guide imprudent, dont nous retrouverons tout à l'heure la trace, payait de sa vie

---

1. La cime du Mont-Blanc avait été atteinte dès 1786, par Joseph Balmat et le docteur Paccard.

son insouciante témérité. De l'une à l'autre de ces dates, nul n'avait été plus favorisé. A chaque nouvel assaut correspond un échec. Les honneurs de la victoire étaient réservés à un Français et à un Russe, MM. Albert de Franqueville et Tchihatcheff. Leurs guides, dont la mémoire mérite, à titre égal, d'être conservée, s'appelaient Jean Argarot, Pierre Redonnet, dit *Nate*, Ursule Bernard, de Luchon, et Sanio, de Luz. Ces vaillants mirent trois jours pour accomplir leur coup de main contre le génie de la montagne enchantée. Enfin ils menèrent à bien l'entreprise, mais non sans avoir payé leur succès de nausées, d'étourdissements, de sérieux périls et de fatigues sans nombre. Ce récit vivant, pittoresque, émouvant et ému, est à lire en entier dans la publication qui en fut faite alors.

Le charme était rompu… et cependant deux ans s'écoulent avant qu'on ne recommence l'épreuve. La montagne vaincue semble jeter un nouveau défi aux audacieux. Ce sont MM. Lézat et Auguère qui relèvent le gant le 4 août 1844. Le résultat est tel, cette fois, qu'il équivaut presque à une découverte. L'habile ingénieur et son Pylade ne mirent en effet que deux jours pour atteindre au Néthou, en suivant, *les premiers*, la route qui depuis demeura consacrée. La neige les avait assaillis pendant l'ascension, mais ils trouvèrent au sommet un soleil resplendissant. M. Lézat préludait ainsi à ces magnifiques travaux orographiques qui, du massif pyrénéen, lui font comme une propriété de famille.

N'importe! on ne se coudoie pas encore sur les contre-forts de la Maladetta. Je n'y retrouve la troisième caravane qu'à la date du 10 août 1849. Cette fois, une femme y figure : Mme Ernestine Tavernier est la première qui ait osé s'en prendre au pic maudit. Le registre constate que cette Marphise mena l'aventure avec autant de sang-froid que de bonheur.

En 1851, le terrible sommet n'avait été abordé que six fois. Rien d'ailleurs de plus maigre que les renseignements glanés jusque-là; des noms propres, deux ou trois observations météorologiques, quelques sobres éloges aux guides, et c'est tout. A peine si un touriste, en veine de confidences, se hasarde à nous apprendre qu'il a craché le sang, que ses compagnons ont déjeuné de bon appétit, ou encore qu'à l'aide d'une lunette, un peu grossissante, je suppose, il a compté quarante-sept isards sur les glaciers d'Esbarrans. Ce n'est qu'insensiblement que les voyageurs, mieux familiarisés sans doute avec l'idée du danger, deviennent plus prolixes dans le narré de leurs impressions, et s'élèvent, comme par une sorte de gamme ascendante, de la froide observation gastronomique ou médicale au lyrisme de l'admiration la plus échevelée. Exemple :

« Que dire ? En ces sommets où l'aigle seul respire,
La prière commence et la parole expire. »

L'auteur, y ayant aussi apparemment *respiré*, n'était pas fâché de nous indiquer, en passant, qu'il appartient à la race aquilienne. Ne lui marchandons pas cette prétention, et poursuivons.

C'était une femme que nous trouvions tout à l'heure associée à ces audaces : voici venir un enfant de dix ans qui accompagne son père (4 août 1853), et le père, *rara avis*, accomplit la course en... *un* jour ! A beau conter qui descend de si haut. Parti de Luchon vers minuit et demi, il était, paraît-il, de retour le même soir, à neuf heures un quart : moins de vingt et une heures ! Quant à l'enfant, malgré sa vaillance, il dut s'arrêter en vue de la terre promise, encore loin du sommet.

Comme le vieux Ruy Gomez, « j'en passe, et des meilleurs. »

Le 1ᵉʳ septembre 1857, il s'agit d'une société tout entière qui a soutenu la gageure. C'est une caravane, presque un clan. Trente-quatre personnes se mettent joyeusement en chemin. Outre d'excellents guides, elles ont à leur tête le fameux M. Lézat et le docteur Lambron, aujourd'hui inspecteur des eaux. Ces intrépides (dont une femme) couchent à la Rencluse. Le lendemain, des trente-quatre, vingt-neuf atteignent le pic. Mme Sazerac de Forges est la seconde touriste qui se soit tirée à son honneur de ce pas hasardeux.

L'an 1859 compte onze ascensions. Encore un nom féminin, celui de madame Wetzel, le troisième, gravé au livre d'or de la Maladetta.

1860 y inscrira le quatrième et le cinquième : énergie et vigueur sont la devise de Mmes Gabrielle Niel et Dommartin, deux Parisiennes.

Nous arrivons à 1861, année fertile en remarques diversement curieuses. Signalons d'abord,—ne fût-ce que pour égayer le sommeil de Piron, — une troupe de Beaunois, qui ne trouve rien de plus intéressant à consigner au profit de la postérité que le fait d'avoir sablé une bouteille de chambertin 1846 sur ces sommets inhospitaliers. Puis vient un quidam qui, voulant sans doute humilier ses confrères de Nanterre, signe majestueusement : « Un pompier de Toulouse ! » Pompier après Bourguignon, l'eau après le vin. Enfin nous rencontrons pour la première fois l'auteur futur des *Grandes Ascensions des Pyrénées*, le comte Henri Russel Killough. Ce membre émérite de l'Alpine-Club, qui, après s'être mesuré avec toutes les montagnes de l'univers, a voulu faire plus spécialement son domaine du groupe pyrénéen, était alors officier au service du saint-siége, et poëte par supplément, si j'en crois ce gai distique écrit de sa main au verso du registre :

« A force de grimper, je suis arrivé... ouf !
Bien heureux, par ma foi ! de n'avoir pas fait... pouf. »

Pardonnons à sa muse essoufflée un léger *hiatus*, en considération de tous ceux où la glace crevassée avait failli l'engloutir.

Encore sir Russel, le 15 juillet 1864 ! Écoutez-le jeter, au haut d'une page, cette note triomphante : « Tout seul ici ! » Seul, en effet. Le versant septentrional semblant un pont aux ânes à ce nouveau Guzman, il a voulu chercher l'obstacle par une autre voie. Mais, au fait, pourquoi ne lui laisserions-nous pas la parole? « Tout seul ici! s'écrie-t-il; parti ce matin de l'hôpital de Vénasque avec la détermination d'arriver au Néthou par une route nouvelle, je suis monté par le lac d'Albe et Malibierne; mais le pauvre Espagnol qui portait les provisions, ayant cédé à la fatigue, n'a pu me suivre malgré toute sa force. Je vais le reprendre près du *Lac Coroné*. C'est du haut du pic Posets que j'ai conçu avant-hier la possibilité de monter par le sud... » Bref, notre homme venant d'accomplir déjà l'une des plus rudes ascensions des Pyrénées, n'a mis que six heures de l'Hospice de Vénasque à la cime, et son itinéraire est détaillé, de quinze en quinze minutes, avec une scrupuleuse exactitude. Je ne sache guère que l'isard — après Killough — pour grimper de cet élan.

17 et 18 juillet 1865 : toujours sir Russel! Une fois de plus, nous le surprenons en flagrant délit de récidive. Mais, jaloux des lauriers de Nicolet, il ne lui suffit plus de déjeuner au sommet du pic : il y veut coucher. Lisez plutôt, car je copie textuellement : « Passé la nuit au sommet du Néthou, avec M. le capitaine Hawskens,

de la marine royale britannique : température de trois à cinq degrés au-dessous de zéro. Coucher du soleil hier plus beau que le lever ce matin. Vent violent d'ouest, toute la nuit. Guide Capdeville a bien fait son devoir. Éclairs et tonnerre à l'est. *Assez bien dormi.* » A la bonne heure ! voilà un homme qui n'a que faire de sommier et d'édredon pour reposer convenablement. Un bloc de granit est son oreiller, la neige son duvet; puis, vienne une tempête... les aquilons le berceront, l'éclair lui servira de lampe de nuit, et si, d'aventure, la foudre tombe, il y allumera son cigare. C'est ce type, très-original non moins que sympathique, dont j'avais essayé d'indiquer les contours dans ces vers d'une de mes pièces couronnées [1] :

> « Ce n'est point pour courir sus au lépidoptère
> Que ce fils un peu roux de la blonde Angleterre,
> Sac au dos, pique en main, précipite ses pas.
> Deux longs jarrets d'isard s'ouvrant comme un compas
> D'un élan régulier le portent sans fatigue;
> Ainsi qu'Ashavérus, dans sa marche prodigue,
> Il passe, allant toujours et n'arrivant jamais.
> Ni les gouffres sans fond, ni les hautains sommets
> Ne l'arrêtent; il met le clou de ses semelles
> Sur la virginité des neiges éternelles... etc. »

[1]. *Verger d'Isaure,* p. 152. Hachette, Paris 1870.

Après Killough, il me paraît opportun de tirer l'échelle. Aussi bien, cette énumération rappelant celle des croisés partant pour la terre-sainte, au premier chant de la *Jérusalem*, finirait par fatiguer le lecteur le plus bénévole. Et pourtant, la galanterie française m'impose le devoir de ne point passer sous silence le nom des demoiselles Hebburn, restées célèbres, au pays basque, par leur intrépidité. En 1862, quatre blondes Américaines franchirent à qui mieux mieux le Pont de Mahomet. Il faisait beau voir, paraît-il, ces jeunes vierges, à l'œil glauque comme un reflet de sérac, aux cheveux plus ardents qu'un rayon de soleil, gravir hardiment des pentes effroyables et ranimer, par une belle humeur sans pareille, le courage parfois chancelant de leurs compagnons de route. Le guide Bertrand Estrujo, brave garçon, quoique un peu corsaire, s'attendrit chaque fois qu'il parle de Mary, de Jane ou d'Amy.

Si je résume ces notes, choisies entre bien d'autres, à l'usage des amateurs de l'avenir, j'en tire ce quadruple enseignement :

Qu'il y a seize ou dix-huit ans à peine que la course de la Maladetta est régulièrement faite, chaque été, par de rares intrépides ;

Que peu de femmes ont approché de ses cimes;

Qu'un seul accident suivi de mort d'homme s'y est jamais produit;

Qu'enfin les mois de juillet et d'août semblent les plus favorables pour mener à bonne fin l'entreprise. Ajoutons que l'atmosphère étant essentiellement capricieuse sous ces latitudes, la grande difficulté de l'ascension gît dans la rencontre de deux belles journées qui se suivent.

Le ciel des Pyrénées, d'un azur parfois si profond, est loin d'offrir la sécurité des climats alpestres. Déjà, dans l'autre siècle, Ramond regrettait qu'il lui eût rarement souri. Les météorologistes en accusent le voisinage des deux mers. « Perfide comme l'onde », a dit Shakespeare; perfide comme une belle matinée de Luchon, pourrait-on écrire à titre de variante. Je n'en ai que trop souvent fait l'expérience à mes dépens.

Je reviens à mon serment. Je me suis donc promis cette fois de ne quitter point les Pyrénées avant d'avoir ajouté un nom à ceux du registre. Aurai-je enfin raison de l'obstacle? Les nuages semblent conjurés pour me donner tort.

Depuis bien des jours, ils se refusent à me laisser le champ vraiment libre.

La tête sur l'oreiller, je rêve de cela, et aussi de la belle Bordelaise de cette nuit. Il me semble la voir, fleur vivante, dans un jardin délicieux : ses adorateurs ont des ailes, comme les papillons; ils la pressent, l'enserrent... quand le baron de Nervo, sous la forme d'une grosse phalène, vient les mettre tous en fuite. Un choc vigoureux ébranle ma porte, à ce moment, et m'éveille. J'ai deviné la main de mon guide favori avant de reconnaître sa voix.

« Monsieur, s'écrie joyeusement Redonnet, Monsieur! le temps est à souhait : nous pouvons partir pour le Néthou. »

Je me trouve vite debout. Jetant les yeux par de là les tilleuls d'Étigny, je puis en effet m'assurer que le soleil émerge d'un azur sans tache. Je descends. Une de mes blondes voisines possède un capucin avec lequel elle est en commerce réglé de coquetterie. Je me hâte d'ajouter qu'il s'agit d'un cénobite de carton. C'est un hygromètre du bon vieux temps, aussi franc que l'or, plus infaillible qu'un concile; du moins, la voisine le prétend. Nous consultons le capucin. Son chef se découvre, que c'est merveille! Fort de l'assurance, je hâte les derniers apprêts. Cet hygromètre prouve une fois de plus, en passant, que les grandes résolutions ne tiennent souvent qu'à un cheveu. Les bâtons ferrés, les cordes d'attache, les souliers à crampon, les couvertures contre la rosée des nuits, les haches à couper le bois et à fendre la glace, tout cela est disposé d'avance; mais ce n'est point assez. Le temps n'est plus où, sur les bords du lac de Séculéjo, « du gros vin transporté dans une outre, du pain de seigle et quelques oignons » composaient pour le premier explorateur des Pyrénées[1] un *délicieux* repas. Ni la fraise des montagnes, ni l'eau des cascades ne suffiraient, deux jours durant, aux robustes appétits que je suppose à mes compagnons. Nous trouverons la poésie en chemin; faisons-nous suivre par la réalité. Qui saurait mieux y pourvoir que l'hôtelier du Parc, l'excellent Arnative? J'opère une descente au fond de ses laboratoires les plus mystérieux, et j'en extrais quatre poulets, deux jambonneaux, un saucisson, un gigot de mouton, un filet de bœuf, huit côtelettes, une belle tranche de veau, une douzaine de pains, quelques bouteilles de

---

1. Ramond.

bordeaux, deux flacons de frontignan. Je n'oublie ni le café qui active la digestion, ni la fine champagne qui précipite le café. D'ailleurs, à l'exemple de nos bons Beaunois de tout à l'heure, j'ai mis en réserve, sous verre double, certain compatriote de la côte de Nuits venu en droite ligne avec moi de Bourgogne. Une ample gourde remplie d'anisette Brizard tempérera en chemin la crudité des sources. Si l'expédition a ses périls, elle ne courra pas du moins celui de mourir de faim ni de languir de soif; son *harnois de bouche* (j'adoucis l'expression de du Fouilloux) l'assure contre de telles éventualités.

Paré de ce côté, je consulte ma montre et le ciel. A la montre, il est huit heures; au ciel... l'heure du doute. Une vapeur glisse sur le pic de Sauvegarde. Ce n'est encore qu'un lambeau de gaze transparente, tout au plus de quoi faire un voile à ma jolie voisine; c'en est cependant assez pour obscurcir notre joie. Il est impossible désormais de répondre de la journée. Vers neuf heures, seconde vapeur, flottant cette fois dans la direction du lac d'Oo et s'installant au-dessus de la montagne de Superbagnères. Ce symptôme est plus mauvais encore, Séculéjo passant à juste titre pour la chaudière où s'élaborent les tempêtes. Et puis, coup sur coup, les nuées s'ajoutent aux nuées ; l'horizon passe insensiblement de l'azur foncé au gris tendre. Il est cependant bien tard pour reculer. Déjà deux cacolets gonflés de provisions diverses ont pris les devants sur le dos d'une jument que conduit un jouvenceau de la vallée. Les chevaux sellés et bridés piaffent à la porte. Mes trois guides, pique en main, fouet au flanc, solennels comme il convient à la circonstance, attendent sur l'allée. Les auspices ne sourient guère, j'en demeure d'accord ; l'almanach me rappelle que nous tenons un vendredi... Soit ! Si les poulets sacrés ont refusé de manger, on les mangera, voilà tout : il y a plus de deux mille ans que le consul Claudius Pulcher a donné la recette. D'ailleurs, frère capucin continue à jeter son froc aux orties avec une fermeté d'allures qui me rassérène tout à fait. Donc en selle, et en avant !

Midi sonne. Nous voici lancés, bride abattue, soulevant la poussière sous les seize pieds de nos chevaux, et recueillant sur le passage les encouragements plus sympathiques que rassurés des amis qui nous croisent. Nous passons devant la douane toute fleurie de balsamines, de roses et d'œillets. C'est le cas, tandis que nous laissons à gauche la tour sarrasine de Castelvieil, hantée de nuit par les gnomes, et que nos montures prennent le pas, de faire plus ample connaissance avec nos guides.

Salut d'abord à Charles, le tueur d'ours, à Charles au pied d'isard, au cœur de lion! Qu'il s'agisse d'une perdrix blanche ou d'un pensionnaire de feu Martin, son plomb va droit au but. Il est grand, de taille élancée; sa figure légèrement bistrée ne manque pas de noblesse. Le profil offre la pureté de lignes ordinaire à la race basque; dans son œil mélancolique se reflète la résolution. Déjà quelques fils d'argent commencent à courir sous l'ébène de sa chevelure; mais tout annonce en lui la force à son apogée, le milieu du jour loin encore du déclin. A ses côtés marche Jean Redonnet, plus court, à la musculature plus accusée : une manière d'Hercule trapu, avec un visage rubicond et la physionomie avenante. Son sourire aux dents éclatantes vous attire, tandis qu'on se sent plein de respect pour les formes athlétiques qui se dessinent sous sa veste de velours. L'écharpe rouge qu'il porte à la manière du pays semble enserrer un chêne plutôt qu'un homme. L'apparence ici n'a rien de décevant; le hardi compagnon enlève une femme à bras tendu, et l'on crie involontairement quand, de bonne amitié, sa main serre la vôtre. Enfin, à quelques pas en arrière, suit Paul Redonnet, frère cadet du précédent. Un même coup de crayon peut suffire aux deux : qualités identiques, avec moins de relief. Tous les trois sont crânement coiffés du béret bleu si cher aux montagnards. Avec de pareils gardes du corps, on peut affronter l'horreur des précipices et courir les chances du vertige. Nous avons d'ailleurs réglé nos conditions à l'avance; excellente précaution pour ne point discuter plus tard : 15 francs par guide et par jour, 7 francs par jour et par cheval, plus les menus frais de cordes, de provision, etc. En tout, une dizaine de napoléons d'or. C'est un prix très-rémunérateur, bien qu'assez équitable.

Dans la forêt de Charuga nous sommes dépassés par une bande joyeuse qui se rend à l'Entécade, aux fins de contempler de loin ce que je vais étudier de près. Je me retourne et j'admire, pour mon plus grand profit,

« Pâle, cheveux au vent, à vingt pas de l'escorte,
Une blanche Willi que le plaisir emporte.

Son aigrette étincelle, astre du ralliment;
Salut au colonel de ce beau régiment!
A travers la bruyère, à travers le bois sombre
Elle glisse; on la suit comme on suivrait une ombre:
Plus prompt que l'alezan qui bondit sous sa main,
L'éclair de son œil bleu dévore le chemin[1]...»

C'est la comtesse de T......L......, une belle aux cheveux d'or que sa monture semble toute fière de porter. Elle salue, en passant, du pommeau de sa cravache, et son mari, un de mes confrères de l'Académie des Jeux floraux — non le moins spirituel — me serre la main, en me souhaitant bonne chance. Allons, la rencontre est de favorable augure; elle ne peut que nous porter bonheur.

Il n'y a pas deux heures que nous avons quitté la maison, et déjà il faut s'arrêter. L'Hospice nous happe au passage; or, pareil à l'avare Achéron, il ne lâche pas sa proie. C'est là que Ramond passa deux si mauvaises nuits avec des muletiers, porteurs de laines, lorsqu'en 1787 il préparait son infructueuse tentative d'ascension aux Montagnes Maudites. On n'y couche plus, il est vrai, sur la terre humide, avec bêtes et ber-

---

1. *Les Plaisirs de Luchon.*

gers, dans la singulière promiscuité de la vie pastorale du bon vieux temps; l'ouragan en respecte à peu près les volets, et la pluie a cessé de filtrer sur les planchers au travers des ardoises disjointes... Mais, comme je l'ai dit plus haut, le confort de l'installation et la modicité des prix laissent encore quelque marge au progrès. Pendant que les guides s'y régalent d'une tranche de jambon, les chevaux d'une poche d'avoine, j'attaque, en avant-garde, des lacets trop connus. Est-ce disposition d'esprit? Est-ce effet d'habitude? Cette fois, la montée me paraît moins longue, le site moins désolé. Les pentes s'égayent sous quelques touffes de fleurs; de nombreuses cascatelles dues aux derniers orages frangent le roc de leurs écharpes transparentes. Je m'arrête près d'une plaque de neige oubliée du soleil et débitée en cubes réguliers par deux ou trois manœuvres qui l'exploitent comme une carrière de craie. Ces braves gens travaillent au compte d'Arnative, lequel se fait apporter ce névé dans des couvertures de laine pour nous le rendre bientôt en crèmes délicieusement glacées.

En fait de glace, voici pour le moment un vent de bise qui ne laisse rien à désirer. Mes compagnons me rejoignent en hâte. Des rafales qui me rappellent le mistral cher au Ventoux se mettent à nous secouer sur nos chevaux ; une pluie froide nous fouette au visage. O le capucin de ma voisine ! Comme je lui laverai la tête à ce traître décapuchonné !

« Le vin est tiré, me dit Charles.

— Et il faut boire l'eau ! » ripostai-je.

Redonnet siffle ses bêtes, en les excitant de la voix et du bâton. Les derniers contours, rapides et serrés, sont franchis au trot : nous touchons au Port..., ce qui ne veut pas dire que nous soyons arrivés. « Nous y trouvâmes, dit Ramond, un vent des plus violents et des muletiers embarrassés ; nous les secourûmes, et nous nous attendîmes les uns les autres, nonobstant ce précepte cruel, fondé sur l'expérience des dangers des ports, quand l'ouragan y règne : *que là le père n'attend point son fils, et le fils n'attend point son père.* » Il paraît que les choses n'ont guère changé à notre profit depuis 1787.

Nous voici sur le versant espagnol.

Quelle admirable vue, si tant de fois déjà nous ne l'avions contemplée, si surtout nous avions le loisir des contemplations ! La Maladetta est là, devant nous, dans son âpre magnificence. Je retrouve dans ma mémoire les strophes que *le Souci d'argent* récompensa jadis au Capitole de Toulouse, à l'époque heureuse pour l'auteur où des juges éminents couronnaient ses essais. L'exactitude descriptive est leur premier mérite ; la prose ne serre pas de plus près la réalité :

« Du fond des noirs ravins où l'Espagne commence
Se dresse un mont sauvage, éblouissant, immense,
Qu'en un jour de colère Encelade apporta,
Quand les Titans, aux cieux voulant livrer bataille,
Cherchaient, pour y gravir, des degrés à leur taille :
  C'est la Maladetta !

« Vierge maudite ! spectre aux mamelles arides !
Le bras d'un Dieu vengeur creusa d'ardentes rides
A travers le granit de son flanc criminel ;
Puis sur le foudre éteint a roulé l'avalanche,
Et les hivers ont mis leur chevelure blanche
  A son front éternel. »

Après avoir monté, nous descendons pour remonter encore. N'est-ce point l'image de la vie? A quelques centaines de mètres plus bas, nous nous heurtons à une cabane qu'habite un ermite franco-espagnol. Je n'hésite point à lui préférer les capucins de carton, si décevantes que soient leurs indications. Je me raccommode d'ailleurs avec le froc de ces derniers, depuis que les nuages se dissipent un peu et que le soleil recommence à luire. Quant au solitaire international, il ne me semble avoir d'autre objectif que l'escarcelle du touriste : rendre l'un plus dispos en allégeant l'autre, telle est sa fonction. Encore un droit — toujours des droits — que le passant a le devoir d'acquitter. Ce receveur de gabelle cumule d'ailleurs sa spécialité avec le commerce du vin d'Espagne. C'est assez du nécessaire, sans le superflu ; rebelles aux tentations du suresnes ibérique, nous payons le *jus itineris*, et nous passons. Le sentier est rapide et mauvais jusqu'au plan des Étangs. On le voit serpenter le long d'une roche blanche, à pâte friable, à vif éclat, fort bien nommée *la Peña blanca*. Ce n'est pas précisément une route impériale (pardon... NATIONALE), pas même un chemin de moyenne communication ; mais le décor indemnise largement de la gêne subie. A droite fuit le val qui mène à la ville de Vénasque, avec les montagnes d'Astos et le Posets, comme toile de fond. Sur des plans plus rapprochés s'étagent de magnifiques glaciers. Leur manteau d'hermine ondoie au dos des crêtes qui couronnent la vallée du Lys. Puis apparaissent le Perdiguères superbe, et la Tusse de Maupas s'arrondissant dans le brouillard, et les pics aigus du Port-Vieil. Vers la gauche, tout au fond du plan des Aigouailluts, *le trou du Toro* blanchit sous l'écume du torrent qui s'y engouffre, tandis qu'un peu plus loin les cornes de la Fourcanade se dressent vers le ciel, en y déchirant un pan d'azur. Sauvegarde et la Mine surplombent nos têtes. Enfin, devant nous, *l'ennemi*, comme l'appelle Killough, c'est-à-dire le groupe des Monts Maudits, avec ses steppes neigeuses, infinies, sublimes !

Arrivés au dernier lacet du sentier, nous traversons un très-étroit vallon semé de pins frappés par la foudre ou brisés par l'avalanche. Sir Russel le compare à la vallée de Josaphat. En tout cas, les trompettes de l'archange ne troublent pas encore sa solitude : il y règne un silence de mort. A partir de ce moment, il nous faudra monter, et monter presque toujours jusqu'au Pont de Mahomet. Il ne s'agit provisoirement que d'atteindre la Rencluse, terme de notre première journée. Détestable jusque-là, le chemin devient horrible. Le paysage n'est guère plus séduisant. Ce ne sont qu'ondulations de terrain, à l'herbe courte et rude, que jonchent de rares sapins noueux, tortus, disloqués, dont les racines parfois tournées vers le ciel ont l'air de protester contre la fureur des autans. De maigres touffes de digitales pourprées, quelques aconits bleus apparaissent entre les pierres, comme pour rompre la monotonie des teintes : fleurs rares, hélas! encore sont-elles empoisonnées. O pelouses émaillées de l'Esquierry, où êtes-vous? Fourcade aurait peine à remplir ici sa boîte de fer-blanc. Au milieu de cette nature funèbre, de vrais escaliers de roche doivent être parfois franchis. Les chevaux, pour vaillants qu'ils se montrent et si sûr que soit leur sabot, fléchissent, prêts à s'agenouiller; c'est le commencement de la désolation :

« Ici l'homme s'arrête et la nature expire.
Le chaos est le roi de ce muet empire;
De grands blocs foudroyés en défendent l'abord,
Comme ces sphinx géants accroupis sur les tombes
Que l'Égypte asseyait au seuil des catacombes
  Pour protéger la mort.

« Adieu donc, frais vallons, prés verts, douces fontaines,
Et toi que l'Apollon berce de ses antennes,
Fleur des sommets, iris éclos sous l'œil de Dieu :
Clochettes des troupeaux, chants du pâtre, harmonies
Que la montagne exhale en notes infinies,
  A vous encore, adieu!

« Car voici le séjour de l'âpre solitude !
Des troncs déracinés jonchent une herbe rude
Que la chèvre jamais n'effleura de sa dent,
Et rien ne trouble au loin cet effrayant silence
Que les échos du gouffre où l'Essera s'élance
    Avec un bruit strident[1].

On croirait, par instants, que du défilé sombre
Roland le paladin élève sa grande ombre,
Et que de l'olifant l'ivoire éclate encor,
Pour réveiller ces preux de l'antique épopée
Dont le dernier tomba couché sur son épée,
    Aux derniers sons du cor.

— Et je montais toujours !... et bientôt les nuages,
Pareils aux flots sans fin d'une mer sans rivages
Entre la terre et moi jetèrent le néant,
Et je vis à mes pieds l'ouragan tout en flammes
Se tordre, se briser, puis mourir sur les lames
    De ce vaste océan ;

Tandis qu'à des hauteurs où l'humaine pensée
Chancelle, comme Atlas, sous un monde affaissée,
Surgissant jusqu'au ciel d'un élan calme et sûr
Le Néthou, dédaigneux de cette ire impuissante,
Plongeait superbement sa crête éblouissante
    Dans l'impassible azur. »

Un dernier effort nous amène sur l'escarpement de la Rencluse, — 2,083 mètres au-dessus

---

1. *La Maladetta;* ode couronnée, 1865.

du niveau de la mer.—Nous n'avons dépensé que quatre heures de l'établissement thermal à ce gîte nocturne. Cette rapidité est tout à fait inusitée, presque merveilleuse. Je ne m'en glorifie pas autrement; la gent hippique s'en félicite moins encore, mais Redonnet rayonne.

La Rencluse est une sorte de petit cirque bordé de hautes roches, au fond duquel coule un torrent. Devant nous, une série d'assises géantes superposées forment une muraille immense. On se demande quel mortel, à moins d'être Encelade, — lequel rime d'ailleurs si bien avec escalade, — oserait tenter de franchir un tel obstacle. C'est pourtant par là qu'il faudra passer demain. Au-dessus de ce soubassement grandiose, les contre-forts des Monts Maudits se relèvent en ressauts rapides. A notre gauche, tournoie dans l'air un pic déchiqueté. Le torrent n'est autre que l'Essera dont les eaux laiteuses découlent des glaciers de la Maladetta proprement dite. Nous le traversons sur deux blocs écroulés entre lesquels les chasseurs ont couché un tronc d'arbre : pont assez primitif et qui rappelle, sans trop de désavantage, certain tourniquet des fêtes populaires au bout duquel un pâté constitue le prix de l'audace heureuse. Ici, le pâté, c'est l'hospitalité d'une nuit. Nos chevaux, qui ont trouvé un gué, sont délivrés de la selle et de la bride. Leur rôle est provisoirement fini; ils vont paître en liberté l'herbe de la prairie, et vraiment ils ont bien gagné cette maigre provende.

« Maintenant, monsieur, entrons au salon! »

La voix de Charles m'arrache à la contemplation. Va pour le salon! Cette pièce mérite d'ailleurs aussi justement son titre que le tronc d'arbre celui de pont. Imaginez un petit mur de pierres sèches à hauteur d'homme, enfermant cinq ou six mètres carrés de terrain, et n'ayant pour toit qu'une sorte d'auvent formé par l'encorbellement d'un roc d'une trentaine de pieds dont le sommet surplombe avec une incroyable hardiesse. A voir ce bloc énorme s'incliner ainsi, on dirait que lentement il va se refermer, comme la pierre d'un tombeau, sur la tête de l'imprudent qui lui demande abri. Son aspect est imposant. Les ans l'ont noirci, et plus encore la fumée des bois résineux qu'on y brûle. De son front pend, à moitié déraciné, tordu, foudroyé, un pin en détresse qui semble tomber et, dans sa chute, battre l'air de ses rameaux désespérés. Des infiltrations ont pénétré son flanc; elles coulent goutte à goutte, telles que les pleurs d'une nymphe qui présiderait à ces solitudes désolées. Le torrent gronde à quelques pas au-dessous.

Tandis que j'examine *le salon,* Charles prépare le lit. Aidé de ses compagnons, il essarte les sapins du voisinage. Par leurs soins le sol est capitonné d'une couche épaisse de ce feuillage toujours vert. La nature nous prête un matelas économique; nous avons d'ailleurs apporté les couvertures. Mais plus que le lit, plus que le souper, un bon feu est nécessaire par une fraîche nuit de septembre, au seuil des neiges éternelles. C'est ce que comprennent mes guides, et les voilà s'élançant à l'envi, cognée au poing, vers les escarpements qui dominent la Rencluse. Le bois ne coûte ici que la peine de l'abattre, les agents forestiers de l'Aragon ne se montrant guère en ces parages; seulement, force est d'aller le chercher un peu loin, où plutôt un peu haut. Outre que de tout temps il fut rare, les voyageurs, depuis quinze ans, ont pratiqué des coupes blanches sur les pentes les plus rapprochées. Je suis de l'œil mes bûcherons improvisés qui bientôt atteignent au bon endroit : chacun choisit sa victime et s'élance sur elle. Suspendus comme des écureuils aux maîtresses branches, ils s'en donnent à plaisir. A grand renfort de bras, l'acier fait son office. Le tranchant mord l'écorce, la lame pénètre l'aubier et entame le cœur; un à un tombent les rameaux, les troncs sont ensuite attaqués. Avec cent modulations bizarres les échos répètent le bruit sourd des coups. Il semble que la montagne se plaigne de la profanation dont elle subit l'outrage. Déjà plusieurs sapins ont mesuré le sol; c'en est assez pour l'usage d'une nuit. Il s'agit maintenant de rapprocher le combustible du foyer. Par les voies ordinaires une journée n'y suffirait point; heureusement le montagnard a des procédés plus expéditifs. Les centenaires abattus sont poussés jusqu'à l'escarpement, et puis, un bon élan! Les lois de la pesanteur se chargent du reste. De cent mètres de haut ces troncs énormes tombent. Ils roulent, ils bondissent, s'arrêtant parfois pour rebondir encore, et arrivent ainsi, de chute en chute, meurtris et palpitants, au pied du petit tertre où je suis assis. On dirait d'un tonnerre grondant, troublant le silence par d'étranges mugissements. Une demi-heure à peine s'est écoulée, et nous voici à la tête de plusieurs stères d'un bois sec, grâce auquel nous n'aurons rien à redouter de l'âpreté de la nuit.

Cependant je procède à une reconnaissance des lieux. Dans le triste gazon qui pousse au bord du torrent, je récolte avec plaisir quelques aconits jaunes, de petites marguerites des prés, des myosotis. En descendant un peu sur la gauche, j'arrive vers une sorte de grotte à parois quadrangulaires qui semblent taillées à pic. C'est là que, par une cavité dissimulée sous le roc et dont nul mortel n'a jamais sondé les profondeurs, se perd l'Essera. On l'appelle le gouffre de Turmon. Le torrent glisse ainsi sous terre et ne reparaît qu'au vallon du plan des Étangs, près de la douane espagnole, puis coule dans l'Èbre jusqu'à la Méditerranée. Ainsi fait, de l'autre côté de l'arête, la Garonne, sœur jumelle de l'Essera, qui, descendant du Néthou, s'abîme dans le trou du Toro, et ressort, quatre kilomètres plus loin, au Goueil de Jouéou, pour continuer sa course tourmentée ou paisible le long du val d'Aran et finalement s'engloutir dans les flots de l'Océan. Ces deux torrents au cours un instant parallèle, puis à jamais désunis, ne sont-ils point l'image de certaines destinées?

Que d'amis, ayant suivi de compagnie la route paisible des années d'études, se quittent un matin, espérant se rejoindre avant le soir ! Le sort, qui n'en a point ainsi décidé, insensiblement les pousse par des pentes opposées ; déjà ils sont séparés par plus d'un mont, par bien des plaines, quand, détournant la tête, ils cherchent à se saluer encore : vain effort ! à chacun sa voie, épineuse ou fleurie, à chacun ses horizons ; chaque pas qu'ils font ajoute à la distance qui les éloigne ; et quand il a neigé sur leurs tempes, lorsque sous les vents d'automne est tombée la meilleure part d'eux-mêmes, comme la Garonne et l'Essera ils disparaissent un jour, loin l'un de l'autre, à travers la grande immensité. Eux seulement, ils ont espoir de se retrouver dans le sein de Dieu !

Charles, qui m'a rejoint, me distrait de mes réflexions par le récit d'une série d'histoires d'ours à faire dresser les cheveux sur le chef le plus intrépide. A l'époque de Ramond, les bois qui avoisinent l'Hospice de Luchon en recélaient un assez grand nombre. Depuis, ces friands de miel ont reculé les limites de leurs domaines : par contre, leur férocité s'est accrue, paraît-il, en raison inverse de leur multiplication. L'illustre voyageur nous les peint en effet comme de bonnes bêtes à chasser sans péril, fuyant le feu et craignant les chiens... quelque chose comme des pensionnaires du seigneur Lagingeole, tout prêts à offrir leur tête au premier Shahabaham venu.

Que les temps sont changés !

Depuis 1789, il y a eu sans doute, en ce pays, une proclamation des droits... de l'ours sur la peau humaine, et la gent velue en use largement. Le cirque où nous nous trouvons est l'arène favorite de ces lourdes bêtes. C'est avec l'une d'elles, ici même, au pied du pic aigu de la Rencluse, que le hardi chasseur qui me parle s'est trouvé face à face. Il venait d'abattre un coq de bruyère et rechargeait paisiblement son arme, lorsqu'un ours énorme, sortant des pins, paraît à l'improviste. Le gracieux compère se tenait debout, marchant sur les pattes de derrière, à la façon des animaux savants. Charles glisse en hâte deux balles dans les canons de son fusil, et paf! du premier coup, perce son vis-à-vis. Un jet de sang atteste la justesse du tir, mais le blessé n'en continue pas moins sa course sur l'ennemi.

« Il est perdu ! » s'écrient tout tremblants

deux compagnons de Charles, malheureusement trop éloignés pour lui porter secours.

— Pas encore... » répond celui-ci, et au moment où la large griffe de l'ours va s'abattre, un second coup de feu étend roide à terre son propriétaire. Bonne capture, en vérité, car sans compter la chair qui se mange et la graisse, joie des parfumeurs et des rhumatisants, une belle peau d'ours se vend 250 ou 300 francs chez Sarthe, l'habile empailleur de l'allée d'Étigny.

C'est encore dans ce cirque qu'un adolescent, presque un enfant, surpris à l'affût, déchargea, à bout portant, son fusil dans la gueule d'un de ces carnassiers qui l'ouvrait toute grande à d'autres intentions. Le plomb fut d'une digestion si pénible au glouton, qu'il ne prit oncques d'autre repas.

Mais la légende la plus palpitante est celle de la fille du chasseur enlevée par un ours de haute taille, sous les yeux mêmes de son père, tout près de la Rencluse. L'innocente bachelette butinait des fleurs à travers ces solitudes, quand un fauve de la grande espèce se jette sur elle. A ses cris déchirants accourt le père. Il tient sa carabine, et s'apprête à faire justice du ravisseur; mais chaque fois que le canon s'abaisse, l'animal, admirable instinct de la conservation! se sert de sa proie comme d'un bouclier, la présente au feu et opère sa retraite. L'enfant, par des gestes suppliants, semble implorer le père, afin qu'il ne tire point. Combien cette scène émouvante et terrible se prolongea-t-elle? des minutes qui durent sembler des siècles. Le chasseur n'était point un Guillaume Tell; l'émotion voilait son œil, l'arme lui tremblait dans la main... Enfin, l'ours reculant toujours devant le père qui toujours avançait, perdit pied soudain et s'abîma au fond d'un précipice, entraînant sa victime dans une même chute et dans un même trépas. *Se non è vero, bene trovato.*

Pendant que Charles me régale de ses tragiques récits, le jour est tombé : nous regagnons l'abri de la Rencluse. Tout à coup je trébuche dans une masse noire qui se relève d'un bond. Ma mémoire, tant d'hier que d'aujourd'hui, est si peuplée de silhouettes d'ours, que je crois voir un de ces plantigrades se dresser devant moi. J'ai déjà la main sur mon revolver, quand je reconnais que la peau de la bête n'est autre que la veste en velours de Redonnet. Le brave garçon était occupé à improviser à terre un bûcher digne de ceux de Didon ou de Sardanapale. Des moitiés de sapins entre-croisés n'attendaient que l'étincelle ; une allumette les touche : le bois sur qui ont passé tant d'étés commence à petiller. Des spirales de fumée s'élèvent, faisant bientôt place à une flamme claire et vive qui lèche la paroi du rocher. Nous débouclons les cacolets, nous interrogeons leurs entrailles : pains, viandes, bouteilles aux larges panses s'étalent autour de nos siéges rustiques. L'air de la Rencluse nous a mis en appétit. Charles excite encore le sien en dévorant quelques champignons sauvages qu'il a préalablement fait griller sur des charbons et saupoudrés d'une pincée de sel. Nous soupons joyeusement.

Au dessert, le jeune gardien des chevaux, Ladevèze, se met à moduler de sa voix bien timbrée une douce cantilène du pays dont les premiers couplets sont attribués à Gaston de Foix. J'en ai recueilli les paroles, tandis que Mme L. retenait la mélodie. Mlle Mathilde Michel, l'éminente pianiste, a bien voulu la noter.

Voici le tout, tercets naïfs, traduction et musique :

Aquéros mountagnos qué ta haoûtos soun,
Aquéros mountagnos qué ta haoûtos soun,
M'empachon dé bézé mous amous oun soun.
La, la, tra la, la, la, la, etc. (*Refrain*).

Haoûtos b'én soun haoûtos bé s'abacharan,
Haoûtos b'én soun haoûtos bé s'abacharan,
Las mios amouretos bé s'aproucharan.
La, la, tra la, la, etc.

B'én soy pétitòto, lou boun Diéou abbo,
B'én soy pétitòto, lou boun Diéou abbo,
Scarrabeilladòto coum un parpaillo.
La, la, tra la, la, etc.

Péchét, péchét, oueilletos, péchét douçomén,
Péchét, péchét, oueilletos, péchét douçomén;
Bous léchi soulétos per un soul moumén.
La, la, tra la, la, etc.

E las hénnos vieillos aymoum lou bin blanc,
E las hénnos vieillos aymoun lou bin blanc,
E las jouénos hillos aymoun lous galans.
La, la, tra la, la, etc.

Sé sabioy dé la bézé, dé la réncountra,
Sé sabioy dé la bézé, de la réncountra,
Passarioy léou l'aygo, s'ensé mé néga.
La, la, tra la, la, etc.

Es péchés dius l'aygo, las taoûpos as prats,
Es péchés dius l'aygo, las taoûpos as prats,
Las hénnos aoûs hòmés, las hillos aoûs goujats.
La, la, tra la, la, etc.

Ces montagnes qui sont si hautes,
Ces montagnes qui sont si hautes,
M'empêchent de voir où sont mes amours.
La, la, tra la, la, etc.

Hautes, quoique hautes, elles s'abaisseront,
Hautes, quoique hautes, elles s'abaisseront,
Et mes amourettes se rapprocheront.
La, la, tra la, la, etc.

Je suis toute petite, le bon Dieu le veut,
Je suis toute petite, le bon Dieu le veut,
Mais tout éveillée, comme un papillon.
La, la, tra la, la, etc.

Paissez, paissez, petites brebis, paissez doucement,
Paissez, paissez, petites brebis, paissez doucement;
Je vous laisse seulettes pour un seul moment.
La, la, tra la, la, etc.

Et les vieilles femmes aiment le vin blanc,
Et les vieilles femmes aiment le vin blanc,
Et les jeunes filles aiment les galants.
La, la, tra la, la, etc.

Si je savais de la voir, de la rencontrer,
Si je savais de la voir, de la rencontrer,
Je passerais vite l'eau, et sans me noyer.
La, la, tra la, la, etc.

Les poissons dans l'eau, les taupes aux prés,
Les poissons dans l'eau, les taupes aux prés,
Les femmes aux hommes, les filles aux garçons.
La, la, tra la, la, etc.

Je me laisse délicieusement bercer à ces gazouillements du ténorino, et, tout en humant un verre de chartreuse, je trouve je ne sais quel charme indéfinissable à entendre ses compagnons reprendre, en tyrolienne, les dernières notes du refrain. Tandis que ces volées d'accords joyeux montent vers le ciel avec les flammes de notre homérique brasier, je redescends auprès du torrent. L'effet du décor, à distance, est saisissant. On dirait une scène à la Rembrandt. Ces quatre hommes assis sous une roche, autour d'un grand feu, dans cette solitude immense, avec leurs visages réjouis sur lesquels cinq ou six flacons de bourgogne mariés à quelques coups de vin d'Espagne ont laissé leurs rubis, ressemblent plus à des bandoleros en retour d'expédition qu'à d'honnêtes montagnards s'apprêtant à escalader un pic. Si vigoureusement ils se détachent en lumière sur les teintes sombres de la Rencluse, leurs poses sont à ce point harmonieuses et les accessoires si bien teintés de couleur locale, que la main d'un Gherardo *dalle notti* manque seule pour en faire un délicieux tableau. Moins heureux que Charles-Quint qui n'avait qu'à se baisser pour ramasser le pinceau du Titien, je n'ai pas chance de trouver parmi les herbes la brosse de l'artiste d'Utrecht. Aussi, à défaut d'Honthorst absent, ce que j'ai décidément de mieux à faire est de rentrer dans la caverne de Gil Blas pour tâcher d'y prendre quelque repos. Le bonsoir dit, je m'étends sur le bourgeon de sapin et sur la fougère, couche plus hygiénique assurément que moelleuse, les pieds dans ma couverture, la tête sur une saillie du rocher. Ainsi que Jacob, j'ai une pierre pour traversin : puissé-je, comme lui, sommeiller au bruissement d'ailes des anges, l'âme flottant sur leur échelle d'or! Il me faut avouer que je dors de façon moins séraphique. L'état du temps ne me laisse pas sans inquiétudes. De gros nuages noirs courent dans le pan de ciel découpé par les cimes d'alentour. Si les brouillards allaient monter et la pluie descendre! un jour de marche à travers monts, une nuit d'insomnie dans le creux d'une pierre, pour un tel résultat! ce serait désastreux. Parfois un léger coup de vent balayant ces vapeurs découvre un azur pailleté d'étoiles : je me rendors, et je rêve de sommets escaladés, de soleils éblouissants. Parfois, entr'ouvrant à demi la paupière, je ne vois plus que la nuit, la nuit sombre, profonde. Il me semble alors que, s'affaissant vers le sol, le rocher presse ma poitrine : je me débats sous l'étreinte du cauchemar, et je me réveille la sueur au front. C'est dans ces alternatives de crainte et d'espoir que le temps s'écoule. Or les nuits sont déjà longues, au commencement de septembre.

DIX-NEUVIÈME JOURNÉE.

ASCENSION AU NÉTHOU.

(Deuxième jour.)

Nouveau passage à travers l'arête de la Malahitta. — Le Chaos. — Les grandes neiges et les crevasses. — Utiles précautions. Le lac Coroné. — Engloutissement du guide Barrau. — Le Dôme. — Le Pont de Mahomet. — Émotions. — Le sommet du Néthou. — Un quatrain réactionnaire. — Descente vers la Rencluse. — Retour à Luchon. — Le souper des adieux chez Mme Fabre.

Vers cinq heures, l'aube semble blanchir les crêtes voisines. Le ciel est serein, sous la réserve de quelques nuages. « En route ! » nous écrions-nous tout d'une voix. En cinq minutes nous sommes prêts, moins l'aîné des Redonnet toutefois qu'une ruade vigoureuse reçue au flanc, tandis qu'il a voulu s'interposer dans une mêlée de nos chevaux, forcera bien malgré lui de garder la Rencluse. Cet accident nous attriste : il nous prive d'ailleurs d'un précieux auxiliaire. Enfin, vaille que vaille, il faut se mettre en marche. Nous partons légèrement lestés d'une tasse de café noir. Homme de précaution, Charles a enfermé dans son bissac un en-cas composé de volaille froide et de vin généreux. C'est lui qui ouvre la marche : il sera le guide de la petite caravane réduite à sa plus simple et indispensable expression, trois personnes.

Nous traversons à nouveau le torrent, le corps en équilibre sur le sapin renversé, et aussitôt l'ascension commence. Nous voici plantant le bâton ferré dans ce mur de roches et de gazon qui, de loin, semble se dresser à pic. Même de près, l'inclinaison demeure très-accentuée. A cette époque de l'année sont fondues les couches de neige qui, en juin et juillet, alternent avec le granit. Vingt filets divers sillonnent ce plan incliné ; ils se réunissent parfois pour former une petite cascade. Bientôt nous dominons un joli lac que nous laissons sur notre droite. Son eau, tour à tour translucide ou opaque, selon le caprice des jeux de la lumière, ressemble à du jade en fusion. Je retrouve son image fidèle dans cette description tracée, il y a près d'un siècle, par le crayon d'un maître : « ...Les neiges étaient suspendues sur nos têtes, et la verdure, les fleurs et les ruisseaux étaient bien loin de notre pensée, lorsqu'une petite plateforme, tout entourée des menaçantes ruines qui l'ont respectée, me présente le riant spectacle d'un petit lac dont les bords, tapissés du gazon le plus frais, sont ombragés par une touffe de pins de la plus petite stature. C'est le dernier refuge de la végétation et le plus secret des réduits ; l'univers disparaît, au moment qu'on y entre ; il semble l'unique reste d'un monde enseveli sous ses propres débris[1]. » — Nous n'y jetons qu'un regard, et, le pied sur les anfractuosités glissantes, la main dans les touffes d'herbe que nous pouvons saisir, nous tendons vers notre premier objectif, à savoir, la crête de l'arête rocheuse aux colorations rouge sombre qui sépare les glaciers de la Maladetta proprement dite de ceux du Néthou. Naguère on la côtoyait, en cheminant parallèlement à ses flancs, comme si on eût voulu atteindre aux glaciers de droite ; puis, vers le milieu du parcours, on inclinait brusquement à gauche pour s'engager dans une brèche débouchant sur l'autre versant. C'est ce qu'on appelle le passage du *Portillon*. La mode se glisse partout ; les ascensions elles-mêmes n'échappent point à ses lois. Aujourd'hui

---

1. *Observations faites dans les Pyrénées*, par Ramond, Paris, 1789.

les guides du progrès ont *inventé* un nouveau chemin. Son mérite est, à mon sens, d'être plus pénible. Je me fais donc un devoir de le déconseiller absolument aux touristes. Quoi qu'il en soit, nous atteignons l'arête de la Malahitta. Devant nous se déroulent des steppes de neige, avec la cime superbe pour couronnement. Un cri de désappointement échappe à mes guides : la pointe s'émousse sous un voile de brume ! pareille mésaventure m'est arrivée au Vésuve. Nous nous sommes cependant trop avancés pour reculer ; le soleil ou l'éclair peuvent d'ailleurs soudainement illuminer le nuage : *go ahead !*

Arrivés à ce point, nous devons cheminer à travers un écroulement de roches gigantesques, vrai chaos que la main du temps a fait rouler des hauteurs voisines. L'exercice est laborieux. Force nous est de bondir d'un bloc à l'autre, à la mode des isards : si le pied nous glisse, nous risquons l'entorse, voire une fracture, sans compter les hasards de cavernes béantes où le sauteur maladroit peut disparaître tout entier. Après une bonne heure de cette gymnastique périlleuse, nous commençons à rencontrer de vastes plaques neigeuses, puis de vrais glaciers. Par instants, dans le ciel obscurci voltigent quelques flocons ; la nuée qui ceint le Néthou s'épaissit, tandis que l'horizon demeure dégagé du côté de la France. Signe de beau temps, affirment les guides. De toutes parts apparaît à l'œil un troupeau de montagnes s'étageant à miracle, et courant des Hautes-Pyrénées jusqu'à l'Ariége et aux Pyrénées-Orientales. Teintées de noir, elles se détachent en vigueur sur le ciel. Il est huit heures vingt-cinq minutes. Nous sommes en présence des grandes glaces, vaste mer de frimas que n'interrompra plus aucun continent. Afin d'en mieux triompher, Charles et Paul se cuirassent l'estomac d'une aile de volaille fortifiée de deux verres de vin. Pour moi, loin d'être en appétit, je sens le sommeil me gagner, le sommeil des neiges, celui dont nos soldats ne se réveillaient plus aux rives de la Bérésina. Pesant, dominateur, presque invincible, il s'impose aux paupières ; il faut énergiquement le combattre, à peine d'y succomber. Les chasseurs d'ours l'ont appelé d'un nom expressif : « le mal de montagne. » Je demande un peu d'eau ; mais rien de plus rare parfois au milieu des glaces. Les guides savent bien qu'une fontaine se trouve aux environs ; seulement, la neige récemment tombée l'a ensevelie. L'impatience me gagne, je frappe au hasard le névé qui se dérobe sous les coups, et je retire mon bâton tout ruisselant. Quoi d'étonnant? Il est de coudrier, et, par ainsi, fait son office de baguette divinatoire. Moïse et l'abbé Paramel m'ont été propices; grâces leur soient rendues! oui vraiment, je viens de faire jaillir la source désirée: c'est bien elle que nous livre un hasard heureux. Cette fois, la colère a été meilleure conseillère que la patience. Charles puise dans ma coupe de nacre quelques gorgées d'une eau délicieuse dont nous rafraîchissons nos lèvres. Il en est besoin, car nous allons inaugurer la série des difficultés réelles.

Pour première précaution, nous déroulons la corde dont nous sommes munis, nous nous en formons une ceinture autour du corps et nous nous attachons fortement l'un à l'autre, avec un jeu de quatre mètres environ. Ainsi solidaires désormais, nous atténuons largement les chances de disparition. Supposons en effet que l'un s'enfonce à l'improviste dans une crevasse recouverte de neige; les deux autres se jetant aussitôt à terre, en arrière ou en avant, selon qu'ils sont placés, impriment une tension énergique à la corde et arrachent de sa trappe glacée l'infortuné Bertram en voie de descente. Ce soin pris, et attaquant la montagne transversalement, nous nous mettons en route dans l'ordre qui suit : Charles devant, frayant la voie et sondant les fissures ; moi au milieu ; Paul Redonnet derrière. D'abord le champ de neige s'offre à nous éblouissant, uni comme un miroir. Nous n'en marchons guère plus vite pour autant. Les flocons abondamment tombés durant la dernière huitaine et congelés à demi offrent au pied une résistance incomplète, des plus fatigantes. Tantôt leur couche nous porte, tantôt elle se rompt, et la jambe disparaît jusqu'au genou. Rien de plus laborieux que l'effort continu que nécessite pour avancer cet état spécial du glacier. A peine s'est-on délivré d'un côté, qu'on s'engage de l'autre. Mais ceci n'est rien encore. Nous ne tardons pas en effet à rencontrer de perfides crevasses. Si beaucoup d'entre elles n'offrent que deux ou trois mètres de large, la plupart en ont cent de profondeur ; plusieurs sont insondables. Penché sur le bord de ces fentes à vives arêtes, frissonnant de l'horreur sacrée dont parlent les anciens, je prends un âpre plaisir à plonger l'œil dans leurs abîmes. Parfois c'est la nuit qu'elles enferment ; parfois aussi, à la faveur d'un rayon de soleil égaré dans un interstice, apparaissent de vrais palais de fées. Toutes les nuances du prisme se jouent à travers les stalactites gigantesques qui leur servent de colonnes : l'émeraude y marie ses reflets à ceux du rubis, et l'éclat du diamant s'y colore des feux entre-croisés de la topaze et du saphir. C'est sans doute dans un de ces palais de cristal qu'habite la vierge maudite, la Maladetta. Fort peu désireux de nous en assurer, nous contournons les gouffres, non sans en avoir sondé l'approche du bout de nos piques. Tout à coup un cri m'échappe : la croûte glacée s'est effondrée sous moi, le sol me manque absolument et j'éprouve l'indéfinissable sensation du vide. Déjà j'ai disparu jusqu'à la ceinture, quand Paul et Charles, exécutant avec précision le mouvement ci-dessus relaté, tendent vigoureusement la corde et me font rebondir de la fosse, à la manière d'une balle élastique. Décidément l'opération de la ligature n'était pas la précaution inutile. Jusque-là, d'ailleurs, la température reste fort douce. Souvent la bise nous traverse d'un coup d'aile un peu frais, mais l'impression ne dure pas. Nous marchons toujours, continuant à laisser une trace en zigzag sur la déclivité immense. Les crevasses ont à peu près disparu ; en revanche, les pentes se redressent. Nous avançons, tandis que, par un phénomène d'optique bien connu des coureurs de montagnes, le sommet semble fuir devant nous.

Déjà nous touchons au *lac Coroné*, séjour des bourrasques et des rafales. On nomme ainsi un gouffre de frimas aux bords escarpés, vrai cratère béant où la glace tient lieu de lave. Au fond dort une flaque d'eau presque toujours congelée. Voilà ce qui reste d'un ancien lac effondré dont l'engloutissement a produit ce trou.

C'est près de là que disparut pour jamais le guide Barrau, ce Jacques Balmat du pays basque. Alors on n'avait point découronné de son prestige la joungfrau pyrénéenne : nulle violence humaine n'en avait encore défloré la virginité. Plein de l'espoir qui poussa en avant les Colomb et les Gama, Barrau s'avançait sous un soleil radieux qui semblait lui promettre le succès. Mais, plus téméraire que ses compagons, il avait tenu à honneur de ne point se lier à leur corde. Il marchait seul, en tête de la caravane, fredonnant quelque gai refrain, quand tout à coup, vers l'endroit même où nous passons, la glace cède sous ses pas. Il pousse un cri, déchirante clameur que les échos répètent au loin. Ses amis accourent, se penchent sur les bords de l'horrible hiatus ; ils aperçoivent l'infortuné luttant et se débattant, mais ne peuvent le saisir. Semblable à ces pêcheurs de la plage qui s'enlizent dans les sables mouvants, l'imprudent s'abîme lentement; pendant plusieurs minutes sa voix retentit aux oreilles de ses amis, puis un gémissement plus sourd répond à leur appel... puis, plus rien ! ni les adjurations, ni les efforts ne manquèrent : en vain on jeta des cordes dans ces profondeurs inconnues ; en vain toute une armée de travailleurs venue de Luchon essaya-t-elle le lendemain de retrouver le cadavre, à défaut de l'homme. Les glaciers ne rendent leur proie qu'à un demi-siècle de date, quand ils la rendent. Jusqu'ici le Néthou a retenu la sienne, comme le Mont-Blanc garde Balmat. Le fils de Barrau, très-jeune alors, aujourd'hui l'un des meilleurs guides du pays, sent l'émotion lui briser le cœur, chaque fois que passant sur la tombe de la chère victime, il évoque ce souvenir sombre.

« Bah ! dis-je à Charles, c'est une belle sépulture, après tout ! Barrau mort dans sa chaumière eût été confié à la terre humide, entre quatre ais de sapin. Sous une pierre qui eût marqué sa place, les vers auraient vilainement fait leur œuvre. A cette heure, le bruit des cavalcades passant le long des murs du cimetière troublerait son sommeil... Tandis qu'ici sur un lit de glace transparente repose, pour des siècles peut-être, son corps demeuré vermeil : les soupirs de la tempête bercent ce dormeur qui ne vieillira pas, et de quarante lieues à la ronde apparaît son mausolée superbe. Qui sait même si, au fond de ces demeures irisées, il n'a pas trouvé pour lui souhaiter la bienvenue quelque ondine à l'œil bleu dont les tresses d'or, s'épanchant en ondes soyeuses sur d'éblouissantes épaules, lui font une de ces douces chaînes qu'on ne cherche point à briser ?... »

Charles ne me paraît que médiocrement convaincu par le lyrisme de ma démonstration.

« Une demi-heure encore, me répond-il, et nous arrivons. » — Le brave garçon comptait sans l'imprévu : or, en matière d'ascensions, l'imprévu est surtout ce qu'il faut prévoir. A notre gauche, pyramide un empâtement de roches verticales où la neige ne peut tenir, vu l'inclinaison. C'est par là qu'il y a deux semaines une compatriote de Clémence Isaure, costumée et bottée en guerre, a escaladé le pic. La surface du glacier était devenue tellement dure et lisse, à la suite d'une série de fontes et de congélations successives, que la route habituelle demeurait fermée. La jeune Mme Dieulafoi ne balança point : elle s'en prit au chemin qui jadis avait rebuté M. de Franqueville lui-même, et, une fois de plus, raya du dictionnaire le mot *impossible*. Il est vrai que la courageuse amazone venait de tenir campagne sur les bords de la Loire. Aux côtés de son mari, elle avait bravé les feux du Prussien : la glace n'était point faite pour l'épouvanter. Plus classiques, favorisés d'ailleurs cette fois par la neige récente, nous contournons le pic en attaquant *le Dôme*. A ce moment, le glacier se redresse avec une brusquerie vraiment effrayante. Il me semble remonter les pentes arrondies d'un toit de mosquée. La neige plus épaisse sous le pied nous engloutit souvent jusqu'à mi-corps : l'effort nécessaire à nous dégager nous brise, la soif nous dévore. De vives bluettes se croisent devant nos yeux, jaillissant de la contemplation forcée de cet océan livide. Puis ce sont des spasmes, des contractions du cœur ; un malaise général, auquel les guides eux-mêmes n'échappent pas, nous envahit. Tel, dans le cabinet d'un physicien, le passereau commence à battre des ailes sous le jeu de la machine pneumatique. Décidément les souffrances de l'air raréfié, sur les sommets, ne sont point un mythe. Au bout de quarante-cinq minutes de ces épreuves, nous touchons au but. Enfin !

Il est dix heures. Nous nous détachons l'un de l'autre, et tout en dénouant la corde :

« Te voilà donc, sommet maudit ! s'écrie Charles ; tu nous as fait assez peiner, mais tu fuyais en vain : nous te tenons ! »

Pas tout à fait. Le Néthou va brutalement riposter à ce débordement d'interpellations victorieuses. Nous ne tenons que la fausse cime ; derrière elle se trouve un second pic un peu plus élevé, —le vrai, le seul Néthou. On n'y arrive qu'en franchissant le fameux *Pont de Mahomet.*

Ce défilé est bien en effet le chemin du paradis tel que le comprennent les Orientaux, « plus étroit qu'un poil délié, plus aigu que le tranchant d'une épée. » Qu'on se figure une arête de granit extrêmement mince, déchirée par la foudre, minée par les hivers. C'est sur cette scie aux dents branlantes, de trente mètres de long sur deux pieds de large, qu'il s'agit de se risquer. A droite et à gauche, le vide; au fond, à trois mille pieds plus bas, des roches aiguës qui attendent, pour la mettre en pièces, la proie que leur jettera le vertige. Encore les disciples du Prophète ont-ils, comme excitant, la perspective des jouissances qui les attendent de l'autre côté de l'*Al-Sirāt*. Ils essayent déjà, en pensée, les tapis doublés de brocart et les vêtements de soie, les bracelets d'or et les colliers de perles : ils goûtent par avance aux fruits des palmiers et des grenades; ils trempent leurs lèvres à la coupe qui circule à la ronde et s'abreuvent, sans ivresse, du mélange de Zendjébil. Que dis-je? par la porte entr'ouverte du jardin des Délices, ils entrevoient sous les ombrages, au bord des courants d'eau limpide, ces vierges aux grands yeux noirs que n'a jamais touchées ni homme, ni génie! Tout cela vaut bien qu'on se risque un peu sur la lame d'un rasoir. Mais nous, que nous adviendra-t-il après le succès? il serait téméraire de nous attendre à la moindre de ces voluptés.

Aussi, « bien des touristes s'arrêtent là », dit l'auteur des *Grandes Ascensions*. Je l'admets sans peine. Même — dussé-je manquer aux lois de la galanterie — je commence à me défier un peu, sur ce point, des exploits de la plus belle partie du genre humain. Jupes, crinolines ou tournures me sembleraient fort dépaysées à cet endroit. En revanche, j'ai lu avec stupéfaction, dans le même Killough, « qu'un hardi montagnard trouverait le moyen de descendre ces précipices, s'il le fallait absolument. » Descendre! sans doute à la façon d'une pierre qu'on lance? Sir Russel reconnaît d'ailleurs que la mort serait certaine, si l'on y tombait. Je le crois bien : c'est chair à pâté, anéantissement qu'il convient de dire, non pas mort seulement. Je ne sache guère qu'un condamné à la peine capitale qui pût tenter l'aventure, et j'estime qu'il n'y aurait de changé à son profit que le mode du supplice. Autant vaudrait pour un pilote lancer sa barque sur la chute de la Handeck ou dans la poudre écumeuse du Madésimo. J'imagine plus volontiers, l'ayant éprouvé moi-même, le vif désappointement, — disons mieux, — la stupéfaction qu'éprouvèrent Franqueville et Tchihatcheff, la première fois qu'ils se trouvèrent en présence de ce passage diabolique. Ils croient être arrivés : ils aperçoivent, à une cinquantaine de pas, la dernière aiguille à gravir, haute d'une dizaine de mètres à peine.

Jeter précipitamment leurs cordes et s'élancer à l'envi est pour eux l'affaire d'un moment ; puis le pas hasardeux apparaît : ils s'arrêtent, ils se consultent, et il ne faut pas moins que l'exemple des hardis chasseurs qui les accompagnent pour les entraîner.

Eh bien, l'exemple lui-même est sur le point de me manquer. Charles en effet, Charles le guide sans peur et sans reproches, semble consterné. Non-seulement à ce passage haché, déchiqueté, il ne se trouve ni saillie où mettre le pied, ni végétation où retenir la main ; non-seulement la roche lavée par les tempêtes, polie par les siècles, n'offre que de rares aspérités à quoi se prendre... l'arête, déjà si peu abordable, ajoute à ses périls ordinaires celui d'un supplément de verglas. Il a neigé, le soleil a fondu le névé, et la gelée a solidifié l'eau. Les parois brillent, lisses comme un verre. Charles, devant ces colonnes d'Alcide, prononce son *nec plus ultrà*. Puis, comme il me voit désolé d'un naufrage si voisin du port : « Allons, dit-il, j'essayerai. »

Avec des précautions infinies et un courage égal au danger, il s'aventure sur la crête branlante, faisant le chemin, enlevant la neige d'un revers de coude ou brisant la glace à coups de hachette. Cinq minutes, longues comme un jour, s'écoulent... Le voilà de l'autre côté, proposant de m'apporter le registre qui s'y trouve, afin que j'ajoute mon nom à ceux des braves qui s'y sont inscrits. Je n'aime point, même dans les plus petites choses, ces transactions de conscience où, la nécessité semblant faire loi, on couronne une capitulation des lauriers de la victoire. Je refuse net.

« Ou je passerai comme vous, ou je n'écrirai rien.

— Bien, reprend-il, il y a moyen de tout arranger. »

Et, avant que j'aie pu lui faire un signe, le brave garçon franchit à nouveau le fatal passage, et me rejoint. En silence, il détache sa ceinture de laine rouge, me la jette autour du corps, puis me lie solidement à lui. Après quoi :

« En route!

— Mais, si je tombe, je vous entraîne dans ma chute.

— Gardez-vous-en bien. J'ai ma femme au village de Saint-Mamet, et je suis père de six enfants! Au surplus, votre intérêt me répond de ma sûreté : vous ne tomberez pas. »

Tout cela dit, en souriant, le plus tranquillement du monde. Et nous voilà tous deux à cheval sur la croupe de la montagne, nous rasant à la manière du fauve qui sort de son repaire, profitant des moindres saillies pour nous y incruster, déchirant nos ongles au granit, lui allant devant, moi mettant le pied, la main ou le genou à la place même où se sont posés son pied, sa main et son genou. Le moindre faux pas de l'un peut jeter l'autre aux abîmes... mais il n'y a plus à s'en dédire : une marche à reculons serait insensée. Donc, en avant ! Je ne puis cependant dissimuler que j'ai vécu là le plus mauvais quart d'heure de ma vie, attiré par le vide dont la nature n'a certes pas plus d'horreur que moi. Enfin, le passage devient moins impraticable : il s'élargit, il s'aplanit... victoire ! nous foulons la vraie cime, la reine des Pyrénées, l'antique Olympe d'un dieu des Ibères.

Le sommet du Néthou—3,404 mètres au-dessus du niveau de la mer — est plus long que large. Vingt personnes y tiendraient à l'aise. Une ouate de frimas recouvre son phorphyre, à ce moment du moins. Deux petites tours en pierres sèches y ont été élevées. Les guides, car Paul Redonnet nous a suivis, se mettent à creuser la neige sur un point qu'ils semblent reconnaître. Bientôt ils rencontrent une dalle qu'ils soulèvent, et retirent de l'excavation une boîte de chêne peinte en vert. C'est l'arche sainte où repose le noble registre, frère cadet de celui que nous avons analysé plus haut, et que l'on conserve à l'établissement de Luchon. Assis sur un bloc effrité, je le feuillette rapidement, et j'y trouve consignées les observations des derniers visiteurs. Le livre n'en est encore qu'à son début. Il renferme bien des pages blanches réservées aux émotions de l'avenir.

D'un trait rapide j'y jette mon nom, avec le juste éloge de mes compagnons; et comme, en ce temps néfaste, la politique ne perd jamais ses droits, je ne puis m'empêcher de crayonner le quatrain suivant dont mes réactionnaires de guides paraissent tout ravis :

« Si j'ai quitté le val, les prés verts, l'or des seigles,
Pour affronter l'horreur de ce superbe mont,
C'est que j'étais bien sûr, au séjour des grands aigles,
De ne trouver ni Ranc, ni Trochu, ni Simon. »

L'effort est méritoire, car l'onglée nous fait cruellement souffrir. La température ambiante demeure pourtant supportable. Quel en est exactement le degré? Je ne saurais l'établir : je ne me suis point muni de thermomètre, et le tube que nous trouvons inséré par M. Lézat dans le bois d'une croix ne peut nous servir : des bulles d'air en ont accidentellement rompu la colonne mercurielle. Une petite sainte Vierge était auprès, laissée un jour par un voyageur ; la tourmente a sans doute emporté la pieuse image, car nous la cherchons en vain. Mais hélas ! ce qu'il y a de plus précieux nous est ravi, je veux dire la vue. La nuée nous environne comme des dieux de l'Iliade ; nous nous passerions volontiers d'un tel honneur. Une mer d'élastiques vapeurs flotte autour de nos fronts. Elle s'entr'ouvre parfois sous la flèche d'or d'un rayon de soleil, et nous devinons à nos pieds de vertigineuses profondeurs. Après quoi, plus rien... rien du côté de la France, rien du côté de l'Espagne ! Je me console, songeant que jadis le grand voyageur qui a nom Ramond, fut victime, sur ces pentes, d'une mésaventure pareille. « J'attendais en vain, dit-il, que le ciel se dégageât. J'étais précisément dans la région des nuages. Le brouillard était continu derrière moi, et si je distinguais les objets placés au nord et à l'ouest, c'est que le brouillard, en franchissant le sommet de ma montagne, se divisait en pelotons rapidement emportés et entre lesquels mon regard trouvait toujours un passage. » Je n'eus guère, en ce qui me concerne, la consolation de ces *pelotons*. Je n'ai donc vu ni la gorge sauvage de Malibierne et ses escarpements à pic, ni le glacier de Coroné avec sa nappe éblouissante qui rapidement descend jusqu'au lac, ni le vaste miroir du Grégonio, ni l'arête centrale de la chaîne pyrénéenne avec les vallées qui la creusent et les sommets qui la bossellent, ni les plaines de la Gascogne semées d'arbres et de villas, ni les champs de la Catalogne sillonnés de rubans d'argent. Mon horizon visuel devrait embrasser cinquante lieues : il n'a pas cinquante pas.

Déçu par la réalité, je me réfugie dans l'illusion. Pendant que Charles et Paul se reposent, j'évoque le souvenir d'une de mes courses récentes où la Maladetta m'était apparue baignée dans des torrents de lumière. C'est ainsi que, la philosophie et ma mémoire aidant, je me console par ce que j'ai vu de ce que je ne vois point.

Toutefois il me semble inutile de prolonger la halte en ce séjour inhospitalier. D'ailleurs, Charles, selon l'usage de ses confrères, tient à

DIX-NEUVIÈME JOURNÉE.

expédier la course dans les délais réglementaires. Il me pousse, il me presse. Déjà le registre est réintégré dans sa caisse d'où il ne sortira plus sans doute que l'été suivant, et la caisse à son tour rentre dans son étui de frimas. Il s'agit d'affronter encore le pont de Mahomet : or le plus tôt sera le meilleur. Ne convient-il pas en effet de brusquer le dénoûment des situations épineuses? Le retour passe à juste titre pour plus pénible que l'aller, avec cette aggravation qu'il est inéluctable. Cette fois, nous ne nous attachons plus l'un à l'autre : le jeu serait trop périlleux. S'il faut une victime à la vierge maudite, du moins qu'il n'y en ait qu'une! Il n'y en eut point. Avec le scrupule d'imitation d'un habitant du Céleste Empire, je m'applique à reproduire tous les mouvements de Charles. Il me souvient — *horresco referens* — d'une saillie où l'extrémité seule du pied trouve à se poser : le reste du corps se balance sur le vide, dans l'attitude aérienne du *Mercure* de Jean de Bologne s'élançant vers le ciel, sans qu'on ait pour prolonger cette pose la très-plausible raison de talonnières ailées. Aussi, le mieux est-il de n'y point persister, à peine de renouveler la chute sanglante de Simon le Magicien devant le tribunal du César romain. Grâce au ciel, saint Pierre ne nous en veut pas, et nous voici revenus au second sommet. Dès lors, *la jettatura* paraît conjurée, bien qu'il nous reste encore plus d'un mauvais pas à franchir. Nous fêtons notre délivrance en décoiffant un flacon de bourgogne, et, après y avoir largement goûté, nous répandons le surplus, comme une libation propice destinée au génie du lieu. Rubis de la Côte-d'Or, égrené et pressé chez moi, au pied même du cabinet de travail où Crébillon écrivit son *Atrée*, le sang de la vigne coule plus vermeil que celui des fils de Thyeste sur la neige immaculée des glaciers. O vieux tragique, j'ai dû réjouir ton ombre en mêlant à ces sublimes horreurs quelques gouttes du nectar qui inspirait ton sombre génie !

Nous reprenons nos cordes, et, vers onze heures, nous procédons au retour.

« ... Facilis descensus Averni. »

Nous courons, nous glissons, nous roulons, aidés de nos bâtons à pointe d'acier. La trace de nos pas, que nous retrouvons, nous importe assez peu. Gagner au plus court est notre nouveau programme. Tout à coup la surprise m'arrache un cri ; je me suis assis plus vite que je ne l'eusse voulu et très-malencontreusement, sur une crevasse où je disparaîtrais bel et bien sans la précaution du chanvre tutélaire dont la tension me tire de peine. Mais en même temps l'émotion m'a ouvert la main, et l'alpen-stok s'en est échappé. Je veux le ressaisir : bah ! le voilà qui tourne sur lui-même le long des pentes glacées, assez lentement d'abord, puis plus vite, puis avec une rapidité vertigineuse, selon les lois de la chute des corps. Ceci me donne à réfléchir. Ma pesanteur spécifique étant évidemment supérieure à celle d'un bois de coudrier, j'aurais chance, voulant le suivre, de le devancer dans sa course, pour arriver *beau premier* au fond de quelque gouffre. Je préfère lui adresser mes adieux, sans espérance de le jamais revoir.

Légèrement meurtri par l'épisode, je reprends mon aplomb et me remets à cheminer entre mes deux compagnons, n'ayant d'autre appui désormais que leur corde. Aussi ne suis-je pas sans regretter amèrement l'ami perdu, quand soudain, à quelques centaines de mètres au-dessous de moi, vers la droite, j'avise mon déserteur fiché par sa pointe encore vibrante à la paroi bleuâtre d'une crevasse.

« Nous l'aurons ! » s'écrie Charles, et, se détachant vivement, il se met à courir de ce côté. Paul le suit. J'en profite pour me coucher sur la neige molle, et attendre, en vrai sybarite, l'issue de cette course au bâton. Dix minutes après, je rentrais en possession du noisetier sauveur... et sauvé. Il est d'usage, parmi les fils de la montagne, que celui qui, en chemin, laisse échapper sa pique, paye une amende aux compagnons. Je donne à penser si j'acquitte volontiers la mienne. J'avais eu d'ailleurs mes distractions, pendant ce repos forcé. La nature perd-elle jamais ses droits ? c'est elle qui naguère me faisait cueillir un bouquet de fraises parfumées sur l'âpre sommet du Montné ; c'est elle qui de sa tiède haleine féconde la renoncule [1] au milieu de ces frimas ; et voici qu'aujourd'hui, dans ce lieu de désolation, elle pousse vers moi tout un essaim d'abeilles, à travers un tourbillon d'air glacé. Un papillon s'y est mêlé. Je reconnais la *Zigœna hilaris*. La rencontre me rappelle une jolie réflexion de Ramond, que je

---

1. *Ranunculus glacialis.*

ne résiste pas au plaisir de transcrire : « Cette fragile créature, cette espèce de fleur vivante qu'un souffle du zéphyr met dans les airs à deux doigts du naufrage, qui n'effleure pas la rose sans compromettre le duvet de ses petites ailes, le papillon a, dans sa race, des aventuriers qui franchissent les précipices dont les monts du premier ordre sont environnés, et s'élèvent, de proche en proche, à ces régions de l'atmosphère d'où il tonne sur nos têtes, et où l'aigle même tente rarement de diriger son vol... » J'étais tombé sur un de ces *aventuriers*. Je pique à ma casquette l'audacieux lépidoptère ; quant aux pauvres mouches à l'aile d'or, je les laisse endormies dans un linceul où nul pasteur Aristée ne viendra les éveiller. Ce que c'est pourtant que de prendre la Maladetta pour l'Hymette !

Sur ces entrefaites, un grésil dru et fin se met à tomber. En moins d'une minute, nous devenons blancs à laisser croire que nous sortons d'un moulin ; trois quarts d'heure durant, nous sommes saupoudrés de la sorte. Pendant ce temps, — nous l'apprîmes plus tard, — la pluie tombait à la Rencluse. Nous repassons près des fameuses crevasses, avec le même bonheur.

Le ciel redevient bleu; nous nous dessanglons. Afin d'abréger la route maussade que nous avions suivie à travers le dédale des éboulis, nous serrons de plus près l'arête rocheuse du Portillon dont la brèche, dominant une pente rapide, s'entr'ouvre à notre gauche. Cette modification dans l'itinéraire nous permet de prolonger notre marche sur la neige, et sur une neige désormais sans embûches. Nous ne pouvons cependant éviter tout à fait les dislocations du Chaos. Là recommence le labeur du matin, plus pénible encore. Le grésil qui scintille sur les rocs, comme une poussière diamantée, ne permet plus aux clous de nos souliers de mordre le granit. Des glissades s'ensuivent, qui ont pour conséquence quelques chutes plus réjouissantes que regrettables. En revanche, le soleil a reparu; sa lueur vivifiante nous remet en belle humeur, et je prends, pour ma part, si grand goût à contempler l'astre-roi, que j'en immobilise quelques rayons trop ardents au profit de mes joues et de mon cou.

Nous voici de nouveau sur l'arête. Déjà nous apercevons le plan des Étangs, avec son tapis vert qu'argente l'Esséra. La Rencluse est à nos pieds. Nous hélons Redonnet, qui, assoupi sous la roche, ne nous entend guère. En revanche, nos cris, traversant la vallée, vont, bien au delà, trouver des promeneurs qui, du haut de Sauvegarde, nous avisent et nous répondent. Sont-ils en train d'y évoquer le souvenir de cette jeune religieuse dont la poétique légende vivra autant que le pic? autre est notre préoccupation. Nous redescendons la *muraille*, butinant des fleurs, musant à chaque fontaine et donnant, de nos lèvres ardentes, plus d'un baiser à la naïade. Notre soif dessécherait des cascades. Enfin nous touchons le sol de la Rencluse, et nous pouvons rendre grâces aux dieux.

Trois heures ont été employées à cette descente. Deux suffiraient peut-être. Mais quelle nécessité de se surmener? Qui veut aller loin doit ménager sa monture, et, pour être en règle avec la Maladetta, nous ne sommes point encore à Luchon.

Tandis que nous échangeons nos souliers de montagne, percés d'humidité, contre des chaussures doucement attiédies près de l'âtre, Redonnet improvise un ambigu des reliefs de notre souper de la veille. Nous dépêchons, sans grand appétit, une tranche de viande froide, réchauffée de frontignan. Décidément, l'air des hauts sommets n'est point apéritif. Et puis le temps presse... manteaux et couvertures se balancent de nouveau sur les cacolets. Debout! En touriste bien élevé, je laisse ma carte de visite à la Rencluse, et aux ours, s'ils en veulent, les débris du festin. Un tronc de sapin qui achève de se consumer nous jette ses dernières lueurs. En trente minutes, nous regagnons à pied le plan des Étangs. Nos chevaux nous y attendent. Nous reprenons les lacets du Port, nous émiettons à nouveau, sous forme de péage, le gâteau de miel au cerbère de la veille, et, avant de franchir le défilé, nous nous retournons pour jeter un regard suprême vers ces horizons qui vont disparaître. Là encore, notre curiosité trouve largement à quoi se prendre. Un instant le Néthou se découvre à nos yeux dans sa splendeur hautaine; puis il voile son sommet pendant que le soleil couchant dore de ses derniers rayons d'autres crêtes moins altières, et qu'un orage splendide, plein de foudres et d'éclairs, éclate en pluie de feu sur les contre-forts du Posets. Il n'y a que les Pyrénées pour offrir de tels spectacles à ses admirateurs.

Vers six heures, nous abordons à l'Hospice. Après l'avoine obligée, un temps de galop nous

porte vers Luchon. Mais quelque diligence que
nous fassions, la nuit nous devance de ses ailes
noires. Il est sept heures quand nous atteignons
la douane, et sept heures, dans cette saison,
c'est l'obscurité. Nous ne pouvons donc parader,
selon la tradition, dans l'allée d'Étigny. Notre
vanité n'en sera cependant pas entièrement pour
ses frais. Un groupe de baigneurs nous fait
accueil devant la maison Fabre, inquiet sur l'issue
de la campagne. Je rassure tous ces bons
amis, remettant au dessert le récit détaillé de
notre expédition. Car un souper nous attend,
le souper d'adieux, chez l'excellente Mme Fabre.
Demain est le jour fixé pour le départ. Il faut
une fois de plus me séparer de ces splendides
montagnes, sauf à venir les retrouver encore,
je l'espère bien ainsi. La saveur des mets,
le petillement des vins, l'éclat des bougies,
surtout le charme et la grâce de l'hospitalité
endorment la fatigue. Je conte mes aventures
avec la verdeur d'impressions toutes fraîches.
Il est doux d'évoquer l'image de la souffrance
et du danger dans une bonne salle tiède,
parée de femmes, embaumée de fleurs.
Lucrèce et Tibulle seraient gens à chanter ce
bonheur.

Pour moi, je me contente d'ajouter, comme mot de la fin, que, prenant sa part du labeur et du péril, Mme L. m'a accompagné jusqu'au lac Coroné, et qu'il s'en est peu fallu que cette vaillante n'atteignît au Pont de Mahomet. Je lui avais pourtant promis le secret!

VINGTIÈME ET DERNIÈRE JOURNÉE.

Départ de Luchon. — *La Volaille.* — Route de Luchon à Montréjeau. — Saint-Bertrand de Comminges. — Une ordonnance du Docteur Fontan. — Grotte de Gargas. — En Bourgogne.

« Adieu paniers, vendanges sont faites! » Il faut partir : il faut quitter Luchon, quoi qu'il en coûte. Le ciel, pour doubler mes regrets, a revêtu sa jolie robe d'azur. A six heures et demie, Verdalle arrête devant la grille son quadrige aux grelots sonores. Dès la veille, j'ai pris congé de mes chers voisins : je n'ai donc plus qu'à monter en calèche. Déjà le fouet va retomber sur l'épaule des chevaux, lorsqu'à vingt pas j'aperçois un tourbillon de poussière, et, sortant du tourbillon, Sacave en personne qui accourt sur son bidet fringant. Le digne garçon s'est tenu parole : il vient d'accomplir dix kilomètres, à grande allure, pour me revoir une fois encore. Le procédé est touchant : il console de la rapacité de certains fournisseurs.

« Nos prix sont un peu élevés, c'est vrai — me disait hier l'un d'eux, en me présentant une facture assez boursouflée; — que voulez-vous, monsieur? Il faut bien que nous fassions nos affaires, avant que la volaille n'arrive.

— La volaille? interrompis-je, mais c'est nous, si j'en juge par les plumes que vous nous tirez de l'aile.

— Du tout, monsieur. Nous appelons ainsi, à Luchon, les petits propriétaires de la Haute-Garonne qui nous viennent à l'arrière-saison, quand les étrangers partent. Ceux-là n'aiment point à dépenser; aussi apportent-ils avec eux toutes leurs provisions, les légumes de leurs jardins, le vin de leurs celliers...

— La volaille de leurs poulaillers?

— Précisément... Et le nom leur en est resté. »

L'approche de *la Volaille* expliquant la pléthore des notes, je réglai sans observation celle dont il s'agit. Que sera-ce quand, demain, la locomotive ardente s'enfonçant dans les tunnels ou se suspendant aux flancs des corniches, viendra faire pleuvoir un déluge de pigeons sur les faubourgs de la cité! Alors les dévots à Mercure dédoubleront les lits en triplant leurs tarifs. Après tout, avons-nous bonne grâce à nous plaindre si, en échange d'un peu d'or répandu, la montagne nous rend au centuple la paix de l'âme et la santé du corps? Pour en revenir à Sacave, je lui serre la main comme à un ami, et ce n'est pas sans une vive impression de regret que je me senemporter, au galop, à travers les allées d'Étigny et de Barcugnas. Adieu Sarthe, Arnative, Redonnet, braves cœurs! Adieu, ma chère oasis, où j'ai passé tant et de si douces heures! Adieu, ou plutôt au revoir!

Déjà nous avons franchi Moustajon, le gracieux village aux vergers lourds de pommes. Voici Antignac, puis, là-haut, Artigue qui se cache dans ses pampres verts. Je me retourne souvent pour contempler la chaîne des glaciers qui vont bientôt disparaître. Elles ont fui, sur la gauche, les crêtes en dents de scie de l'Antenac, tandis que la Tusse de Maupas, Boum et le Sacroux pyramident à l'arrière. Pour la dernière fois se montre la Maladetta, du haut du petit monticule de Cier. La Pique, semi-torrent, semi-rivière, mugit entre le roc et la route, dans un lit fortement encaissé. Nous traversons et retraversons la ligne ferrée. J'admire, au passage, un grand viaduc de marbre rouge et vert, à blocs cyclopéens, qui donne une idée de ce que devaient être les murs de Babylone du temps de Sémiramis. Moyennant le petit sou de rigueur, une nuée de fillettes de tout âge, faisant assaut de rapidité avec les voitures, offre au touriste des œillets, des roses, un verre d'eau fraîche. Nous entrons dans Cierp. Ses maisons à galerie de bois bâties sur le torrent, ses ruisseaux superposés glissant entre de doubles bordures de frênes où se jouent les rayons du soleil, sa petite place et son grand tilleul maçonné qui y projette l'ombre des siècles, tout cela contribue à faire de ce frais hameau un séjour enchanteur. Hâtons-nous de profiter du dernier sourire des pics neigeux : un à un ils disparaissent derrière nous, Crabioules après Quaïrat, Maupas après Crabioules. C'est la Tusse qui tient bon la dernière, mais enfin elle s'évanouit, à son tour. Désormais le rideau est tombé sur les grandes scènes de la nature.

Nous quittons la vallée de Luchon pour celle de Montréjeau, et la Pique pour la Garonne. De vastes carrés de sarrasin, des champs de maïs jaunissant au soleil, sont les avant-coureurs de la plaine. Le val s'élargit, les monts s'abaissent. Le pic de Gar en abuse pour jouer au géant, tout fier de sa couronne à sept fleurons.

Au delà de l'auberge où les diligences relayent, la vigne commence à s'enlacer aux ormeaux. Je traverse Siradan, laissant à gauche les bains de Sainte-Marie qui commandent l'entrée d'une gorge ouverte sur la Barousse. Riant paysage, mais montagnes sans grandeur. C'est là que nombre de Luchonnais vont passer le mois d'octobre. Ils s'y reposent de l'étranger par la chasse et les parties joyeuses. Le climat y est plus doux, le ciel plus clément qu'au pied de Sauvegarde. Après Bagiry, les arbres multiplient, pour le repos des yeux, leur frondaison variée, tandis que la Garonne, devenue rivière, découvre et voile tour à tour ses eaux vertes aux plis de sa ceinture de peupliers.

Je devrais continuer par le village de Loures et le beau pont de Labroquère, si je tenais à prendre le train du matin, à Montréjeau. Mais on ne brise pas si vite des chaînes de fleurs : je veux donner quelques heures encore aux Pyrénées, et, à deux kilomètres en dessous de Bertren, j'ordonne à Verdalle de prendre la gauche dans la direction de Saint-Bertrand.

Saint-Bertrand de Comminges, — cinq kilomètres, — ne tarde point à apparaître sur son mamelon escarpé. La basilique s'en élance, comme d'un piédestal. Une rampe tournante, assez rapide, conduit aux portes de la petite ville si animée jadis, si bien morte aujourd'hui. Que de souvenirs évoque l'antique *Lugdunum Convenarum*, depuis l'heure où le grand Pompée en jeta les fondements ! Que de pages terribles écrites en lettres de sang par le fer du barbare ! Puis, quelle résurrection miraculeuse au XIIe siècle, à la voix du saint qui lui laissa son nom ! Que de chutes enfin et de rechutes, pour en arriver de 50,000 à 700 habitants !

Une ceinture de remparts enveloppe ce qui reste. Une plaque de marbre, encastrée dans la muraille, y retient encore, gravé au ciseau, un arrêté sur la taxe du poisson. Nous y apprenons qu'il y a deux cents ans la truite ne pouvait se vendre au delà de cinq liards la livre : excellente disposition, fort tombée en désuétude chez les hôteliers d'Étigny. Avant de franchir la porte, on s'assoit volontiers sous le petit pavillon de Cabiroles, sorte d'observatoire couvert, d'où le regard plane au loin sur une succession indéfinie de collines, de prairies, de champs ombragés, de villages et de villas.

« C'est bien ici la plus belle vue du

monde ! » se serait écrié M. de Lamartine.

Sans vouloir médire du tableau, je crois que l'illustre poëte regardait, ce jour-là, à travers le prisme de son imagination... ou de son indulgence. Il sentait trop vivement la nature, celui que l'on fait ainsi parler, il était trop épris de lacs, de fleuves et de torrents le chantre de Némi et du Bourget, pour faire si large part à un horizon où manquent à la fois et les sommets visités de l'aigle, et les glaciers éblouissants, et les bassins d'opale, et même le ruban d'argent fluide qui rompt l'uniformité de la verdure. Soyons juste pourtant. Encore qu'elle ne puisse lutter avec Baïa ou la Corne-d'Or, je reconnais volontiers que cette vue ne manque point d'un certain prestige.

Il convient, si l'on a des loisirs, de faire à pied le tour de l'enceinte extérieure, puis de gagner, à travers des rues étroites, le terre-plein où se dresse la cathédrale. Des marchandes y stationnent tout le jour, avec leurs éventaires chargés de médailles de cuivre ou d'argent, et leurs guirlandes de chapelets en feuilles de roses durcies. Que si, comme en ce moment, le curé, seul cicerone de son église, est absent, il n'est point défendu de prendre patience à la table d'une assez bonne auberge du voisinage : car ici, le temporel confine au spirituel.

Entre-temps revient le digne ecclésiastique qui m'ouvre les portes de son trésor. Je revois, non sans plaisir, cet immense vaisseau délabré, temple des traditions vénérables et des toiles d'araignées, où des millions de francs seraient à dépenser. Voici ces grands tombeaux où prélats et guerriers dorment leur sommeil de marbre, les pieds sur des lions, les bras sur la poitrine. Voici le chœur et ses stalles, merveille de sculpture où, à la faveur d'innombrables détails, le profane s'allie — singulièrement parfois — au sacré... Voici les verrières du moyen âge, la mitre de l'évêque Bertrand, son anneau de saphir, ses gants, sa chape, sa lourde crosse d'un seul morceau d'ivoire redressé, et jusqu'au crocodile empaillé dont la légende rappelle celle de la Tarasque. Le prodige par lequel l'homme de Dieu fit rendre à une femme le démon dont elle était obsédée, ne me semble pas le moins réussi. Un volume serait d'ailleurs nécessaire à relater ses miracles, et ce volume existe : j'y renvoie les curieux ou les dévots [1].

---

1. *Vie et Miracles de saint Bertrand,* par M. d'Agos. — Saint-Gaudens, 1854.

Mais, à mon avis, le bijou de la basilique est le petit cloître en ruine qui y attient : un rayon de lune, et vous aurez le décor du 3ᵉ acte de *Robert !* Je m'assois sur l'herbe odorante, le long d'un sarcophage rompu, puis au parfum des lavandes et du serpolet, au bourdonnement des mouches, au bruissement des ailes du papillon, dans le grand silence de la nature assoupie, je livre mon âme au rêve, j'abandonne mes yeux aux ravissements de cette belle vallée de la Barousse entrevue à travers des colonnettes de marbre et des arcades romanes.

Je passerais volontiers ainsi le reste de l'après-midi, si une visite à Gargas ne devait être le couronnement de mes excursions. Je prends donc congé du curé de Saint-Bertrand, et, tout en rejoignant Verdalle qui m'attend au bas de la côte, je ne puis m'empêcher de donner un souvenir au docteur Fontan, mort en cette ville, deux ou trois ans avant la guerre. Fontan, à qui Luchon doit beaucoup, fut l'illustration médicale du Comminges. Il demeurera aussi comme un type de galanterie désintéressée. Savant de premier ordre, cavalier accompli, aimable diseur, il ne résistait pas aux séductions de deux beaux yeux. On raconte qu'un jour s'étant mis en frais de marivaudage avec une de ses clientes, il trouva l'occasion bonne de lui adresser, le soir même, un madrigal des plus brûlants. L'idole crut à une ordonnance, et, sans briser l'enveloppe, envoya le pli, tel quel, au pharmacien, avec prière d'exécuter la formule. Qui fut bien embarrassé? Ce fut l'apothicaire. Je laisse à juger de son étonnement, aussi du fou rire de la galerie, quand la frasque fut connue. — Ce tendre penchant devait coûter au docteur quelques années de vie. Déjà vieux, l'imprudent prit femme jeune et vaillante. C'est ce que son biographe appelle « marier les dernières lueurs du jour avec les premiers feux de l'aurore. » Fontan eut le sort de Tithon, à cela près toutefois, qu'il ne fut pas changé en cigale après sa mort.

La Grotte de Gargas, jadis repaire de je ne sais quel ogre qui dévorait les vierges et les enfants, se trouve à une heure d'un village — Tibiran — où doit être laissée la voiture. On s'y rend facilement à pied, par des sentiers grimpants qui aboutissent à un petit bois de noisetiers et de chênes noirs sur lequel s'ouvre la caverne. Une singulière impression de fraîcheur vous saisit, dès l'entrée : il est prudent de ne s'y point engager trop vite. Un guide, la torche au poing, vous promène à travers une série de chambres inégalement voûtées dont les stalactites et les stalagmites, par leurs combinaisons multiples, forment tour à tour des colonnades, des tuyaux d'orgues, une chaire d'église, des cascades pétrifiées. Le sol s'est tapissé d'une sorte de réseau à mailles calcaires. Quelques flambées de paille sont faites aux endroits les plus intéressants, remplacées par le pot à feu, lors des grandes solennités. Car la flamme de Bengale s'est glissée là comme aux chutes du Giesbach, comme aux vomitoires du Colisée ou aux pans de murs des Thermes de Caracalla. L'amateur Luchonnais en est prévenu plusieurs jours d'avance par un transparent lumineux promené, le soir, à dos d'homme, devant l'Établissement. Mais, malgré ses beautés, malgré sa légende, Gargas n'égale ni la grotte de Bétharam en splendeur, ni les galeries des Eaux chaudes en horreur : celles-là surtout ! Dussé-je vivre cent ans, je ne perdrai jamais le souvenir de ces hautes murailles de roches visqueuses, de cette cataracte invisible, tonnerre grondant qui, peu à peu, grandit, bruit, assourdit, tandis que le long de planches branlantes sur le gouffre, on s'avance dans la nuit.

De retour au village, je reprends ma calèche et je me hâte de franchir les douze kilomètres de Montréjeau. Le soleil commence à baisser sur l'horizon ; il ne s'agit point de manquer le train. Tout en galopant, je repasse dans ma tête les principaux épisodes de mes vingt journées, et je me dis qu'un touriste qui, à l'avenir, emploiera le même temps, de la même manière, ne pourra vraiment pas être taxé de l'avoir perdu.

Les haies de roses qui bordent la route m'annoncent *Montréjeau*. La petite cité aux toits rouges, au minaret étincelant, se découvre sur le seuil de la plaine, étagée en amphithéâtre le long de sa colline. Trois ou quatre minutes, et je suis à la gare. Quel pandémonium réjouissant ! Là se trouvent encore, usant des dernières semaines, les vénérables diligences avec leur coupé, leur intérieur, leur rotonde et leur *lapin*. Là hurlent et se gourment les *facchini* à bérets bleus qui se jettent d'office sur vos bagages, ainsi qu'il fut coutume naguère aux quais d'Avignon ; là grouillent, dans la chaude poussière du Midi, des femmes dépenaillées, sortes de harpies mal odorantes que, pour plus d'une raison, il convient de tenir à distance. Toute cette horde traite le voyageur en proie qui lui est due. Qu'elle se hâte donc de la dévorer, car le temps des exactions passe ! Comme les spectres au chant du coq, ces fantoches disparaîtront sous le coup de sifflet du premier train partant pour Luchon.

Voici, en attendant, le convoi de Toulouse. Je tourne un regard attristé vers les crêtes des Hautes-Pyrénées qui s'estompent au loin dans une vapeur bleuâtre, et, par la portière, j'envoie un dernier adieu à Verdalle immobile sur son siége. La locomotive s'ébranle, puis vole vers l'ancienne capitale de l'Occitanie. En route donc pour la cité de briques... et demain, pour la Bourgogne !

FIN.

TABLE DES MATIÈRES.

                                                        Pages.

AVERTISSEMENT.
CAUSERIE CHEZ SARTHE   1

PREMIÈRE JOURNÉE. — Le Tour de la Pique : la Villa
 Bertin, la Légende du Chalet des Fleurs, la Laiterie et
 Mlle Mark, le Musée pyrénéen, Sapène et le Casino des
 Chasseurs, Arnative. — On demande un Casino ! —
 Désintéressement d'un médecin. — Le tour de la Vallée :
 Jardin du Curé, Cascades de Montauban et de Juzet.
 La musique devant les colonnes : hétaïres et grandes
 dames. — Une Soirée ordinaire à Luchon.   15

DEUXIÈME JOURNÉE. — Le Chalet et la Fontaine
 d'Amour. — L'Établissement thermal. — Le Plan en
 relief. — Villa Diana. — Notre-Dame des Rochers. —
 Cascade des Demoiselles. — Cascade du Parisien. —
 L'Hospice. — Le Salon de Mme Fabre. — Curieuse histoire de cent deux Singes   65

TROISIÈME JOURNÉE. — Fourcade. — La Vallée du
 Lys. — La Rue d'Enfer. — Les Pupazzi.   98

QUATRIÈME JOURNÉE. — L'Homme-femme. — Un Coureur de montagnes. — Le Balaïtous et le Pianiste Marmontel. — Superbagnères. — La Route forestière. —
 Le Curé de Saint-Martin de Ré. — Le Mail de la Soulan. — L'Hospitalité de M. Tron.   120

CINQUIÈME JOURNÉE. — Le Poujastou. — La Grotte du Chat. — La Fontaine rouge. — Courses et Feu d'artifice. 146

SIXIÈME JOURNÉE. — Le Vieux Luchon. — La Messe du dimanche et la Tombola du Père L... — La Saunère. — La Casseide. — Saint-Aventin : Sa Légende, son Église. — Les Fresques de Cazaux. — Le Village d'Oo et Sacave. — Les Granges d'Astos. — L'Hospitalier du Lac. — Un Orage à Séculéjo. — Les Chalets Spont et Guignol. 163

SEPTIÈME JOURNÉE. — L'Aster Pyrenæus. — La Pique. — Le Vieux Michot et le Flacon de rhum de M. Lézat. — Le Port de Vénasque. — Sauvegarde. — Souvenirs de la ville de Vénasque. — Deux mots sur Malibierne et le Posets. — Les Isards. — Le Trou du Toro : Nouvelle route pour l'escalade du Néthou. — La Picade. — La Vérité sur l'Entécade. — Les Pâturages de Campsaure. — Coups de soleil et moyens de s'en préserver . 198

HUITIÈME JOURNÉE. — L'Église de Benqué-dessus et la légende du beau damoisel. — La Vallée d'Oueil. — Le Cimetière de Mayrègne.. 233

NEUVIÈME JOURNÉE. — Le Lever du soleil au Montné. 249

DIXIÈME JOURNÉE. — L'Antenac. — Cazaril. — Les Bouts-rimés du conseiller E...... — Aventures d'une vieille fille, d'un chat et de trois chanoines. — Histoire d'une boîte de cigares. 266

ONZIÈME JOURNÉE. — Le Val de Burbe. — La Vallée d'Aran. — Bosost : l'hôtel de France. — Lez. — Le Pont du Roy et la roulette : nouvelle manière de lever l'impôt en Espagne. — Saint-Béat : le Pic de Gar, les carrières de marbre, les cheveux d'anges. 291

DOUZIÈME JOURNÉE. — Ascension du Perdiguères. — Le vieux Michot. — Lacs d'Espingo, de Saousat, du Coum de l'Abesque. — Un mot du Quairat. — Lac du Portillon. — Le Tuc de Montarqué. — Le Lac glacé d'Oo. — La plus belle vue de sommet. — Cascade Lambron. — Labeur de cette course effectuée en vingt-deux heures............. 321

TREIZIÈME JOURNÉE. — Le Val Esquierry....... 358

QUATORZIÈME JOURNÉE. — Course des Lacs. — *Ça ira.*
— Bertrand Estrujo. — Cascades du Cœur, de Solage, de Trégons. — Chemin de la Tusse de Maupas. — Cirque des Graouès. — Le Lac Vert. — Lac Bleu et Lac Charles. — Lac d'Estaouas. — Lac glacé du Port-Vièil. — Le Val de Bounéou. — Du régime pastoral dans les Pyrénées : l'idée de M. Calvet. — Les frères Lyonnet. 375

QUINZIÈME JOURNÉE. — L'Allée de Barcugnas. — Sode, Artigue, les rochers de Cigalère. — Bacanère. — La Pales de Burat. — Le petit pâtre et Gambetta. — Gouaux. — Un Pique-nique de réactionnaires — *Les trois Couronnes.*............. 396

SEIZIÈME JOURNÉE. — Les suites de l'orage. — Cirque et Port de la Glère. — Le Lac des Gourgoutes. — Histoire lamentable d'un Sous-Préfet sans chaussures. — — La Fourcanade. — Le rocher qui sue de l'or. — Le Pic Sacroux. — Méchant tour de nos chevaux. — Le chevalier Cazeneuve et sa compagne Alice....... 416

DIX-SEPTIÈME JOURNÉE. — Le Céciré. — Le dernier ours tué à Luchon. — Le bal de la belle Bordelaise... 441

DIX-HUITIÈME JOURNÉE. — *Ascension au Néthou* (premier jour). — Les fresques de la salle des Thermes. — Le registre de la Maladetta. — Préparatifs du départ. — Charles, le tueur d'ours, et les frères Redonnet. — La Peña blanca : le plan des Étangs. — La Rencluse. — Histoires d'ours. — La chanson de Gaston de Foix. — Un souper sous la roche et une nuit sur la fougère. 460

DIX-NEUVIÈME JOURNÉE. — *Ascension au Néthou* (deuxième jour). — Nouveau passage à travers l'arête de la Malahitta. — Le Chaos. — Les grandes neiges et les crevasses. — Utiles précautions. — Le lac Coroné. — Engloutissement du guide Barrau. — Le Dôme. —

Le Pont de Mahomet. — Émotions. — Le sommet du Néthou. — Un quatrain réactionnaire. — Descente vers la Rencluse. — Retour à Luchon. — Le souper des adieux chez Mme Fabre. 508

VINGTIÈME ET DERNIÈRE JOURNÉE. — Départ de Luchon. — *La Volaille.* — Route de Luchon à Montréjeau. — Saint-Bertrand de Comminges. — Une ordonnance du Docteur Fontan. — Grotte de Gargas. — En Bourgogne ! 539

FIN DE LA TABLE

PARIS. — J. CLAYE, IMPRIMEUR, 7, RUE SAINT-BENOIT. — [893]

www.ingramcontent.com/pod-product-compliance
Lightning Source LLC
Chambersburg PA
CBHW060758230426
43667CB00010B/1618